宮本常一　逸脱する民俗学者

岩田重則

河出書房新社

はじめに

宮本常一《みやもとつねいち》（一九〇七－八一）はふつう民俗学者として知られる。しかし、その学問と実践はとおりいっぺんの民俗学者ではなかった。というよりも、民俗学者を目ざしつつも、そこから逸脱し、それにより総合的かつ独創的な領域を切り拓いていった。

宮本常一は一九〇七年（明治四〇）八月一日山口県大島郡家室西方村《かむろにしがた》（現：周防大島町）大字西方字長崎に生まれ、一九八一年（昭和五六）一月三〇日死去した。二〇世紀を、和暦でいえば、明治の末に生まれ大正と昭和を生き抜いた。没後三〇年以上が経過している。しかし、生前そして没後も、宮本に対する正当な評価は行なわれてはいない。旅人の物語が作られてきたにすぎない。

小学校時代の同級生が、高等科入学まもないころの想い出として、次のように語っている。「高等科の始めのころ、先生が「何になるか?」と聞かれた時、宮本さんは「私は文学博士になります」と、きっぱりと言われた」［宮本紀 一九八一：五七頁］。宮本は、大阪市での郵便局勤務を経て師範学校を卒業、小学校教員となり、学者になるための通常のキャリアを歩むことはなかった。定職のない時代も長かった。しかし、宮本の最終的職業は、一九六五年（昭和四〇）に就任した武蔵野美術大学教授であった（－一九七七年）。それに先だち、一九六一年（昭和三六）には『瀬戸内海島嶼の開発とその社会形成――海人の定住を中心に』により東洋大学から文学博士の学位も取得している。一九六五年（昭和四〇）、この学位論文は『瀬戸内海の研究（一）（二）』（未來社）として刊行された。

その死の二年前一九七九年（昭和五四）、遺稿となった「日本文化形成史」の講義と原稿執筆をはじめたときにふれて、長男の宮本千晴が次のようにいう。

「気紛れともいえる軌跡を描きながら、それでも常に民衆の生活を見つづけていた父であったが、最後に父は学者に帰っていた」［宮本千　一九八一：二二四頁］。

いっぽうで、宮本の自伝『民俗学の旅』（一九七八）のなかに、一九三九年（昭和一四）一〇月、大阪府の小学校教員を退職して、アチックミューゼアム所員となるために上京した際に、渋沢敬三（一八九六－一九六三）から言われたという次のような回想がある。

「君には学者になってもらいたくない。学者はたくさんいる。しかし本当の学問が育つためにはよい学問的な資料が必要だ。その資料――とくに民俗学はその資料が乏しい。君はその発掘者になってもらいたい」［宮本　一九七八a：九八頁］。

よく知られた一節であるが、この渋沢の「学者になってもらいたくない」を文字通りに解釈すべきではないだろう。この言葉は反語というものであろう。ここにおける「学者」とは当時の帝国大学出身に代表されるとおりいっぺんの「学者」という意味でとらえるべきであって、渋沢が宮本に求め期待したのは、そうした「学者」とは異なるスタイルの創造的な学者になることではなかったか。

宮本常一とは、少年期に学者を志し、その初志を貫き学者となった、そうした人物であった。宮本常一はあくまで学者なのである。そうであるとすれば、宮本を理解するためには、その著作を学問として読み理解することが最重要課題となる。なによりも膨大な著作が残されている。宮本の著作を学問として評価の俎上にのせること、宮本の残した著作を学問として読む作業がもっとも重要である。宮本が学者を志した人物であるとすれば、その著作を学問として、また、学術的成果として評価することが、宮本に対する礼儀というものであろう。

註記は末尾に一括して付した。

引用文献は原則として初出により、参考文献は宮本常一と宮本以外とに分けて末尾に一覧とした。

人名には宮本と関係の深い人物にはできるだけ生没年を記した。ただし、これについては判明しないばあいもあり、そうした人物については記述をひかえている。

宮本常一　逸脱する民俗学者◉目次

装幀——山元伸子
カバー写真——芳賀日出男

宮本常一　逸脱する民俗学者

第Ⅰ章　故郷周防大島からの出発

一　生活体験の客体化

宮本常一はみずからを多く語っている。回想だけではなく、民俗学・瀬戸内海研究のなかでも、みずからを、そして、祖父母・父母をはじめとする故郷周防大島の人々を登場させる。たとえば、晩年の自伝『民俗学の旅』（一九七八）は回想を中心としつつ研究内容をちりばめ、いっぽうで、『家郷《かきょう》の訓《おしえ》』（一九四三）は村落社会におけるしつけ・子供の社会化過程・人生儀礼研究とでもいうべき著作であるが、そのフィールドは故郷周防大島とみずからの家である。宮本は、みずからおよびその周囲と、研究対象としてのそれらを区別してはいない。俗な表現を使えば、公私未分離である。みずからの生活体験と客体としての研究対象とを分離するのではなく、みずからの生活体験の延長線上に客体としての研究対象を設定する。

宮本にとって、研究対象は自己およびそれをとりまく生活環境から提起されなければならなかった。また、そのような方法でなければ、みずからを学者として出発させ、成長させていくことはできなかったのかもしれない。自己を中心とする生活世界の拡大こそが、宮本の研究者としての成長でもあり研究対象の設定でもあった。

宮本の最初の学問的著作は、一九三〇年（昭和五）『旅と伝説』第三年新年倍大号〜第三年七月特別号に連載したフィールドノート「周防大島」である。大阪府の小学校教員をつとめながら民俗学に関心を持ち投稿し掲載された。周防大島に伝わる実話・伝説・世間話などを紹介しているが、それは次のようにはじまる。「汽車が山陽線麻里布駅（旧名岩国駅）を出ると、私たちは渺茫たる岩国灘の波を見る。厳島、江田島、黒神、柱、大島をめぐらして、海は波静かに、白砂が続く」「大島。それは海の南に遠く高く低く起き伏す島である。（中略）汽車は大畠においていよ〳〵この島と接近する」「島へはこの大畠から渡るがよい。瀬戸をへだて丶美しいトロイデー飯の山を見る。次の駅柳井港からも島への便はある」「大島。それが私の故里である」［宮本 一九三〇：七一頁］。

その第一作は、故郷周防大島と、それが宮本みずからの故郷であることの紹介からはじめられていた。

そして、それから六年後、宮本のはじめての単行本、『アチツクミユーゼアム彙報第一一 周防大島を中心としたる海の生活誌』（一九三六）も、そのタイトルが示すとおり、故郷周防大島を研究対象とした「生活誌」であった。その冒頭の「はじめに」も宮本みずからの生活体験からはじまる。「この稿を綴つてゐると、どうかすると、遠くの方で、波の音がする様に思へる事があつた。あの音は生れて十七の年になるまで毎日聞き続けて来た、いはゞなつかしい子守唄であつた」「ジツと耳をすますと、風が何の風であるか、あの波の音で判る程になつてゐた。微妙なる海の感覚が、そのまま私の心へまでひゞいて来たのである。それほど親しい世界であつた」「私の家は石垣一つで海と隣してゐた。潮が満ちると、ドタリ〳〵と石垣の根を打つた。風のある日は沫が石垣を打ち越して屋根の上へザヾと降つた。北風の強い日などは、更に屋根を越えて、家《ママ》の前の道に降つた。かうしてシホケが上ると畑のものなどは潮枯れになる事があつた」「併し海に隣つて住んで見ると、それが大して苦にならなかつた」〔宮本 一九三六：一一頁〕。単行本第一作も故郷周防大島での生活体験の描写からはじめられていた。一七歳まで波の音を聞き続けていたというが、これは数え年で、宮本が大阪に出たのは満年齢でいえば一五歳であった。

単行本第一作『周防大島を中心としたる海の生活誌』は、すでにして、その生活体験からの拡大によってその学問を構成している。宮本は、研究者であるみずからから切り離したところで、客体としての研究対象を設定したのではなかった。みずからの延長線上において、研究対象の設定を行なっている。したがって、その研究は、宮本を民俗学者と措定したばあい、その初発から、民俗学から逸脱する要素さえもはらんでいた。みずから自覚的であったのだろう。次のようにいう。「報告書としては主観が多く、又新旧の習俗の秩序区別もしてない。いはゞあまりに多くの民俗学的でないものが混入してゐる。同時に又採集されてない部分も大きいのである。その故に民俗誌とさへも題し得なかつたのである」〔宮本 一九三六：一一頁〕。単行本第一作が『周防大島を中心としたる海の民俗誌』ではなく『周防大島を中心としたる海の生活誌』であり、宮本がそれを自覚していたところに、そもそもの宮本の出発点があった〔傍点引用者。以下同じ〕。

しかし、ほんらい民俗学とはそういうものとして形成されるべきであったのではないだろうか。あとで述べるが、すでにこの時期、柳田國男（一八七五－一九六二）の民俗学は、その枠組を完成させつつあった。柳田民俗学は、前時代的為政者の高みから生活と人間を見下ろした「経世済民」の視線、民俗事象としての調査・分析項目を整備しつつあった。しかし、ほんらい、民俗学はみずからの生活体験に基づき、それらへの疑問から課題を設定していく、プラグマティックな現実拡大的学問であり、枠組の固定化はもっとも避けられるべき学問である。ところが、柳田民俗学はその完成、あるいは、教条化によって、民俗学の原点とでもいうべき素朴な生活体験からの拡大を放棄しつつあった。しかし、宮本は逆に原点としての生活体験を重視していた。そのような意味では、宮本が「民俗誌」ではなく「生活誌」としたとはいっても、逆に、この宮本の課題設定と叙述こそが、民俗学の原点に忠実であった。

宮本はさらに続ける。「この書が具眼の士によつて、利用せられ得るものであればと思つて、忠実に故里の心を、姿を書き綴つたものである。而して抹殺すべき記事をも抹殺し得なかつた所以は愛惜の心のためであつた」「それがかへつて雑多な書にした。たゞ併し波の音が耳の奥にひゞく如く、故里を偲び、之を愛する心が、――単に生れたる地であるが故にといふ意味でなく、――そこに住む人たちをして真に心地よく住みつく地であらしめたいと念願する心が、この報告を書き続けてゐる間、さゝやき続けてゐた」「採集に歩いてゐても、そんな心がたえず動いた。いはゞ学問的興味にのみ終始できなかつたのである」〔宮本 一九三六：一一頁〕。宮本からすれば民俗学からの逸脱の告白であるが、彼がここで研究対象の現実を直視しようとする態度こそが、逆に、民俗学のみならず人文科学が持つべき原点であった。宮本は、その学問の出発点にあたり、故郷周防大島をみつめることによって、それを獲得していた。

およそすべての研究は、研究対象を設定し、それを客体化することによって成立する。研究主体から研究対象の分離が実行されなければ、そもそも研究は成立し得ない。しかし、それはおのずと、研究主体また人間と、研究対象との乖離をうながす。研究対象の設定とはそれが客体としての意識化である以上、その最初から、人間不在の要因をもはらんでいる。あるいは、客体としての研究対象の設定とは、人間そのものを対象とする人文科学にとって、それが最初から人間不在となる矛盾をもはらんでいるとさえいえる。

問題は、そうした人文科学が内在的に持つ矛盾、おのずと陥る人間不在、それをどう克服するかにある。

宮本の学問は、それを生活体験の延長線上に展開させたことによって、こうした人間不在を最小限にとどめることができた学問であったのではないだろうか。宮本は、生活する人間がその中心に位置すると考えた民俗学であってさえも、そこに規定された枠組が人間生活と不整合であるとみなされれば、その枠組を逸脱することを厭わない。それが宮本の学問の基本にあった。そのために、その単行本第一作からして「民俗誌」ではなく「生活誌」として展開されることになった。もっとも、その生活体験の重視は、極端な主観性また自己投影をも生む。分析を欠いた感性がむきだしのまま発露することもある。そのような意味では、あまりに宮本色の強い作品がないわけでもない。しかし、等身大の生身の人間と、研究対象とされた客体化された人間、両者が現実のフィールドのなかで融合したとき、宮本によって、人間を活かしつつその生活を分析する学問が立ち現れてくる。

二　調和と共同

1　クロポトキンとの出会い

それでは、こうしたその学問の出発点に立つまでの宮本はどのような知的いとなみを行なっていたのであろう。宮本は一九〇七年（明治四〇）八月一日生まれであるから、一九三〇年（昭和五）「周防大島」を『旅と伝説』第三年新年倍大号〜第三年七月特別号に連載したときに満二二歳、一九三六年（昭和一一）七月、単行本第一作の『アチックミューゼアム彙報第一一　周防大島を中心としたる海の生活誌』を発表したとき、満二八歳であった。中学校・高等学校・帝国大学の進学によるふつうの「学者」としてのキャリアをつむことはなく、また、志した民俗学が当時の学校教育・研究システムのなかで無価値であった時代、その時代に、宮本はその学問をはじめた。正規ではないキャリアによって、正規ではない学問を宮本は志した。あるいは、正規ならざるキャリアであるがゆえに、正規ならざる学問を志さなければならなかった。

　宮本は一九二二年（大正一一）三月、地元の高等小学校を卒業した。そのころ故郷周防大島では、小学校を卒業した若者と娘は仕事を求めて出郷するのがふつうであったという。「家百戸ほどの部落で八人卒業したのに家にのこったのは私一人であった。当時は一五歳から二五歳までの者で青年会をつくっていたが、全部で百人をこえる青年男女がいるはずなのに、村にとどまっているのは私と身体のわるい会長と二人だけであった。だから私は小学校を出た年から幹部として会の世話をしなければならなかったし、また青年団幹部練成《（ママ）》講習会へゆかなければならなかった」［宮本 一九七二c：二九一頁］[1]。若者と娘のほぼ一〇〇パーセントは故郷を出る社会環境のなかにあった。小学校卒業前後までは自伝『民俗学の旅』・『家郷の訓』（一九四三）などによる宮本自身の回想も多く、宮本紀子編「ふるさとの海辺の村で」による宮本周辺の人々による回想もあり［宮本紀 一九八二］、さなだゆきたか『宮本常一の伝説』（二〇〇二）も再構成しているので、詳細はこれらにゆずるが、宮本は約一年間父にしたがい農業に従事、いっぽうで講義録購読による独学をしていた。しかし、翌一九二三年（大正一二）四月一九日、叔父をたより大阪へ出る［田村編 二〇一二：二九頁］。満年齢でいえば一五歳八ヶ月である。

　大阪では、叔父の薦めもあり、逓信講習所を受験、合格する。同期生たちは「皆秀才であった。田舎育ちで学校の成績はよいが、家が貧しいのでここを受験したというものがほとんどで」あった［宮本 一九七八a：六二頁］。逓信講習所入学は五月一一日で、約一年間寄宿舎での生活をおくり、翌一九二四年（大正一三）五月一二日卒業、翌日の一三日には大阪市高麗橋郵便局から辞令をうけ職務に就いている［田村編 二〇一二：三三頁、八五頁］。

この郵便局勤務時代、宮本ははじめて世間の現実に身をおくことになった。友人たちの病気療養・帰省もあった。そしてこの時期に、宮本はロシアのアナーキスト、クロポトキンを大杉栄訳で読み感銘をうけたという。自伝『民俗学の旅』では次のように語る。

「郵便局へつとめて一年ほどたった頃から、一緒に講習所を出た者が次々に病気で倒れていった。大阪郊外で共同生活をしていた友も病気で郷里へかえったし、仲のよかった友も相ついで郷里へ帰った。皆肺結核であった。元気で活動している仲間の中には社会主義運動に転じていく者が多かった。その頃私はクロポトキンの『相互扶助論』を古本屋の店頭で見つけて来て読んだことがある。動物たちが集団をなして生きている様に心を強くひかれた。そして大杉栄の訳した『一革命家の思出』には特に深い感銘をおぼえた。それはクロポトキンの自叙伝である。おなじころ大杉の訳したファーブルの『昆虫記』第一巻は昆虫の持つ本能のすばらしさにおどろくとともに、その昆虫を観察しつづけたファーブルの追求力に実に多くのことを教えられたのである」［宮本一九七八a：六五－六六頁］。

クロポトキン（一八四二－一九二一）は正確にはピョートル・アレクセーエヴィチ・クロポトキン、ロシア革命後、亡命先のイギリスから帰国するが、ボリシェビキに疑問を持ちつつ、一九二一年（大正一〇）モスクワ郊外で亡くなっている。大杉栄《おおすぎさかえ》（一八八五－一九二三）は日本のアナーキスト、よく知られているように、一九二三年（大正一二）九月、関東大震災後に憲兵隊に拘束され、妻伊藤野枝《いとうのえ》（一八九五－一九二三）・甥とともに虐殺されている。

宮本がクロポトキンを読んだのは高麗橋郵便局に勤務してから約一年後ということであるから、それは一九二五年（大正一四）、宮本はいまだ満一八歳、クロポトキンの死からは四年後、大杉の死からは二年後のことであった。

宮本は、自伝『民俗学の旅』を書く前、別のところで、大杉栄訳のクロポトキン『相互扶助論』について次のようにも回想している。「実に深い感銘をおぼえ、壮大な叙事詩をよんだようで、動物も人も生きるためにまた種をのこすためにたがいに助けあい、しかも戦闘的でないものほどそうして生きている姿がきらきらと光る太陽のもとに浮彫にされているように脳裏にきざみつけられたのであった」。これは、現代思潮社版『大杉栄全集』第一〇巻（一九六四）に、クロポトキン（大杉栄訳）『相互扶助論』が収録されたときに寄せた回想である。続けて「この書物の著者はクロポトキンであるはずなのに、私には大杉栄のような気がして、頭の中では区別がつかなくなってしまった」〔宮本 一九六四a：四頁〕ともいう。クロポトキンとは、宮本の意識の上では、大杉栄によるクロポトキンという方が適切であるかもしれない。

宮本は、これらとは異なる文章のなかで、大杉栄訳のクロポトキン『相互扶助論』から受けた感銘を次のようにも回想する。「私は貧しい農家に生まれた。その私が民俗学というよりもむしろ民俗調査に興をおぼえ、自分の生きている時間のうち、もっとも多くの時間をそのことにあてるようになったのは、いろいろ考えてみて、クロポトキンの『相互扶助論』が大きい影響を与えているように思う。そのことについて私は長い間気付いていていなかった。柳田國男や渋沢敬三の指導をうけ、とくに柳田國男にすすめられたことが私の生涯を決定するようになってくるのだが、そのまえに、私がまだ二十歳にならなかったころ、大杉栄の訳したクロポトキンの『相互扶助論』を読んだことがある。この本はその後に『世界大思想全集』に採録され、また春陽堂文庫の一冊としても出されており、それらをいずれも買っているから三回位は読んでいたと思う」〔宮本 一九六五a：二六三頁〕。宮本は『相互扶助論』が新版で出るたびに購入し読んでいたという。しかも、この『相互扶助論』が民俗学以前にあり、それがみずからの学問形成に大きな影響を与えたというのである。

このように、宮本は『相互扶助論』からいかに深い感銘を受けたのか、それをくりかえし語った。もちろん、これらは回想であるから、彼の経験と記憶の集積のなかで、それを重視しようとする後年の合理化がはかられていることはいうまでもない。宮本は、故郷周防大島をはじめみずからの生活体験を多く語ったが、読書体験を語ることは少なかった。一九三五年（昭和一〇）に執筆されたが、没後『宮本常一著作集 四二』（二〇〇二）で刊行された「我が半生の記録」によると、逓信講習所・郵便局員時代から師範学校・師範学校専攻科・学校教員時代、故郷周防大島での一九三〇年（昭和五）から一九三二年（昭和七）三月までの病気療養時代の読書には、近代文学を中心に文学作品が圧倒的に多い［宮本 二〇〇二：一二四－一四二頁］。また、田村善次郎編『宮本常一日記 青春篇』（二〇一二）所収の一九二三年（大正一二）から一九三三年（昭和八）までの日記でも、宮本の読書は文学作品が中心であり、習作を含めて創作も多い。宮本は文学青年であった。病気療養前は熱烈な映画青年でもあった。宮本のどこかロマンティックな、また、エッセイ調の独特の文体には、このような文学青年・映画青年時代の影響があると思われるが、しかし、こうした文学青年・映画青年としての回想は少なく、くりかえし語られたのがクロポトキンであった。宮本が『相互扶助論』『一革命家の思出』を読んだという一九二五年（大正一四）・一九二六年（大正一五・昭和一）の日記が残っていないこともあり、彼のクロポトキンは文学作品や映画鑑賞と異なり回想のなかだけに存在している。唯一、クロポトキンが日記に登場するのは、天王寺師範学校専攻科時代の一九二八年（昭和三）九月八日「我クロポトキンを説き、ベーベルを読むと雖、我は又我の信念の上に、之に服さざるなり。之我が苦の経験の上に立つものなるが故なり」［田村編 二〇一二：二四四頁］であり、ベーベルと並列しつつ、それらについては否定的である。したがって、後年の回想がクロポトキンをくりかえしたことは、明らかに回想による再編成であった。

しかしそうであるとしても、民俗学以前の宮本が、クロポトキンを積極的に受容していたことも事実であった。むしろ、後年の回想による積極的な提出があるからこそ、宮本のクロポトキン受容とはどのような性格を持っているのかを明らかにする必要があるというものである。

宮本は、大都会大阪で労働者となることになり、はじめて現実の世間のなかに身を置いた。逓信講習所時代は寄宿舎生活をすることにより、各地から出郷してきた友人たちとの交友もあった。そこには感傷的で鬱々とする宮本がいる。たとえば逓信講習所に入って一ヶ月後の一九二三年（大正一二）六月二二日の日記には「こゝへ這いて居るもので不遇を歎ずる者が殆だ」、翌日二三日には「希望の裏に潜む淋しい悲哀を知る。私には毎日こうした淋しさがある」〔田村編 二〇一二：三七頁〕と記す。いっぽうで宮本にはみずからを労働者と規定しつつその視点から社会を見わたすようにもなっている。同年一一月二一日「新聞を読む。…昨日の中之島の亀戸事件議論の花々しさが思はれる。俺にも時間が自由になつたら。あーしたプロの絶叫がきいて見たい」〔田村編 二〇一二：五五頁〕という。亀戸事件とは同年九月一日の関東大震災後、東京南葛労働組合の川合義虎などが軍隊に虐殺された事件のことである。同年末の一二月二五日には、次のような詩とも散文ともつかぬ文章さえも日記に記している。

「鐘が鳴る鐘が鳴る。
目ざめよ目ざめよ。
暁なるぞ…社会改革の、
見よ、空にかゞやく明星を、
我等を指導する如くキラキラ
おー霊鐘が高くなる」〔田村編 二〇一二：六〇頁〕。

これらはいまだ逓信講習所時代でクロポトキン受容以前であるが、故郷周防大島にいてはあり得なかったであろう現実社会と接し、社会矛盾を自覚するようになっている。そして、おそらくはその延長線上にクロポトキンがあった。といっても、宮本がアナーキストになったわけではなく、また、社会主義者になったわけでもない。

　宮本は社会主義思想に対してシンパシーを持っている。しかし、それには否定的でもあった。最初の小学校勤務、泉南郡有真香《あまか》村修斉《しゅうさい》尋常小学校での約半年間の勤務を終わり天王寺師範学校専攻科へ入学する直前の、一九二八年（昭和三）三月二三日の日記に次のように記す。「俺は左翼ではない。随分左傾的なものをさがして見るが、俺にはどうしても賛成出来ない。俺はあんなたわ言みたいなことは言へない。あの中のどこに熱がこもつてるんだ」［田村編 二〇一二：二一一頁］。天王寺師範学校専攻科入学後の同年六月一一日には「若い者は思慮が少い。が血が多い。単純である。若い者、即青年が社会主義者になるのは当然である。ならぬ者は若者ではない。併し長ずるにつれて、かうしたものゝ欠陥が目につく。そしてもつと深い根抵にふれる」［田村編 二〇一二：二一七頁］、翌一九二九年（昭和四）泉南郡田尻尋常小学校に勤務しはじめた六月二六日には「何のために戦ふのだ。階級闘争…それが何だ。プロがブルをたほした所で、階級はなくなるものではない。平和な日がかへるものでない」［田村編 二〇一二：三〇二頁］と記す。

　重要なことは、社会主義思想全般に対して関心を持ちつつ、[2]しかし、それらに対して否定的でもある宮本が、現実社会を通して接触した現代思想、クロポトキンから何を受容したのかにある。宮本常一とロシアのアナーキスト、クロポトキンというと、あまりにかけ離れているような印象を受け、奇異に聞こえるかもしれない。しかし、宮本はそのクロポトキンから感銘を受けたと自然体で回想している。そのように単純に結びつかないがゆえに、逆に、宮本にとってのクロポトキンとは何であったのか、それが明らかにされるべきであろうというものである。

思う。

2　クロポトキンの受容

宮本が読んだクロポトキンの『相互扶助論』『一革命家の思出』、そして、ファーブルの『昆虫記』第一巻、これらの三冊はどのような書物であったのだろう。それらの書誌と内容を確認してみたいと思う。

まずは、自伝『民俗学の旅』では最初古本屋で買って読み、別の回想では、新版が出るごとに買って読んだという大杉栄訳の『相互扶助論』である。宮本が読んだのが郵便局員時代の一九二五年（大正一四）とすれば、その最初は一九一七年（大正六）一〇月春陽堂発行のクロポトキン（大杉栄訳）『相互扶助論――進化の一要素』と考えて間違いないと思われる。『相互扶助論』は、最初、一九〇二年（明治三五）ロンドンとニューヨークで刊行された。原文は英語で原文タイトルは *Mutual Aid* である。一八七三年（明治六）にロシアの監獄病院を脱走し、主にイギリスのロンドンで亡命生活を続けていたクロポトキン六〇歳のときの著作である。大杉の翻訳は一九〇七年（明治四〇）のフランス語版からであった［近藤 一九二八：二頁］。

『相互扶助論』は、動物・人類の進化をC・ダーウィンの進化論を批判的に継承しつつえがくが、進化を個体間の競争を認めつつもそれによってではなく、個体・種族内の「相互扶助」によってえがこうとする。まずは「動物の諸綱に於ける相互扶助の価値を論じ」、その上で人類の進化を論じ、「如何に多数の又如何に重要な相互扶助制度が、人類の最初の氏時代（Clan period）及び殊に其の次ぎの共産村落時代（Village-community Period）の蒙昧人又は半蒙昧人の創造的天才によつて発達し、且つ其等の初期の諸制度が現代に到るまでの其後の人類の発達に如何に偉大な影響を及ぼしてゐるかを学んだ後に」「極めて長い進化の間に人類の承継いで来た此の相互支持の本能が、近世社会に於てすらも今日猶非常に重要な役目を演じてゐる」〔クロポトキン（大杉栄訳）一九一七：一二一―一二三頁〕という。そして、動物の世界から原始・古代・中世都市および近代社会に至るまでの進化を、そこに貫かれる「相互扶助」によってまとめあげていた。進化を、生存競争によってでもなく、マルキシズムのような階級対立の止揚によってでもなく、「相互扶助」の発達によってえがいている。

また、『相互扶助論』がその「相互扶助」による進化の中心に位置させたのは庶民であった。「年代記者等は其の同時代人を悩ましたどんな小戦争でも小災難でも、必ず書きもらす事はなかつた。しかし民衆の生活には何等の注意をも払ふ事がなかつた。然るに此の民衆の大多数は、僅かに少数の人々のみが互に相戦ひつゝあつた間にも、猶平和に労働して生活してゐたのだ」「歴史中の最もよく知られてゐる時代から、其時代に於ける相互支持の例証を、民衆生活の中から取る事が出来る」〔クロポトキン（大杉栄訳）一九一七：一七六―一七七頁〕として、庶民生活と日常生活を重視する。『相互扶助論』は、人類の進化の主体、歴史の原動力を庶民に置いていた。

次は『一革命家の思出』である。『一革命家の思出』は、年代から判断すれば、一九二〇年（大正九）五月春陽堂発行のクロポトキン（大杉栄訳）『革命家の思出――クロポトキン自叙伝』であった可能性が高い。宮本によれば『一革命家の思出』となっているが、この時点の大杉栄訳のタイトルには最初の「一」はなくただの『革命家の思出』である。[3]『革命家の思出』は、最初、一八九九年（明治三二）アメリカで刊行された。原文は英語でその原タイトルは *Memoirs of a Revolutionist*、翌年フランス語版が、翌々年ロシア語版が出ている。大杉栄訳はフランス語版からの翻訳であった〔高杉一九七九：二九三―二九四頁〕。

『革命家の思出』はクロポトキン五七歳のときの自伝であり、ロンドンでの亡命中に書かれた。といってもアナーキストとしての彼の活動ばかりが語られているわけではない。幼少期の生活、農奴制への疑問、社会的に覚醒しやがてアナーキストとして反体制運動に献身、しかし逮捕・投獄、脱獄しロシア国外へ逃亡するなどスリリングな生涯が回想される。しかし、いっぽう彼は探検的なフィールドワークをも行なう自然地理学者でもあった。一八六二年貴族幼年学校卒業後、赴任したのはシベリアのコサック騎兵連隊であり、イルクーツクを拠点として東は清との国境、アムール川流域まで、探検的な調査をも行なっている。

アナーキストというと誤解されやすいが、すくなくともクロポトキンはテロリストではなく、むしろそれには反発し、反国家を中心的思想としてかかげつつも、社会の共同性については肯定・推進しようとし、対立よりも調和を重視する理想主義者であった。個人主義はそれをむしろ否定している。『革命家の思出』にえがかれるのは「善人」ばかりであり、人道主義者であった〔森戸 一九二一：一三七－一六七頁〕。また、その自然科学に対する造詣は社会を有機的関連性において把握しようとする。その社会に対する認識の基礎は自然観察にあった〔ナターリヤ・エム・ピルーモヴァ（左近毅訳） 一九九四：一二三－一六五頁〕。したがって、その社会認識方法は自然科学的素養を基礎とする帰納法であり、「実生活の上の観察と実験とによつて幾多の事実を帰納しつゝ、又人間を全人的に取扱ひつゝ社会的真実を求めんとした純正な科学的方法であつた」〔大杉 一九二〇：三三頁〕。

たとえば、クロポトキンの他の代表作、『パンの略取』（一八九二）・『田園・工場・仕事場』（一八九八）におけるそのアナーキズムは、動物と人間社会の観察に基づいたものであり、徹底した自主的共同主義に基づき国家権力を否定しつつ、その共同主義による社会の調和と発展を目ざしたものである。マルクス主義については、動物と人間社会の志向に反して国家権力と強制を継続させる思想として批判的であり、分業についてもそれを階級対立のなかに解消せずに、地域社会のなかの相互共同を基礎とする分業体制を整備することによって、社会的発展に結びつけようとする。労働者・農民の立場に立ちながらも、階級対立と階級闘争については否定的である［クロポトキン（長谷川進・磯谷武郎訳）一九七〇］。宮本がクロポトキンを受容した時代、『パンの略取』については、幸徳秋水訳『麺麭の略取』（一九〇九）があったがこれは発禁処分を受け禁書であり［クロポトキン（幸徳秋水訳）一九〇九］、また、『田園・工場・仕事場』については『クロポトキン全集 第四巻』（一九二八）に収録されているが［クロポトキン（能智修弥訳）一九二八］、宮本の回想だけではなくその日記でもこれを読んだ形跡はない。しかし、その回想にあるように、クロポトキンの共同と調和、強制を排除する自主性の思想は、大杉栄訳による『相互扶助論』『革命家の思出』だけでも充分に受容することができていたと思われる。

そして、同じく大杉栄訳で読んだというファーブル『昆虫記』第一巻[4]は、一九二二年（大正一一）一〇月叢文閣発行のアンリイ・ファブル（大杉栄訳）『昆虫記（一）——昆虫の本能と習性の研究』であろう。原文はフランス語で原文タイトルは *Souvenirs Entomologiques*、第一巻初版は一八七八年（明治一一）だが、大杉は一九一九年（大正八）刊行の写真挿入版を翻訳している［大杉 一九二二：一-二頁］。しかし、一九二三年（大正一二）九月、大杉が虐殺されたためであろう、（二）以降は他者によって翻訳された。

ファーブル『昆虫記（一）』は、「糞虫」スカラベサクレからはじまり「穴蜂」の狩と幼虫の成育までの観察記録である。いずれの部分でも、緻密な観察とそれについての生き生きとした叙述が続く。たとえば、「穴蜂」スフエクスによるコオロギ狩は次のようであった。「蟋蟀《こおろぎ》は恐れ慄いて跳び逃げる。スフエクスは其の直ぐあとからそれを追つて行つて、それに追ひついて、其の上へ飛びかゝつて行く」「其の中足は相手のびく〳〵動く横腹を抱きしめ、前足は二本の槓桿のやうに相手の顔の上に突つぱつて頸の関節を広く開けさせる。そしてスフエクスは、（中略）其の腹を直角に曲げる。そして吾々は其の毒針が先づ犠牲の頸に刺さり、次ぎに胸部の二つの後環節の関節に刺さり、最後に腹の方に刺さるのを見るのである」［アンリイ・ファブル（大杉栄訳）一九二二：一三二－一三三頁］。宮本は、この『昆虫記』から、ファーブルの緻密な観察に感銘をうけたというのである。

これらが、一九二五年（大正一四）郵便局員時代一八歳の青年宮本常一が影響をうけたという大杉栄訳によるクロポトキン（とファーブル）の著作とその内容である。

それでは、宮本はこれらによって、クロポトキン（とファーブル）の何を受容していたのだろう。その後の宮本の作品によって推測してみよう。

それは、第一には、社会の進歩を、動物と動物との、また、人間と人間との競争・対立によってではなく、動物内部・人間内部の調和と共同によってとらえようとする思想であった。社会の内部を矛盾としてではなく、調和と共同による発展としてとらえようとする。たとえば、宮本の単行本としての第一作『アチツクミユーゼアム彙報第一一　周防大島を中心としたる海の生活誌』（一九三六）は、「相互扶助」という単語さえ使いつつ、主な漁業労働を労働交換（ユイ）や親方・子方制に基づく共同労働としてえがく。その代表的漁業労働組織として親方・子方制による鰯網漁などをとりあげ、それが外部の大資本に従属し漁業労働者化していくことを憂慮しつつ、漁業社会内部の「相互扶助」、共同労働を重視する。漁業社会が外部からうける打撃を指摘するが、その内部に矛盾を認める視点はなく、そこでえがかれる調和と共同の社会を理想化している。宮本の作品では登場人物がおのずと「善人」ばかりとなり、えがかれる社会はいくぶんか美化されるが、それは、クロポトキンがそうであった理想主義・人道主義に通じるものがあると考えることができよう。そのような意味では、宮本にとっては、こうした調和と共同性重視の理想主義・人道主義があらかじめあり、それがのちに民俗学として具体的に発現したにすぎなかったと考えてもよいかもしれない。

第二には、その人間の調和と共同性を基軸とした「生活誌」を、庶民の日常性のなかからえがこうとしたことであった。クロポトキンは貴族・大地主の家に生まれた特権階級であった。しかし、若年期から農奴制に疑問を持ち、軍人としてではあったが、シベリアを旅し庶民と接するなかで、彼らとごくふつうに接する術を身につけていく。これに対して、もともと「周防大島の百姓」の宮本は、「立身出世」しそこから遊離するのではなく、庶民との一体性を求め続けた。

さらに宮本のばあいは、それにとどまるのではなく、皮膚感覚からとでもいうべき次元から庶民との一体感のもとで、その「生活誌」をえがいた。たとえば、『忘れられた日本人』（一九六〇）のなかの「対馬にて」は、一九五〇年（昭和二五）と翌年の対馬調査の体験をつづったものであり、よく知られている。その最後は佐須奈での「歌合戦」、おばあさんたちに集まってもらい、夜が更けるまで延々と民謡を歌い続け、かつての歌垣を髣髴とさせた、という内容である。それについて、『私の日本地図 一五 壱岐・対馬紀行』（一九七六）には、その翌日、佐須奈を船でたつ宮本を見送りに、この前夜のおばあさんたちが見送りにきていたというさりげない記述がある。「ゆうべ歌をうたってくれた老女のうちの三人がわざわざ私のために見送りに来てくれ、涙をためて別れのことばをのべてくれた。「もうお目にかかることはないだろうが、ゆうべのようにたのしかったことはなかった。死ぬるまで忘れないだろうが、あなたもいつまでもゆうべのことを忘れないでほしい」といった」。そして、宮本が船上から撮影した写真左隅に、すこしかしこまったおばあさん三人の立ち姿がある〔宮本 一九七六a：七八頁〕。実は、このおばあさん三人の見送りは、「対馬にて」を収録した初版本の『忘れられた日本人』とその岩波文庫版（一九八四）では、「見送りの人々、左方にうたをうたった三人の老女がみえる」というキャプションのもとに同じ写真で紹介されている〔宮本 一九六〇a：二五頁〕。ただ残念なことに、『宮本常一著作集 一〇』（一九七一）所収の『忘れられた日本人』では、この見送り写真はカットされている。

宮本以外の者がこんな語りをすればただの自慢話に終わってしまいがちであるが、宮本はそうはならない。淡々とした叙述に、このような体験をすることのできた宮本の庶民との皮膚感覚からの一体感を読みとることができるだろう。宮本における庶民とは、日常性のなかでの庶民を対象とするものであった。しかしそれは、すでに指摘したように、庶民を客体としてのみ対象化するのではなく、そこにみずからを一体化するなかでの対象化であった。

第三には、こうした庶民の対象化が、緻密な観察によって把握され叙述されていたことである。宮本は、その民俗学以前に、クロポトキンの探検的なシベリア調査、また、ファーブル『昆虫記（一）』の徹底的な調査から、すでに、緻密な観察の重要性を学んでいたのではないだろうか。観念的あるいは抽象的ではなく、現実をリアルに把握する観察である。たとえば、あとで述べるが、山村調査のようにあらかじめ調査項目によって計画された調査を遂行するのではなく、存在する現実のなかに入り込みありのままに観察するフィールドワークである。宮本の作品のどこをひもといてもこうした情景を目にすることができる。

たとえば、『村里を行く』（一九四三）に大阪府和泉山脈に高野豆腐製造地を訪ねる話がある。あいにく、訪ねた日が製造終了日であった。但馬からきた出稼ぎ職人とともに寒冷な雪山を下る。「私は風呂敷包一つで片手があいてゐるのでカンテラを持つことになつて先頭を行く。真白な雪をふんで一列に七人、雪が凍つてゐるので足がすべりさうになる。やつと頂まで来て南へ越えると、雪はなくなつたが、道はけはしくなる。（中略）林の中は雪が未だ残つて居り、それがカチ〳〵に踏みつけられてゐる。山道に慣れない私は、ともするとすべりさうになる」［宮本 一九四三c：八三－八四頁］。実際に、宮本は転倒してしまうのであるが、高野豆腐製造を調査・叙述するだけではなく、その製造者たちに同行することにより、その労働の現実をありのままにえがいている。そして、宮本におけるフィールドワークの対象把握は、それによる対象の客体化でもあったが、対象への一体化でもあり、対象に対する内在的把握にもなっていた。

3　宮本常一と赤松啓介

あらためて確認すると、宮本がクロポトキンを読んだのは、一九二五年（大正一四）大阪市高麗橋郵便局員時代、一八歳であった。肺結核で帰郷する友人、社会主義運動に入っていく友人もあったという。そうした友人たちの影響もあろう、宮本もクロポトキンをひもといていた。そして、宮本も含めて逓信講習所を経た郵便局員は、経済的事情により進学を断念した田舎の優秀な若者たちが多かった。彼らをとりまく経済的環境が社会矛盾を鋭敏に感じさせていた。

一九〇九年（明治四二）三月、兵庫県加西郡下里村（現加西市）に生まれた赤松啓介《あかまつけいすけ》（本名栗山一《くりやまかず》夫《お》・一九〇九－二〇〇〇）も、宮本とほぼ同世代、同じように、大阪府の郵便局員としての体験を持つ。宮本からみて二歳下になるが、宮本が一九〇七年（明治四〇）八月生まれ、赤松が一九〇九年（明治四二）三月生まれの早生まれなので、学年でいうと赤松の方が一学年下となる。没落地主の家に生まれた赤松は一九二三年（大正一二）神戸市内の高等小学校を卒業、丁稚奉公などを転々とし独学で一九二九年（昭和四）に小学校准教員検定試験に合格、同年一一月から一九三三年（昭和八）四月まで大阪中央郵便局通常郵便課に勤務したが、その間に労働運動に従事したため検挙され解職となる〔赤松　二〇〇〇：四八二－四八六頁／赤松　二〇〇四：八二三－八二四頁、八二四－八三五頁〕。赤松が大阪市で郵便局員として勤務するようになったのは宮本に比べて五年あとであり期間も長い。また、赤松は教壇には立たなかったものの、教員を検定合格によって目ざし、経済的事情で進学を断念した若者として、赤松は宮本とほぼ同様の人生を歩もうとしていた。官費で学ぶことのできることが、こうした若者たちを惹きよせていたのであろう。

そして、宮本はアナーキストのクロポトキン、赤松はマルキシズム、郵便局員時代の五年の年代差がこうした違いをもたらしたとも考えられ、その受容は異なるが、両者とも郵便局員時代に社会矛盾に目覚めている。

そして、このような経歴的共通項を持つ宮本と赤松、二人ともが、やがて柳田民俗学を学び、しかし、さらに柳田系民俗学を批判し、独自の民俗学を創造していくことになる（これについては赤松が先んじていた）。しかも、赤松も最初の投稿は、宮本と同じく一九三〇年（昭和五）、柳田が監修していた『旅と伝説』からであった。赤松は、第三年七月特別号（一九三〇年七月）に「下里村の民譚」、第三年第一一号（一九三〇年一一月）に「下里村の年中行事」を投稿している（二本とも本名の「栗山一夫」名義）。赤松も故郷下里村、宮本も故郷周防大島、二人ともその民俗学の出発は故郷の物語であった。

実際に、宮本と赤松、両者の間には交流があった。宮本の民俗学にとって重要な位置を占める島根県の篤農田中梅治《たなかうめじ》（一八六八－一九四〇）は、もともと赤松と交流があった［岩田 一九九七：五八五－五八六頁］。その田中梅治を、『アチックミューゼアム彙報第四八 粒々辛苦・流汗一滴』（一九四一）として刊行される生原稿とともに、宮本に紹介したのが赤松啓介であった［森脇 一九四一：一－二頁］／［宮本 一九五八a：三一二頁／宮本 一九六〇a：二一九頁］（いずれも本名の「栗山一夫」で紹介されている）。『村里を行く』（一九四三）の「土と共に」のなかで、また、『忘れられた日本人』の「文字をもつ伝承者」として福島県の高木誠一《たかぎせいいち》（一八八七－一九五五）とともに語られたのが、この田中梅治であるといった方がわかりやすいかもしれない。『粒々辛苦・流汗一滴』は農業技術・生産の具体的作業を田中の体験に即して詳細に叙述した作品である。

宮本と赤松の交流が、農業技術・生産を叙述した田中梅治『粒々辛苦・流汗一滴』を媒介としていたことは偶然ではなかろう。当時二人とも研究課題の中心は生産とそれをめぐる「生活誌」にあったからである。もっとも赤松が、「農村に於ける封建習俗の残存と崩壊」『唯物論研究』(第五四号、一九三七年四月)、「溝と慣習」『旅と伝説』(第一二年二月号、一九三九年二月)、「苗の話」『ひだびと。』(第七年第七号、一九三九年七月)をはじめ(三本とも本名の「栗山一夫」名義)、三笠全書の『民俗学』(一九三八)などで主張したのは、同時代の農業生産を「封建習俗」の「残存」としてとらえ、それをめぐる「生産関係」の矛盾を指摘することにあった。マルキシズムを受容した赤松の農業生産・技術のとらえ方は、そのなかに潜む矛盾の摘出であった。なお、赤松が「非常民」を前面に押し出すのは、その最晩年の「村落共同体と性的規範」『どるめん』(第二六号〜第二八号、一九八〇年八月〜一九八一年二月)と『非常民の民俗文化』(一九八六)以降であり、これら以前には、「非常民」民俗学の主張はほとんどない。

ほぼ同世代で同じような経歴、なかんずく、一九二〇年代後半から三〇年代はじめの郵便局員時代、おそらくはその環境のなかで社会矛盾を感じとり、宮本はアナーキストのクロポトキンを、赤松はマルキシズムを受容しつつ、しかし、二人とも民俗学者となっていった。そのとき、マルキシズムを受容した赤松は「生産関係」のなかに社会矛盾をとらえるようになった。赤松における社会矛盾の克服は、封建的「生産関係」の止揚による発展としてとらえられていた。しかし、クロポトキンを受容した宮本は異なる。宮本は社会矛盾を調和と共同に基づいた社会生活のなかに解消しようとしている。社会生活の矛盾は、共同体内部の調和と共同とによって解決可能とされていた。そしてそれは、のちに形成される宮本の保守主義の原型であったと考えることができるかもしれない。

4 進歩と退歩

みずからが語ったクロポトキンの受容について、民俗学以前の宮本をその学問と関連させつつ整理してみると、おおよそ以上のようになるであろう。彼にとって、その民俗学は、庶民の日常性にひそむ調和と共同による社会の進歩を理想とし、それを明らかにするために、対象としての庶民にみずからを同化させつつ緻密な観察を実践する、そうした民俗学以前から身につけてきていた志向の、具体的発現形態と考えられるのである。

このクロポトキンの受容を語った自伝『民俗学の旅』は、よく知られたしめくくりの文章で終わる。進歩と退歩の意味について語った一節である。

「私は長い間歩きつづけて来た。そして多くの人にあい、多くのものを見て来た。それがまだ続いているのであるが、その長い道程の中で考え続けた一つは、いったい進歩というのは何であろうか。発展というのは何であろうかということであった。すべてが進歩しているのであろうか。停滞し、退歩し、同時に失われてゆきつつあるものも多いのではないかと思う。失われるものがすべて不要であり、時代おくれのものであったのだろうか。進歩に対する迷信が退歩しつつあるものをも進歩と誤解し、時にはそれが人間だけでなく生きとし生けるものを絶滅にさえ向かわしめつつあるのではないかと思うことがある」「進歩のかげに退歩しつつあるものをも見定めてゆくことこそ、今われわれに課せられているもっとも重要な課題ではないかと思う。少なくも人間一人一人の身のまわりのことについての処理の能力は過去にくらべて著しく劣っているように思う。物を見る眼すらがにぶっているように思うことが多い」〔宮本 一九七八a：二三五－二三六頁〕。

この部分は、岩波文庫版『忘れられた日本人』の網野善彦の「解説」の結論でもあり、網野に「これはまさしくわれわれ、現代の人間につきつけられた課題そのものといってよい」［網野 一九八四：三三四頁］とさえいわしめている。網野がこのようにいうと、その非社会構成史観がメタファーとして沈潜し、また、単純な進歩主義批判としてとらえられがちであるが、そのように考えることはできないだろう。むしろ、クロポトキンの受容からとらえなおしてみれば、宮本が進歩に込めた意味内容とは、人類の競争と対立ではなく調和と共同による進歩であり、かつ、それは庶民の日常生活（「民俗」ではなく）の基調に存在しているべきであった。裏返せば、調和と共同が庶民世界から失われていくことを退歩と表現しているともいえよう。

現代思潮社版『大杉栄全集 第一〇巻』（一九六四）に『相互扶助論』が所収されたときに、約四〇年ぶりにそれを再読した宮本は次のようにも述べている。

「初めて読んだときのことは何も彼も忘れ去っていたように思ったが、生物のあらゆるものが生きていくためには群をなし、その群の中において個々が連続し助けあうことによって共同体（本書では共産という言葉をつかっている）を形成して来たことについての示唆は私の頭の中からは少しも消えていないことを発見したのである。私がこの書物を読んで以来今日までの四十年近い年月も、実はひたすらにこの著者のような態度で物を見、事の真実を追究して来ていたともいえる」［宮本 一九六四ａ：四頁］。

この回想はそのますなおに受け取ってよいのではないだろうか。調和と共同が維持された庶民の進歩、それが民俗学以前から宮本常一に貫かれた志向であった。そしてさらには、宮本はクロポトキンからその理想主義・人道主義をも継承していたように思われてならないのである。

この現代思潮社版『大杉栄全集 第一〇巻』に『相互扶助論』が所収されたのと同じ年、宮本は『離島の旅』（一九六四）という書き下ろしの作品を書く。山形県飛島にはじまり鹿児島県種子島に終わる合計一五の離島の物語である。そのなかの一一番めに「壱岐――たった一軒だけの島」という文章がある。壱岐の印通寺《いんどおじ》の沖に妻ガ島という、一軒だけが一二代約二〇〇年間にわたって住み続けている島があるという。これは宮本が繰り返し書いた困窮島の例とは異なる。対岸の印通寺からも船で耕作に通う人たちがおり、いっぽうで、この家も学校教育などは印通寺を利用して壱岐本島との交流はふつうにあり、一軒だけとはいえ、当主はこの島での生活に夢を持っているという。宮本はその当主の言葉を次のように紹介する。

「いったい私など都会へ出て行かなければならないものでしょうか、どうでしょうか。二〇〇年あまりも何の疑いももたずにここに住んで来たのは、住んで見て決してわるいところでなかったからだと思うのですが、時代がすすむとこういう所は住みにくくなるのでしょうか」［宮本 一九六四c：一八一頁］。

離島壱岐のまたその離島の島に一軒だけで生活を続けてきた、その島での生活に夢を持つひとりの人間の言葉である。それを承けて宮本は次のように続ける。

「私は、ギクリとした。今までは、何の疑いもなしに気楽に住むことができた。ところが世の中の文化が進むにつれてこういう所が住みにくくなるということが、はたしてほんとに文化が進んだといえるのだろうか、どうだろうか。文化が進み、国力が高まれば高まるほど、こうしたところが一つの楽土になっていい筈である」［宮本 一九六四c：一八一頁］。

近代日本の進歩が切り捨てをしていることへの疑問であった。それは宮本にとって具体的なフィールドからの提唱でもあった。日本の近代化による進歩が「辺境」を形成し、当時進行する高度経済成長がそれを加速させていた。宮本はそれらに対して疑問を提出、その上で、中央と地方との調和と共同による社会形成を理想としている。

三　生活体験の延長線上に

1　キャリア志向とその挫折

クロポトキンを読んだという一九二五年（大正一四）、宮本は郵便局員としての勤務を続けながら独学を続けていた。この年の四月、高等試験令第七条試験を受験し三科目合格、九月には専検（専門学校入学者資格検定試験）を受験し科目試験に合格している〔田村 二〇〇四：五五七頁〕。そして、それらの資格によって、翌一九二六年（大正一五・昭和一）二月に天王寺師範学校二部を受験、合格し四月に入学する。当時の師範学校二部は中等学校卒業あるいはそれと同等の資格を有する者に受験資格があり、通常は二年制であったが、宮本は一年制で翌一九二七年（昭和二）三月二五日卒業、三一日大阪府泉南郡有真香《あまか》村修斉《しゅうさい》尋常小学校訓導としての辞令をうける。しかし翌日の四月一日には短期現役兵として歩兵第八連隊に入隊したために、辞令とともに着任したのではなく、実際の着任は除隊後の九月一一日であった〔田村編 二〇一二：一二八頁、一六五頁〕。宮本の生年月日が一九〇七年（明治四〇）八月一日なので、彼は満年齢でいえば二〇歳で小学校教員として教壇に立ったことになる。

この一年間の天王寺師範学校二部在学中のことであった。宮本の回想によれば、東京高等師範学校受験を志し、苦手な英語学習のために、近世文学研究者の教師金子実英《かねこさねひで》（又兵衛）の薦めで金子とともにマックス・スチルネル『唯一者とその所有』を読んだ。「試験にはほとんど役にたたなかったが「世評とか栄誉とかを気にしない人間になっていくためにこの書物を読んだことは大へん役にたった」という〔宮本 一九七八a：七〇頁〕。マックス・スチルネルとはマックス・シュティルナー（一八〇六－五六）、国家に対して個人を対置したヘーゲル左派のドイツ人哲学者であり、『唯一者とその所有』（一八四四五）はのちに個人主義的なアナーキズムに影響を与えたといわれる書物である〔片岡 一九六八：三四〇頁〕。この『唯一者とその所有』について、宮本は「辻潤が『自我経』という名で邦訳していた」〔宮本 一九七八a：七〇頁〕とも回想している。辻潤《つじじゅん》（一八八四－一九四四）は放浪の詩人・ニヒリスト、この『自我経』とは、辻が原文のドイツ語ではなく英語版から翻訳したマックス・スチルネル（辻潤訳）『自我経――唯一者と其所有』（一九二一）のことであろう。

クロポトキンと同じく、教師の金子の薦めによるとはいえ、マックス・シュティルナーは、どこか宮本とは結びつきにくい。東京高等師範学校受験は不合格であった。ただ、受験のために上京した際に、金子の友人大宅《おおや》壮一《そういち》（一九〇〇－七〇）と面談する機会があり、そこでの刺激により、その後約二年間の濫読時代が続くことになったという〔宮本 一九七八a：七二頁〕。

宮本は一九二八年（昭和三）三月まで有真香村修斉尋常小学校訓導として勤務したが、同年四月大阪府天王寺師範学校専攻科に入学、一九二九年（昭和四）三月卒業する〔田村 二〇〇四：五五八頁〕。再び同年四月から大阪府泉南郡田尻尋常小学校訓導として勤務するようになるが、年明けの一九三〇年（昭和五）一月、肋膜炎を発症、一時は危篤になる。宮本によれば、雨中を濡れて歩いたことが直接的原因とされるが、勤務と激しい独学による過労が蓄積していたのであろう、年度末の三月末に故郷周防大島へ帰郷、いったんは快方に向かうが、五月には肺尖カタルを発症、一九三二年（昭和七）三月まで約二年間の療養生活に入る。

宮本がこの療養生活中に詠んだ次のような歌がある。

「真夜なかに　ふっと目ざめて　己が手に
脈あることを　たしかめにけり」
「足の垢　手もちてよれば　ぼろぼろと
たたみにこぼる　やみて久しき」〔宮本 一九八一a：二七頁、二九頁〕。

「真赤なる　痰見入りつゝ　かなしかり
すこやかに生くる事　かたきかも」
「今日も又　暮るゝか　床にいねにつゝ
やせほそるすね　夕風あたる」〔田村編　二〇一二：三六三頁〕。

逓信講習所・郵便局員時代、肺結核に冒され故郷に帰った由利範雄という親友があった。それから五年後の一九三〇年（昭和五）、宮本もその親友と同じく、肋膜炎を経た上で肺尖カタルつまりは結核によって故郷へ帰らざるを得なくなった。ただこの親友は故郷で死をむかえていた。『民衆の知恵を訪ねて』（一九六三）のなかで次のように語る。

「その友は大阪でつとめているうちに胸をおかされて、大正一四年秋郷里へ帰ってゆき、昭和二年の春その山中で死んだ。（中略）友は胸をわずらっているというので、母屋の座敷へも寝させてもらえず、納屋の隅に仮の座敷をつくってもらって、そこにジッと寝ていたという。肺病の極度に恐れられた時代のことであった。何のうるおいもない暗い部屋に一年半ほど寝ていて、まだ二〇歳になったばかりの短い一生を終った」〔宮本　一九六三ａ：一四八頁〕。

この親友が故郷に帰っていったのは、「我が半生の記録」（一九三五）によれば、一九二五年（大正一四）秋ではなく年末であり〔宮本　二〇〇二：一二六頁〕、その死は一九二七年（昭和二）春ではなく七月三〇日であった。「久しく通信をたっていた由利君へ手紙を出すと、その兄から、七月三〇日、雨のしとど降る夜、永眠したとのことであった」「私の手紙はその友のなくなった日に届いたのである」〔宮本　二〇〇二：一三二頁〕。この年四月一日に短期現役兵として歩兵第八連隊に入隊していた宮本は八月三一日に除隊、その足で帰省、二日に祖父を亡くしている。葬儀のあと大阪を経て宮本が向かったのが京都府福知山市在の由利の生家であった。七日に訪れ一泊するがその日の日記に次のように記す。

「由利の位牌、由利の墓、それ等はみんなあまりに貧弱で、あまりに気の毒であつた。あの男が望みを失つて死んで行つた家とすれば、むしろ悲惨な気がした」[田村編 二〇一二：一六五頁]。発病による帰省からわずか一年半後に親友は亡くなっていた。親友の由利だけではなく、宮本の逓信講習所・郵便局員時代の先輩・友人たちのなかには、さびしく生命を落としたものが多いという[宮本 一九七八a：六五－六六頁／田村編 二〇一二：一四七頁]。

しかし、宮本は約二年間の長期療養ではあったが快復することができた。

宮本の民俗学者としての出発が、この療養生活時代であった。それが、すでに紹介した、柳田國男が間接・直接的に指導していた[関 一九五八：一〇五頁]雑誌『旅と伝説』への投稿であり、その最初が、第三年新年倍大号（一九三〇年一月）から第三年七月特別号（一九三〇年七月）まで五回にわたり連載した「周防大島」であった。もっとも、この「周防大島」の『旅と伝説』への連載第一回は第三年新年倍大号（一九三〇年一月）からであり、この一九三〇年（昭和五）一月は宮本が肋膜炎を発症しいったんは危篤にさえ陥ったときであるから、原稿作成と投稿はそれ以前、一九二九年（昭和四）に行なわれていたことになり、田尻尋常小学校で健康な状態で勤務していたときに、すでに民俗学への歩みがはじまっていたことになる。

正確には、年末もおしつまった一二月一五日の日記に「残つて「周防大島」を少し書いて見る」[田村編 二〇一二：三三五頁]、一二四日には「『旅と伝説』の正月号が来る。それには私の貧しいのが出て居る。別にうれしいとも思はない。どうしてかうまで感興がないのだらうか。私は私自身がうたがひたい位である」[田村編 二〇一二：三三七頁]と記す。宮本は病気療養生活に入る直前に、そのデビュー作品「周防大島」を投稿し、ややしらけているものの、それを手にしていた。

もっとも、宮本が柳田の名前を知ったのは天王寺師範学校を卒業して歩兵第八連隊に短期現役兵として入隊中の一九二七年（昭和二）であり、[6] また、偶然であったようだが、雑誌『旅と伝説』についても、一九二八年（昭和三）の創刊まもない段階で知っている。天王寺師範学校専攻科に通う同年五月六日、日記に次のように記す。「中之島にあそぶ。（中略）かへりに松屋町筋を歩き、『旅と伝説』なる雑誌を見。卒然として伝説研究に心動く。一生の仕事として最適なり。之より材料を集めん。六時かへる。夜は伝説研究の計画を作る」〔田村編 二〇一二：二二〇頁〕。宮本が見たのは日付から判断して第五号（一九二八年五月一日発行）であったと推測される。柳田國男が『旅と伝説』に関与するのは、このあと述べるように、第八号（一九二八年八月）からなので、宮本が『旅と伝説』をひもとき「伝説研究」をこころざしたとき、それはいまだ『旅と伝説』が柳田と無関係な時点であった。また、『旅と伝説』じたいもその内容は学術的色彩が弱く、好事家的・趣味的旅行雑誌とでもいうべき誌面構成である。同年六月二日の日記は次のように記す。「伝説…一生の仕事としては十分なものだ。だが伝説研究だけで食つて行けるものでない」「職…小学校の先生。行詰りだ。然らばどうすればよいのだ。やはり一通の野心として高師へ行くべきだらう。高師、それが且《（マヽ）》て目標だつた。そして今それへかへつて行かうと云ふのだ」〔田村編 二〇一二：二二六頁〕。民俗学あるいは民間伝承という言葉は出ていないが、「伝説研究」という言葉でそれが表現されるようになっている。一九三〇年（昭和五）一月からの連載「周防大島」にはじまる『旅と伝説』への投稿は突然ではなかった。それに向けて徐々に歩みがはじまっていたのである。もっともいっぽうで、一度は不合格となった東京高等師範学校受験に再チャレンジしようともしている。

　宮本は郵便局員から師範学校を経て小学校教員となった。しかし、この東京高等師範学校受験志望に典型的に示されるように、通常のキャリアを志望し学者になろうとしていた。しかし失敗。鬱勃とした不満・不安をかかえながら激しい独学を続け、その結末は病気療養生活であり、それとほぼ並行して、宮本が見つけ出した学問が民俗学であった。発病する直前の一九二九年（昭和四）一二月三〇日の日記、「たゞひたすらに歩めばよい。（中略）土俗、そこに大きな生命を見出す。そこに残された思想、そこからあらゆるものが出発してゐるのだ」〔田村編 二〇一二：三三九頁〕。通常のキャリアではないがゆえの激しい独学、それが約二年間にも及ぶ療養生活となる挫折をもたらしていた。もっとも、通常ではないキャリアであるがゆえに、これまた当時は学問として認知されていなかった民俗学へとたどりついていた。

2 雑誌『旅と伝説』

それでは、宮本が最初に民俗学的論考を投稿した雑誌『旅と伝説』とは、どのような雑誌であったのであろう。創刊は一九二八年（昭和三）一月、東京の三元社という出版社から、萩原正徳《はぎわらまさのり》という民俗学に関心をいだいていた人物を「編輯発行兼印刷人」として、一般的な旅行・名所旧跡紹介雑誌として刊行された。第八号（一九二八年八月）から第二年第三号（一九二九年三月）まで五回にわたり柳田國男が「木思石語」を連載するころから〔単行本『木思石語』は一九四二年（三元社）〕、折口信夫《おりくちしのぶ》（一八八七－一九五三）・早川孝太郎《はやかわこうたろう》（一八八九－一九五六）・中山太郎《なかやまたろう》（一八七六－一九四七）・佐々木《ささき》喜善《きぜん》（一八八六－一九三三）・南方熊楠《みなかたくまぐす》（一八六七－一九四一）・伊波普猷《いふぁふゆう》（一八七六－一九四七）などの民俗学者の執筆が目立つようになり、一般向けの民俗学雑誌とでもいうべき性格をも持つようになった。一九四四年（昭和一九）一月、通巻一九三号、第一七巻第一号をもって廃刊するまで、あしかけ一七年間にわたり刊行された月刊誌であった。

特に、第四年四月号（一九三一年四月）は「柳田國男特輯」と銘打ち「昔話号」を特集、柳田「昔話採集者の為に」を巻頭に、全国各地の昔話を収集・掲載する。宮本も「山口県大島――周防の大島七」を寄稿した第六年新年号（一九三三年一月）は「婚姻習俗号」として婚姻民俗特集を、同じく、宮本が「山口県大島（各地の葬礼）」を寄稿した第六年七月号（一九三三年七月）は「誕生と葬礼号」として葬送儀礼・出産産育儀礼特集を、同じく宮本が「大阪府池田地方」を寄稿した第七年七月号（一九三四年七月）は「盆行事号」として盆行事特集を組んでいる。さらには、第七年一二月号（一九三四年一二月）は「昔話特輯号」として、柳田「昔話の分類に就いて」を巻頭に、全国各地の昔話を説話ごとに収録しているが、そのなかには宮本が寄稿した「猫山の話」「子の生れる時には観音様と地蔵様が来る」「聟さがし」「長者聟話」の四本が含まれている。昔話資料そして人生儀礼・年中行事資料の本格的収集がこの雑誌『旅と伝説』によって行なわれてもいた。

宮本は、この雑誌『旅と伝説』に、表1のように、連載物を各号一本で計算すると、合計二七本もの原稿を寄せている。そのうちの二五本は一九三六年（昭和一一）までであった。また、これら合計二七本のうち、第七年第六号（一九三四年六月）の「葛の葉伝説の発展」・第七年七月号（一九三四年七月）の「大阪府池田地方」・第一三巻第五号（一九四〇年五月）の「犬の話その他」の三本は宮本が小学校教員として勤務していた大阪府の物語、第一六巻第二号（一九四三年二月）の「太田陸郎氏を悼む」は中国戦線からの帰途死亡した兵庫県の民俗学者太田《おおた》陸郎《ろくろう》（一八九六－一九四二）の追悼文であるが、他の二三本は宮本の故郷周防大島をフィールドとしている。宮本の民俗学者としてのデビューは、柳田國男が指導する雑誌『旅と伝説』によって、故郷周防大島を起点としてはじめられていた。雑誌『旅と伝説』は学術雑誌、大学・研究機関が発行するそれではなく、商業的一般雑誌である。そうした雑誌に、故郷周防大島の民俗事象を紹介するところから、その民俗学を出発させていた。もっとも、これらの内容は、やがて本格的となる宮本の民俗学とは異なり、最初「伝説研究」を志したためであろう、昔話・伝説・世間話などを紹介する短報がほとんどであった。

宮本と同じように、雑誌『旅と伝説』から民俗学への歩みをはじめた赤松啓介も、表2のように、合計二一本もの原稿をくりかえし投稿している。しかも、宮本と同じく、そのうちの一八本は一九三六年（昭和一一）までであった。ただし、赤松のばあいは、宮本とは異なり短報は少なく、第四年八月号（一九三一年八月）の「子守唄の一考察」、第五年第四号（一九三二年四月）の「「草履隠し」に就いて」、第五年九月号（一九三二年九月）の「二上山附近の民間信仰調査報告」、第六年三月号（一九三三年三月）の「『旅と伝説』の任務に関して」、第六年五月号（一九三三年五月）〜第八年三月号（一九三五年三月）三回連載「生駒山脈に民間信仰を訪ねて（生駒山脈地帯民間信仰調査）」など、民間信仰・民謡・俗信をめぐる本格的論考が多く、第七年八月号（一九三四年八月）の「製塩工程の調査」・第一二年二月号（一九三九年二月）の「溝と慣習」は、生産関係のなかに社会矛盾を明らかにしようとする論考であった。また、一九三〇年代半ばまでのデビュー時点での宮本が、ほぼ『旅と伝説』を中心に、周防大島からの短報をくりかえしていたのに対して、赤松のばあいは、雑誌『旅と伝説』のほかに、折口信夫が主宰した雑誌『民俗学』、太田陸郎の主宰していた雑誌『兵庫県民俗資料』、唯物論研究会の機関誌『唯物論研究』（→『学芸』）など多様な雑誌への投稿をくりかえし、さらに、考古学徒としては雑誌『人類学雑誌』に投稿するなど、その活動は大きく広がっていた。しかし、赤松は、一九三九年（昭和一四）一一月、唯物論研究会事件が地方まで波及し、そのために治安維持法違反で検挙され実刑判決をうけ一九四三年（昭和一八）五月まで大阪刑務所に服役［岩田 二〇〇四：八三九頁］、出所後は民俗学者としては沈黙を続ける。

このように、雑誌『旅と伝説』は、一九三〇年代、学者としての正規のキャリアを持たないが、学問を志す若者に、そのデビューと活躍の場を提供していた。これについて、もうひとりだけ代表的研究者をあげると、すぐれたフィールドワーカーとして、衣・食、若者・娘集団、婚姻儀礼、女性労働

No.	巻号	年月日	タイトル
1	第3年新年倍大号（通巻25号）	1930年（昭和5）1月1日	周防大島（一）
2	第3年第2号（通巻26号）	1930年（昭和5）2月1日	周防大島（二）
3	第3年4月号（通巻28号）	1930年（昭和5）4月1日	周防大島（三）
4	第3年6月号（通巻30号）	1930年（昭和5）6月1日	周防大島（四）
5	第3年7月特別号（通巻31号）	1930年（昭和5）7月1日	周防大島（五）
6	第5年第3号（通巻51号）	1932年（昭和7）3月1日	周防の大島
7	第5年第6号（通巻54号）	1932年（昭和7）6月1日	周防の大島（二）
8	第5年第8号（通巻56号）	1932年（昭和7）8月1日	周防の大島（三）―蒲野村・久賀町―
9	第5年9月号（通巻57号）	1932年（昭和7）9月1日	周防の大島（四）―日良居村―
10	第5年11月号（通巻59号）	1932年（昭和7）11月1日	玩具の思ひ出―周防の大島（五）―
11	第6年新年号（通巻61号）	1933年（昭和8）1月1日	山口県大島―周防の大島七―
12	第6年3月号（通巻63号）	1933年（昭和8）3月1日	周防の大島（八）―日良居村―
13	第6年4月号（通巻64号）	1933年（昭和8）4月1日	周防大島の年中行事聞書―周防大島の（八）
14	第6年7月号（通巻67号）	1933年（昭和8）7月1日	山口県大島（各地の葬礼）
15	第6年7月号（通巻67号）	1933年（昭和8）7月1日	山口県大島（各地の誕生習俗）
16	第7年第6号（通巻78号）	1934年（昭和9）6月1日	葛の葉伝説の発展
17	第7年7月号（通巻79号）	1934年（昭和9）7月1日	大阪府池田地方（各地の盆行事）
18	第7年11月号（通巻83号）	1934年（昭和9）11月1日	芋の喰ひ方
19	第7年12月号（通巻84号）	1934年（昭和9）12月1日	猫山の話（周防大島）
20	第7年12月号（通巻84号）	1934年（昭和9）12月1日	子の生れる時には観音様と地蔵様が来る（周防大島）
21	第7年12月号（通巻84号）	1934年（昭和9）12月1日	聟さがし（周防大島）
22	第7年12月号（通巻84号）	1934年（昭和9）12月1日	長者聟話（周防大島）
23	第8年2月号（通巻86号）	1935年（昭和10）2月1日	餅つく日―周防大島―
24	第8年12月号（通巻96号）	1935年（昭和10）12月1日	周防大島民間療法
25	第9年1月号（通巻97号）	1936年（昭和11）1月1日	特殊食物座談会
26	第13巻第5号（通巻149号）	1940年（昭和15）5月1日	犬の話その他
27	第16巻第2号（通巻182号）	1943年（昭和18）2月1日	太田陸郎氏を悼む

表1　宮本常一『旅と伝説』掲載論考

*No.11・12のタイトルのなかでそれぞれ「周防の大島」（七）・（八）は（六）（七）の誤りであると思われる。

などの研究を行なった瀬川清子《せがわきよこ》（一八九五－一九八四）もそうであった。表3のように、そのデビューは、宮本や赤松からはすこし遅れて第七年一一月号（一九三四年一一月）に「山村の女性」を、第八年二月号（一九三五年二月）に同名タイトルの「山村の女性」を投稿してからであるが、宮本や赤松の寄稿が少なくなる一九三〇年代後半から四〇年代にかけて、合計一六本ものフィールドノートを雑誌『旅と伝説』に投稿している。もっとも、正確にいえば、瀬川の第一稿は雑誌『嶋』の終刊号でもある昭和九年前期号（一九三四年四月）に投稿した「舳倉の海女」であり、この「山村の女性」二本は第二、三稿であり、また、瀬川が民俗学への歩みをはじめた直後の一九三五年（昭和一〇）九月に民間伝承の会の機関誌として雑誌『民間伝承』が創刊されたために、瀬川は雑誌『民間伝承』への投稿も多い。

そして、この瀬川も、宮本や赤松と同じく、正規のキャリアを持たないなかで学問を独学で志した研究者であった。瀬川は一八九五年（明治二八）秋田県生まれなので、一九〇七年（明治四〇）生まれの宮本、一九〇九年（明治四二）生まれの赤松に比べて、一〇歳以上年長になる。地元の尋常高等小学校を卒業したあと、独学で小学校教員資格検定試験に合格、一九一〇年（明治四三）から秋田県内で小学校準訓導として勤務（一九一六年訓導）、やがて、一九二二年（大正一一）退職し上京、東洋大学専門部倫理学東洋文学科に入学、一九二五年（大正一四）卒業、一九二六年（大正一五・昭和一）から第一東京市立中学校（現：東京都立九段高等学校）の「授業嘱託」として国語・漢文を担当した。その瀬川は一九三三年（昭和八）石川県能登半島舳倉島の海女と起居をともにし、「舳倉の海女」を雑誌『嶋』へ投稿、それをきっかけに柳田國男が主宰する木曜会同人となり民俗学への歩みをはじめている［川端編　一九八六：一一－一三頁］。

研究者として正規のキャリアを持たない宮本・赤松・瀬川、彼らはいずれもすぐれたフィールドワ

No.	巻号	年月日	タイトル	名義
1	第3年7月特別号（通巻31号）	1930年（昭和5）7月1日	下里村の民譚	栗山一夫（本名）
2	第3年11月号（通巻35号）	1930年（昭和5）11月1日	下里村の年中行事（兵庫県加西郡）	栗山一夫（本名）
3	第4年第3月号（通巻37号）	1931年（昭和6）3月1日	峡の里の話	栗山一夫（本名）
4	第4年第6月号（通巻42号）	1931年（昭和6）6月1日	河内十三嶺の十三塚	栗山一夫（本名）
5	第4年8月号（通巻44号）	1931年（昭和6）8月1日	子守唄の一考察	栗山一夫（本名）
6	第4年11月号（通巻47号）	1931年（昭和6）11月1日	墓地と六地蔵（兵庫県）	栗山一夫（本名）
7	第5年第4号（通巻52号）	1932年（昭和7）4月1日	「草履隠し」に就いて	栗山一夫（本名）
8	第5年第5号（通巻53号）	1932年（昭和7）5月1日	岡町から吹田へ	栗山一夫（本名）
9	第5年第8号（通巻56号）	1932年（昭和7）8月1日	雨乞ひに就いて	栗山一夫（本名）
10	第5年9月号（通巻57号）	1932年（昭和7）9月1日	二上山附近の民間信仰調査報告	栗山一夫（本名）
11	第6年新年号（通巻61号）	1933年（昭和8）1月1日	兵庫県加古川町（各地の婚姻習俗）	栗山一夫（本名）
12	第6年3月号（通巻63号）	1933年（昭和8）3月1日	『旅と伝説』の任務に関して	栗山一夫（本名）
13	第6年5月号（通巻65号）	1933年（昭和8）5月1日	生駒山脈に民間信仰を訪ねて	栗山一夫（本名）
14	第7年8月号（通巻80号）	1934年（昭和9）8月1日	製塩工程の調査	上月三郎（筆名）
15	第7年11月号（通巻83号）	1934年（昭和9）11月1日	生駒山脈地帯民間信仰調査（一）	栗山一夫（本名）
16	第8年3月号（通巻87号）	1935年（昭和10）3月1日	生駒山脈地帯民間信仰調査（三）	栗山一夫（本名）
17	第9年3月号（通巻99号）	1936年（昭和11）3月1日	兵庫県加西郡下里村西笠原の誕生と葬礼	栗山一夫（本名）
18	第9年5月号（通巻101号）	1936年（昭和11）5月1日	酒見北条の節句祭見聞記	栗山一夫（本名）
19	第12年2月号（通巻134号）	1939年（昭和14）2月1日	溝と慣習	栗山一夫（本名）
20	第12年4月号（通巻136号）	1939年（昭和14）4月1日	東播特殊講資料	栗山一夫（本名）
21	第12年12月号（通巻144号）	1939年（昭和14）12月1日	畦草刈の話	栗山一夫（本名）

表2　赤松啓介『旅と伝説』掲載論考

ーカーでもあった。その彼らの学問の出発点を、大学など研究機関の発行する学術雑誌ではなく、一般的な商業雑誌『旅と伝説』が用意していた。そして、当時の大学など研究機関の学問がおおむね文献学的であったのに対して、その内容のほとんどはフィールドから、そしてそのフィールドも故郷であり生活する周辺地域からであった。瀬川のばあいは、女に注目するがゆえに故郷からではなかったが、これとても、彼女が女であるという生活の現実からの出発でもあった。山口県周防大島出身の宮本、兵庫県加西郡出身の赤松、彼らはいったん大阪へ出郷、秋田県出身の瀬川は東京へ出郷、そうしたなかで、宮本と赤松は故郷での生活体験を、瀬川は女であるがゆえの生活体験を、あらためてとらえなおし、客体として対象化するようになっていた。

学者としての正規のキャリアはなく、したがって、研究機関に所属しそこに開設されている学科と研究対象を客体として設定することができたわけでもなく、さらには、正規の発表形式を持っていたわけでもなかった。現実的には正規の研究機関から排除されていた。しかしいっぽうで、大都会に暮らし、学者を志していたがゆえに、彼らはただ故郷で労働し生活を続けていくふつうの庶民とも異なる人生をおくりはじめていた。それが、こうした生活体験の延長線上にその学問を出発させる原因となっていたのであろう。そのような意味では、正規のキャリアを経て高級官僚として農商務省・法制局・貴族院書記官長を歴任し、それらを退職したのちも国際連盟委任統治委員・東京朝日新聞社論説委員などをつとめ、フィールドワークを行なわず現実の生活から乖離したところで現象を客体化し研究対象としていった柳田國男とは、その研究対象設定方法は根本的に異なっている。

正規のキャリアを持たないがゆえに、生活体験の延長線上にしか、その研究者としての出発をすることができなかった彼らであった。しかし、逆に、そうであるがゆえに、その研究対象の設定は常に人間不在であることをまぬがれ得る、人間実在の学問を独学で創造できる位置に彼らは立っていたのである。

3 小学校教員としての実践

一九三〇年（昭和五）一月からの病気療養に快復した宮本は、一九三二年（昭和七）三月七日に復職する［田村編 二〇一二：四四〇頁］。一九三一年（昭和六）三月二四日付でいったんは退職しているため、最初は代用教員としてであった。なお、復職の翌一九三三年（昭和八）八月一一日、父善十郎を亡くしている［田村編 二〇一二：四八七頁］。

No.	巻号	年月日	タイトル
1	第7年11月号（通巻83号）	1934年（昭和9）11月1日	山村の女性
2	第8年2月号（通巻86号）	1935年（昭和10）2月1日	山村の女性
3	第8年10月号（通巻94号）	1935年（昭和10）10月1日	飛騨白川村見聞記
4	第9年10月号（通巻106号）	1936年（昭和11）10月1日	五島雑記（三年奉公聞書）
5	第9年11月号（通巻107号）	1936年（昭和11）11月1日	五島雑記（五島の分家）
6	第9年12月号（通巻108号）	1936年（昭和11）12月1日	五島雑記（カトリック教徒迫害の話）
7	第11年1月号（通巻121号）	1938年（昭和13）1月1日	大浦の海女聞書
8	第11年8月号（通巻128号）	1938年（昭和13）8月1日	伊豆の長津呂
9	第11年9月号（通巻129号）	1938年（昭和13）9月1日	地わかれの例
10	第11年10月号（通巻130号）	1938年（昭和13）10月1日	相島日記
11	第11年11月号（通巻131号）	1938年（昭和13）11月1日	相島日記（二）
12	第11年12月号（通巻132号）	1938年（昭和13）12月1日	相島日記（三）
13	第13巻第2号（通巻146号）	1940年（昭和15）2月1日	雲州北浜村の祭
14	第14巻第1号（通巻157号）	1941年（昭和16）1月1日	イタヾキの村（一）徳島県海部郡阿部村
15	第14巻第2号（通巻158号）	1941年（昭和16）2月1日	イタヾキの村（二）徳島県海部郡阿部村
16	第15巻第1号（通巻169号）	1942年（昭和17）1月1日	晴衣考

表3　瀬川清子『旅と伝説』掲載論考

一九三二年（昭和七）三月、大阪府泉北郡北池田尋常高等小学校（翌年一月に正教員）、一九三四年（昭和九）三月泉北郡養徳尋常高等小学校、養徳尋常高等小学校廃校にともない、一九三五年（昭和一〇）二月泉北郡取石《とりいし》尋常高等小学校に勤務する。そして、一九三九年（昭和一四）九月三〇日付で取石小学校を退職し、渋沢敬三の主宰するアチックミューゼアムに入所するまで、宮本の本職は小学校教員である［田村 二〇〇四：五五九-五六〇頁］。一九二七年（昭和二）天王寺師範学校を卒業、大阪府泉南郡有真香村修斉尋常小学校に勤務してから一九三九年（昭和一四）泉北郡取石尋常高等小学校を退職するまで、天王寺師範学校専攻科在籍の一年間と病気療養の二年間を除いて約一〇年間、病気療養前は泉南郡の尋常小学校を二校、病気療養後は泉北郡の尋常高等小学校を三校、合計五校で教鞭をとったことになる。宮本は一九〇七年（明治四〇）八月生まれであるから、年齢でいえばその二〇歳代を小学校教員として過ごした。

病気療養後の泉北郡での教員時代は、すでに民俗学徒としての歩みをはじめているが、小学校教員としての仕事をおろそかにしていたわけではない。教え子たちの回想によれば、熱心な教員であったという。児童を校外に連れ出して校外授業をすることに積極的であった。また、作文教育に力を入れていたという。「家の行事、例えばノマキ（施行）とか亥の子とか、どういう遊びをするかなどということを書けといわれていました。百姓の仕事をやって書いた場合は、こういう場合はどうやと、いろいろたずねられた。だから作文の時間は一番厳しかったけど、楽しかった」と回想する教え子がいる［田村編 一九八一：六七頁］。

小学校内での授業だけではなく、学校外での児童たちの生活を重視しつつ、作文教育を通して、その生活と周囲の現実を観察させ、それを適切に表現、叙述できるよう指導する教員としての宮本がいた。その代表的成果が、一九三七年（昭和一二）三月、彼が担任していた取石尋常高等小学校六年の児童たちの作文・調査を整理し、それに、宮本がコメントを加えて発行した『とろし』であった。もっとも、『とろし』は、生徒たちに向けた教育成果であり、謄写版で作られ生徒たちに配布されたものなので、当時は、印刷物として他者の目に触れさせるためのものではなかった。[7]

『とろし』は、宮本が書いた「村の歴史」にはじまり、大きく三部構成をとる。「村のしらべ」では村落構造・民間信仰・衣食住についての児童の調査を、「昔話と伝説」では児童が作文として書いた昔話・伝説を、「我等の生活」では児童の遊び・年中行事・農業労働体験を、それぞれ児童たちが書いた作文により整理している。しかし、この『とろし』もその冒頭、宮本みずからが「本書は大阪府泉北郡取石村の小学校六年生児童調査になる村の生活誌である」〔宮本 一九八二：一〇頁〕と述べるように、これも彼の単行本第一作『周防大島を中心としたる海の生活誌』と同じく、「民俗誌」ではなく「生活誌」であった。宮本は、教室での学習だけではなく、児童自身がその生活そのものを見つめること、それを『とろし』を通して実感させようとしていた。宮本は児童たちに向かい次のようにいっていたという。「君達は村に残っている良いならわしとか、いろんな行事とか昔話、古くからのものを、本当のものをみなさいということをよくおっしゃいました。それで、上手に作文を書いてもそれは駄目、村のことをしっかり書いてくれ、こういうことで良いもの悪いものは、真実に近いかどうかで決まるのだ、といわれていました」〔田村編 一九八一：六七頁〕。宮本は文章の巧拙ではなく、現実をありのままに観察し叙述することを重視していた。

また、宮本は児童にファーブル『昆虫記』を薦めている。ひとりの男子児童が、へびがいたちを倒し食べてしまうまでの経過を観察した「へびといたち」という作文を書く。それに対して、宮本はその末尾に次のようなコメントを書く。「N君の文をよんで思ひ出すのはフランスの昆虫学者アンリ・ファブルである。ファブルは蜂やぶん〳〵の生活を六十年も見つゞけて来た人である。さうして昆虫がどんなにして生きてゐるかを我々に知らせてくれた。昆虫をしらべるファブルは又子供たちのよい友達であった。そして又ファブルを助けたのも近所のその子供たちであった」〔宮本 一九八二：一六五頁〕（個人名はイニシャルにした・引用者）。かつて宮本自身が大杉栄訳で読み感銘を受けたファーブル『昆虫記』をとりあげ、児童に対して緻密な観察と正確な叙述の重要性を伝えようとしたのかもしれない。

こうした学校外活動と作文教育の重視は、宮本にとって、民俗学とまったく無関係ではなかった。三部構成をとった『とろし』のなかの「我等の生活」は、児童が記した遊び・年中行事・農業労働体験であるが、宮本がこうした内容を指導していたことじたい、その民俗学的関心が反映していることを示す。宮本の学問は、特定の民俗事象を研究対象としてとりあげ、それに対する分析を行なうものは少なく、「生活誌」の調査・叙述に中心があったが、そうした性格を持ちつつも、年中行事については分析的研究を行なうことがあった。小学校教員として子供に接しているがために子供と関係が深く、また、「生活誌」を志向していたために生産と関連し子供も関係することの多い年中行事におのずと関心が強かったのであろう。あとでみる『民間暦』（一九四二）はその代表作であり、なかでも、宮本がもっとも強く関心をいだいていたのが亥《い》の子《こ》であった。

亥の子は西日本を中心に分布する子供の行事であり、子供仲間が家々をまわり藁鉄砲あるいは石で地搗きをして唱え言葉を言って歩く、秋の年中行事である。教え子の回想にもあったが、宮本は児童に対してこの亥の子についての作文指導を行なっていた。『とろし』には児童が実際に体験した亥の子を三本載せているが、それらはまとまった作文であるだけではなく資料的性格をも持つ。たとえば、そのうちの一本は次のようである。「二十五日の晩にはわらを一把づゝもって今年嫁さんをもらって子の生れてゐない所をまはったさうである。ぺたん〳〵とならしながら、亥の子のもちぢゃ、てんまのもちぢゃ、むこさんとよめさんと祝ひましょ、とうたふ。（中略）行ったものは銭や菓子や飴をたくさんもらふ。そのあくる日学校へ行く途中誰か「とこやへ行ったら、もう先に行ってうってゐた者があった。後から後《（まま）》から行くと、もうしめてねて居たので戸をたゝいてにげて来た」と言ってゐた。学校からかへって餅を豆の粉であえたのを五つたべ、夕飯にはくるみであえたのを四つたべた」〔宮本 一九八二：一八二頁〕。亥の子を実際に行なっている子供自身の体験的作文であるがゆえに確実な資料でもあった。

のちに宮本は、一九五一年（昭和二六）七月『民俗学研究』第二輯に脱稿年月日「昭和十九年五月十二日夜半稿了」と末尾に記した「亥の子行事——刈上祭」を発表し、亥の子行事を全国的に俯瞰しつつ行事の全容を整理している[8]。その儀礼的分析は充分とはいえず地搗きを鎮魂ではないかと指摘するにとどまっているが、現在にいたるまで亥の子の基礎的研究であり、また、フィールドワーカーとして「生活誌」を叙述していった宮本にとって、多くはない分析的研究のうちのひとつがこの亥の子研究であった。そして、この亥の子研究においても、その冒頭は、「今私の故郷周防大島に於ける亥の子について一通り述べ、之を基準にして亥の子行事の本質をつきつめて見たいと思ふ」と言い〔宮本 一九五一：六三頁〕、故郷周防大島からはじめる。宮本は、亥の子研究の基準を、その故郷周防大島におこうとしていた。

周防大島の亥の子は次のようであるという。まずは家の行事としての亥の子である。

「此の日山の神様が家へかへつて来なさるといわれてゐる。日中は前の畑へはいらない。前の畑まで神様がかへつて来てゐなさるのである。そして夕方になつて神様は家の中へはいられて、鴨居の上の荒神様の棚にお座りなされる。そこで家では神棚に燈明をあげ、また折に新米で搗いた餅を入れて供へる。二股の大根を供へる家もある。亥の子の日には亥の子餅とて必ず餅をつくのであるが、餅をつけぬ家では牡丹餅をつくる」〔宮本 一九五一：六三–六四頁〕。

次は、子供の行事としての亥の子である。

「その夜子供たちは仲間を作つてイノコとよぶ藁を縄又は葛蔓などで巻いて棒状にしたものを持つて、家々を訪れて土を叩き乍ら

大黒様の行状にゃ　一に俵をふんまへて　二でにつこり笑うて　三に酒を作つて　四つ世の中え丶様に　五ついつもの如くには　六つ無事息災に　七つ何事ないやうに　八つ屋敷をひろめたて　九つここらへ倉をたて　十でとつくりおさめた、繁昌せえ繁昌せえ

と唱へ、また「亥の子餅をつかんものは鬼を生め、蛇を生め、角の生えた子を生め」とも唱へる。すると家々では蜜柑、餅などを与へるのである。子供たちは「繁昌せえ〳〵」と言つて次の家へ行く」［宮本 一九五一：六四－六五頁］。

また、「亥の日の行事としてはこの外に炬燵をあけた」という［宮本 一九五一：六五頁］。

こうして宮本は、故郷周防大島の亥の子を概観した上で、それを次のように整理する。亥の子は、「(一) 十月の亥の日を祝ふ、(二) 作神様を祀る、(三) 餅をつく、(四) 土を打つ、(五) 炉びらきをする、といふ様な行事によつて構成せられてゐる」、そして続けて、宮本は次のように言う。「この構成に従つて各地の実例を見て行きたいと思ふ」［宮本 一九五一：六五頁］。

宮本の亥の子研究は、故郷周防大島の事例を整理し、それを基準として五つの特徴を抽出し、その五つの特徴にそって全国各地の事例を収集していく、そうした分析方法をとっていた。宮本の分析基準の設定は故郷周防大島にあった。それだけではない。この『民俗学研究』第二輯に掲載した「亥の子行事――刈上祭」では、論文調であるために、それが宮本自身の体験であることを述べていないが、たとえば、『家郷の訓』（一九四三）の「子供仲間」の章で、みずからの亥の子行事体験を記しているように、正確にいえば、ここで宮本のいう故郷周防大島の亥の子とは、みずからの体験でもあった。

小学校教員として、児童の小学校外での体験を重視し、児童がみずからを観察し作文として叙述する、そうした宮本の教育的指導は、そのまま、宮本みずからが求める学問的方法でもあった。故郷周防大島、さらには、そこでのみずからの生活体験、それが宮本の研究対象の設定基準でもあり、また、分析基準設定の方法ともなっていたのである。

宮本の学問は、このように故郷周防大島と自身の生活体験を基準とする研究対象の設定を行ない、主観性の高い出発点を持ちながらも、それを自覚しつつとらえなおし、その主観性を全体性のなかで客観視することにあった。研究主体と研究対象との未分化と分化が調和され、人間と研究対象との乖離が最小限に防がれる学問スタイルである。そしてそれは、宮本のばあいは、研究においても教育の現場においても、異なることがなかった。

4　宮本常一と竹内利美

宮本は一九三七年（昭和一二）三月『とろし』を作り、その小学校教員としての実践に民俗学を取り入れていたが、宮本に先んじてこうした実践をより徹底して行なっていた研究者に竹内利美《たけうちとしみ》がいる。[9]竹内は一九〇九年（明治四二）長野県長野市生まれなので宮本の二歳年下になるが、一九三〇年（昭和五）上伊那郡伊那富村（現辰野町）伊那富尋常小学校に勤務、異動した長野県上伊那郡川島村（現辰野町）川島尋常小学校で、一九三三年（昭和八）四月から翌一九三四年（昭和九）一月まで、五年生の児童に農作業と年中行事についての調査と作文を課題とし、それを謄写版でまとめた『アチックミユーゼアム彙報第二　小学生の調べたる上伊那川島村郷土誌』（一九三四）（ここでは便宜的に以下「正編」とする）を編集する。本来は教育実践であったが、渋沢敬三がそれに注目し、アチックミューゼアムから活字化され刊行された。続編として、一九三四年（昭和九）四月から翌一九三五年（昭和一〇）二月までの間、六年生の児童に、農作業と生活全般についての調査と作文を課題とし、これも最初は謄写版であったがアチックミューゼアムから活字化された『アチツクミユーゼアム彙報第七小学生の調べたる上伊那川島村郷土誌 続編』（一九三六）もある。竹内が川島村で小学校教員として教鞭をとっていたのは、この正続二冊の『小学生の調べたる上伊那川島村郷土誌』を児童たちとともに調査・刊行した二年間で、一九三五年（昭和一〇）四月には長野県東筑摩郡本郷村（現松本市）本郷尋常高等小学校に転勤、一九四〇年（昭和一五）にはアチックミューゼアム所員となり小学校教員を退職、翌年には國學院大学に入学（一九四四年卒業）、アジア太平洋戦争敗戦後の一九五一年（昭和二六）から東北大学教育学部に勤務している［竹内 一九九〇：三七七–三八〇頁］。

竹内の正続二冊の『小学生の調べたる上伊那川島村郷土誌』は、写真・図版もふんだんに使用しその分量も豊富で、これらを宮本の『とろし』と比べてみると、明らかに『とろし』は見劣りがする。また、竹内がその教育実践の意義を高らかにとなえているのに対して、宮本はこうした強い主張を明記しているわけではない。竹内は次のようにいう。

「この書はもと〳〵此の山村の生活を他の地方へ知らせようとした意図によるものではない。これを編んだ私の念願は唯将来の村は如何にあるべきかと言ふ問題を村の子供達と一緒に考へて見ようとする所にあつた。正しい村の進展は生活の伝承に対する正当な認識の上にのみ所期されるものであり、そしてかゝる正しい認識はあらゆる面を持つ複雑な生活事象の実体を透して、その根幹をなす村の生活組織に対する深き洞察に迄到達する事によつてのみ可能であらうとひそかに私は思つてゐる」［竹内 一九三四：一–二頁］。

現在の児童にとって生活の現場、そして、卒業後も生活の現場になるであろう村の生活を正確に知ること、それが村の「正しい村の進展」にとって重要であるというのである。そして、児童たちとともに、児童たちに向けて編んだのがこの正続二冊の『小学生の調べたる上伊那川島村郷土誌』であった。

内容は、正編が第一部「稲作の調べ」・第二部「蚕の調べ」・第三部「味噌煮、栗其他の調べ」・第四部「家の調べ」・第五部「子供仲間の調べ」・第六部「うぇーでん様の調べ」・第七部「祭の調べ」・第八部「気象の調べ」、続編が第一部「屋根の調べ」・第二部「風呂の調べ」・第三部「火事の調べ」・第四部「組の調べ」・第五部「講の調べ」・第六部「農業の調べ」・第七部「盆礼とお祭のお客の調べ」・第八部「遊びの調べ」・第九部「正月行事と変り物を食べる日の調べ」・第十部「気象の調べ」である。それぞれ、児童の調査・作文を掲載するとともに、そこから得られた資料を統計化して整理している。稲作からはじまるこの項目の順序を見ただけでも、正続二冊の『小学生の調べたる上伊那川島村郷土誌』の目的が、農作業をはじめとする生産労働を第一とし、続いて、生活全般および行事を児童自身が知ることにあったことがわかる。そのために、竹内みずからが、正編について、「村の子供にその周囲の生活事象を観察させることによつてその意義を理解させ、進んでその将来に迄も思ひ到らせようといふ念願のもとに試みた作業の結果を整理したものであつて、もと〳〵民俗資料としていて編まれたものではない」〔竹内 一九三四：一頁〕と述べるように、民俗調査または「民俗誌」作成に目的があったのではなく、あくまで教育実践とそれによる児童の生活世界の自覚化にあった。

とはいっても、これらは、内容的には民俗資料としての性格を強く持っている。また、本郷尋常高等小学校時代の調査『アチツクミユーゼアム彙報第五一　信州東筑摩郡本郷村に於ける子供の集団生活』（一九四二）は、正続二冊の『小学生の調べたる上伊那川島村郷土誌』に比べて教育実践的性格は弱く、子供組織についての本格的「民俗誌」として編集されている。

そして、竹内もこれらを利用して、その代表的研究のひとつである年齢組織研究を行なっていた。

竹内の自選著作集『竹内利美著作集』全三巻(一九九〇-九一)の第三巻は「ムラと年齢集団」であり、そこに所収されたのは契約講・若者組織・子供組織などの年齢組織研究の論考であり、そこには、かつての川島村(および本郷村)における教育実践が研究上の資料として利用されている。特に、「渋沢敬三還暦記念」号であった『民族学研究』第二一巻第四号に発表された「子供組について」(一九五七)は、高谷重夫「和泉の牛神と子供組」(一九四八)などを参照しつつも、そのほとんどの資料を川島村(および本郷村)における教育実践の成果を援用し、子供組織の組織形態・機能・特徴を整理し、子供組織が集落の inner group として若者組織と連続し集落内の行事を担うことを具体的に明らかにし、子供組織研究を大きく展開させた論考であった。

このように、竹内も宮本と同じく、小学校に勤務するなかで、民俗学をその教育実践に活かし、それにとどまらず、その成果を研究上の資料として活用していた。しかも、両者とも、小学校教員を退職して、あいついで渋沢敬三の主宰するアチックミューゼアム所員になるという共通する経歴を持つ。

宮本と竹内の教育実践は同質であるととらえることができる。

ただし、教育実践を民俗学研究の成果として利用したという意味では、両者には決定的な相違点があった。それは、宮本は亥の子研究を行なうにあたって、教育実践『とろし』に掲載したような大阪府の亥の子を、その基準として設定したのではなかったことである。あくまで故郷周防大島の亥の子が基準であった。それに対して、竹内のばあいは、長野県出身で同じ長野県下で教員をつとめながらも、その出身の長野市の事例ではなく、あくまで、その教育実践を行なった川島村(および本郷村)を基準としている。民俗学を活かした教育実践を行ないながらも、それを研究上に反映させるといっても、その基準の設定については、宮本は故郷周防大島に、竹内はその教育実践の成果においた。竹内の方がその教育実践に忠実であったともいえるが、宮本が不熱心な教員であったわけではないので、宮本においてはその思考の基準が徹底して故郷周防大島にあったと考えなければならないであろう。

5 社会科教育の先駆者

柳田民俗学および柳田系民俗学が、アジア太平洋戦争敗戦後、一九四七年(昭和二二)四月からはじまる新学制(六・三・三・四制)に新しく導入された社会科に対して、くりかえし発言をしていたことはよく知られている。社会科は、敗戦にともないGHQの占領下、「戦後改革」のひとつ、教育の民主化のなかで、アメリカの Social Studies を導入した総合教科として発足した。それに対して、彼らは民俗学が社会科教育に関係することを積極的に主張している。たとえば、それは、彼らが編纂したはじめての本格的な民俗学辞典、柳田國男監修・民俗学研究所編『民俗学辞典』(一九五一)の柳田國男「序」[10]を見るだけでも充分である。この『民俗学辞典』は民俗学辞典であるにもかかわらず、社会科教育論としてはじまる。

「社会科教育の前途を考えて行くと、人が世に活きる為に必要な知識の、現在は整理せられず、綜合統一の甚だしく缺けていることが、先ず大きな苦労の種である。いわゆる鋳型にはめる教育は憎まれていたけれども、もとはともかくも或る鋳型があつた。(中略)しかるに一朝にしてその鋳型はこわれ、急いで代りのものの考案に着手したが、それすらもまだ一つも出来あがつていない。進め進めの掛声は高くても、我々の普通教育にはまだ方角が示されていない」[柳田 一九五一:一頁]。

このように、まずは、旧教育制度から新教育制度への移行期にあたり、模索の現状を指摘する。続けて次のようにいう。

「民俗学辞典の目的は、最近この学問がどれだけ進み、又どの程度にまで世の中の利用に適するようになつたかを、明らかにするのもその一つであるが、我々が之を企画したもう一つの動機は、あたかも現在の社会科教育の悩み苦しむ所を、すでに少しばかり経験して来ている故に、必らず何等かの参考になるという自信に発している」〔柳田 一九五一：一二頁〕。

民俗学が、新制度とともに発足した社会科教育に寄与できるという発言である。具体的には、それは次のようであるという。

「今日のいわゆる森羅万象は、まだ片端も呑込まぬうちに、忽ち袋が一杯になつて、身にも心にも養いにはならない。そこで厳重なる選択と順序とが無くてはならぬこと、これも双方に共通な法則であつた。（中略）然らばその厳選と順序の排列とを、誰がどうして決定するのかというと、私は是も両方一様に当人本位、各自の境涯能力に応じてきめるのを原則としてよいと思つている。（中略）大体に子供の知識欲の向うところに順応して行くのが、効果を収めやすい途であるとは言える。この点は日本民俗学に於いて、兼々私たちが学問は疑問から、すなわち現実に打当つて解かずには居られない生活上の問題から、入つて行くのが本筋だと、説いてきたのとほぼ一致しているのである」〔柳田 一九五一：二頁〕。

現実の生活およびそこでの疑問を学問の出発点とする民俗学と社会科教育の方法論が一致するというのである。もちろん、このような主張をしているからといって、すでに柳田派閥と項目主義的枠組を形成していた柳田民俗学および柳田系民俗学、さらには、現実の生活と大きく乖離している現在のおおよその民俗学が、こうした学問を実行してきたとはいえず、いっぽうで、現在にいたるまでの社会科教育が俗にいえば「暗記科目」とされ児童・生徒に卑称されるように、こうした方法論が民俗学と社会科教育の両方で、現実に実行されていた（されようとしていた）とストレートに考えることはできない。小学校の児童だけではなく、中学校・高等学校の生徒に対して、こうした方法論によった社会科教育を実行すれば（しようとすれば）、逆に、児童・生徒がとまどうだけの現実があっただろうし、現在でもそうであろう。

しかし、一九四七年（昭和二二）新学制と社会科の発足とともに、柳田民俗学および柳田系民俗学、具体的には、民間伝承の会（→一九四八年四月一日、日本民俗学会）と柳田私邸内に置かれた民俗学研究所は、社会科教育のなかに民俗学を活かそうとした活動を行なっていた。たとえば、表4は、民間伝承の会（→日本民俗学会）の機関誌『民間伝承』に掲載された社会科教育関係の論考・記事であるが、一九四七年（昭和二二）八月から一九四九年（昭和二四）一〇月までの二年余に合計二一本ものそれらを数えることができる。最初は方法論的主張、徐々に、具体的民俗事象の解説が増えている。ひとつだけ紹介してみよう。第一一巻第六・七合併号（一九四七年八月）に発表された大藤時彦《おおとうときひこ》（一九〇二―九〇）の「社会科と民俗学」である。これは同号の巻頭言でもあった。

「米国の初等教育に於けるソシアル・スタデイズの目的として次のやうなことが掲げてある。第一に生徒をしてその生活環境に対する確実な知識を与へること。次に創造の喜びと作業を旨く完成した場合の誇りとを味はせること。各人の能力を十二分に発現せしめること。読書のたのしみを悟らせること。国の内外に於ける自分と違つた生活に就いての興味と理解を抱かせることなど、その他数項目が示されてゐる」［大藤　一九四七：一頁］。

このようにアメリカのSocial Studiesを整理し、その上で、民俗学については次のようにいう。

「この中生活観察の教材などを見ると我々が民俗学の研究にとつてゐるそれと全く軌を一つにしてゐる。即ち自分の身近の生活現象に注意することから出発してゐる。つまり空間的に云へば自分の住む村や家から、時間的に云へば現代を基点としてゐる。社会科の授業は今迄の学科目のやうな教科書を必しも必要としない。この点民俗学が文献のない領域をも易々と開拓して行けるのと

　同様である。博物科が直接自然を観察することから研究の歩を進めて行くやうに社会科は生きた社会の観察から着手する」［大藤 一九四七：一―二頁］。

柳田の『民俗学辞典』の「序」と同じように、社会科が生活理解とそこからの延長線上の教科であるので、民俗学はそれと方法論的に同質性を持つというのである。

　そして、柳田民俗学および柳田系民俗学は、実際に社会科教科書すらも編纂している。一九五四年（昭和二九）実業之日本社から柳田國男『日本の社会』[11]として刊行された小学校社会科教科書がそれである（一九五三年検定合格・一九五四年から出版）。とはいっても、実質的な普及はほとんどなく、もっとも積極的にこの教科書を使用した成城学園でさえも、その使用は一九六二年度（昭和三七）まででであったという［庄司 一九八五：三六―三八頁］。また、実際の執筆者は、島嶼社会研究会および対馬調査で宮本と共同研究者であった東京大学の山階《やましな》（浅野《あさの》）芳正《よしまさ》（一九二七―）、民俗学研究所の大間《おおま》知《ち》篤三《とくぞう》（一九〇〇―七〇）・大藤時彦、東京女子大学の大森志郎《おおもりしろう》、成城学園の菊池喜栄治、川崎市教育研究所の白井禄郎を除くと、和歌森太郎《わかもりたろう》（一九一五―七七）・亀山慶一《かめやまけいいち》・千葉《ちば》徳爾《とくじ》・直江《なおえ》廣治《ひろじ》・萩《はぎ》原龍夫《わらたつお》といった東京教育大学出身の民俗学者・歴史学者が半数近くを占め、実質的には東京教育大学系の研究者によって編纂されている。彼らのうち和歌森太郎についていえば、この柳田國男『日本の社会』刊行の前年、柳田國男との共著の形態をとり（実質的な執筆は和歌森であったと思われる）、『社会科教育法』（一九五三）を刊行している。

　内容的には、児童の身近な生活からはじまり、上級学年になるにつれて、それを空間的（地理的）・時間的（歴史的）ひろがりをもって社会現象を認識できるように工夫されている。また、各章ごとでも、児童の身近な現象を延長させて社会と国家を理解させる構成をとっている。たとえば、小学校六年間の最後となる『日本の社会 六年下』は「社会と人」「選挙と政治」「平和」「人の一生」の

No.	巻号	年月日	著者	タイトル	備考
1	第11巻第6・7合併号	1947年（昭和22）8月5日	大藤時彦	社会科と民俗学	巻頭言
2	第12巻第1号	1948年（昭和23）2月5日	橋浦泰雄	社会科の第一歩	巻頭言
3			柳田國男	社会科のこと	月曜通信
4			大月松二	郷土と社会科―ある青年教師への手紙―	
5			牧田茂	社会科の教科書批判	
6			大月松二	歴史を無視せる社会科	
7	第12巻第7号	1948年（昭和23）7月5日	柳田國男	社会科教育と民間伝承	
8	第12巻第11・12合併号	1948年（昭和23）12月5日	和歌森太郎	社会生活の理解と民俗学	社会科の頁
9	第13巻第1号	1949年（昭和24）1月5日	萩原龍夫	社会科問答	社会科の頁
10			牧田茂	民俗学から見た社会科指導要領批判	
11	第13巻第2号	1949年（昭和24）2月5日	竹内利美	村と子供	社会科の頁
12	第13巻第3号	1949年（昭和24）3月5日	奥原國雄	棉作り、木綿ひき、機織り	社会科の頁
13			千葉徳爾	「個人と集団生活」批判	
14	第13巻第4号	1949年（昭和24）4月5日	（鼎談）和歌森太郎・堀一郎・千葉徳爾	社寺と社会生活	社会科の頁
15	第13巻第5号	1949年（昭和24）5月5日	都丸十九一	記録の中から	社会科の頁
16			山口弥一郎	衣服資料取扱いの試み	
17	第13巻第6号	1949年（昭和24）6月5日	柴田勝	社会科教育と民俗学	社会科の頁
18			今野圓輔	妖怪・幽霊問答二題	
19	第13巻第8号	1949年（昭和24）8月5日	（無署名）	社会科問答	社会科の頁
20	第13巻第9号	1949年（昭和24）9月5日	萩原龍夫	「家庭と社会生活」の取り扱い方	社会科問答
21	第13巻第10号	1949年（昭和24）10月5日	和歌森太郎	都会の社会科と民俗学	社会科問答

表4　雑誌『民間伝承』社会科教育関係

全四章であるが、そのうちの「選挙と政治」は四節からなり、一「学校生活をよくするために」で学校生活のなかの係・委員・児童会などを紹介し、二「郷土の生活をよくするために」では教育委員会・地方議会を紹介した上でそれと国家全体の政治との連続性を述べ、はじめて、三「国の政治を正しく行うために」で日本国憲法・国会・内閣・裁判所が説明され、国政レベルの問題があつかわれる。そしてその上で、この章の最終節の四「りっぱな議員をえらぶために」で選挙の重要性が説かれる、という構成である。つまり、国政レベルの政治を説明するために、身近な小学校と地域社会からのアナロジーで拡大させそのシステムを説明するという方法をとる。

このように、身近な生活を基点として社会と政治を理解させる社会科教科書編纂の方法は、柳田民俗学および柳田系民俗学の主張のおおよその実践であった。そのような意味では、この社会科教科書編纂は、その主張が主張だけに終わっていなかった。

こうした柳田國男『日本の社会』によって完成していく柳田民俗学および柳田系民俗学の社会科教育論のいっぽうで、それに先んじて、一九四七年（昭和二二）新学制と社会科の発足直後、現場での社会科教育の模索のなかで、民俗学を社会科教育に取り入れようとした研究者として群馬県勢多《せた》郡北橘《ほっきつ》村の都丸《とまる》十九一《とくいち》（一九一七－二〇〇〇）がいる。[12] 宮本・竹内の教育実践からすれば、アジア太平洋戦争をはさんで約一〇年後のことになる。都丸は、一九三七年（昭和一二）三月、群馬県師範学校を卒業、県内の尋常高等小学校（→一九四一年、国民学校）に勤務、アジア太平洋戦争後の一九四七年（昭和二二）四月からの新学制（六・三・三・四制）発足にともない、新制中学校で教鞭をとる〔群馬民俗学の軌跡刊行会編　一九九三：二七五－二八五頁〕。最初、群馬県勢多《せた》郡横野村立横野中学校に勤務し、そこで、同年八月から翌一九四八年（昭和二三）七月にかけて中学生に年中行事調査を課題とする教育実践を行なう。その内容を『中学生の調べた村の年中行事』（一九五〇）としてまとめ、中学生への調査課題を整理するとともに、都丸がコメントをつけ中学生にその行事の学術的意味を理解させようとつとめている。

都丸は、『中学生の調べた村の年中行事』の「後記」で次のように述べている。

「私がこの調査を思いたつたのは、昭和二十二年の七月である。その月二十八日より三日間沼田町に於て上毛民俗の会主催の講習会が開かれ、民俗学研究所の直江、今野、池田の各講師よりお話を承わつた。特に朝日新聞社の学芸部記者でもあつた牧田茂氏より「社会科と民俗学」のお話を聞き、社会科の指導要領の中、小学校の分を始めて見せて頂いた」［都丸 一九五〇：一〇八頁］。

「上毛《じょうもう》民俗の会」とは都丸や勢多郡北橘村在住の今井善一郎《いまいぜんいちろう》などが組織していた群馬県の研究会であり、「直江」とは直江廣治《なおえひろじ》、「今野」とは今野圓輔《こんのえんすけ》、「池田」とは池田弘子《いけだひろこ》である。同年一月一九日、この上毛民俗の会は第一回研究会を前橋市で開き、民間伝承の会から出席した直江と萩原龍夫が講演を行ない［民間伝承の会編 一九四七：三八頁］、おそらくはその継続であろう、三月開設の民俗学研究所から直江・今野・池田・牧田を招き、七月末に夏休みの三日間を利用し講習会を行なっている。そしてそのときに、都丸は牧田の社会科教育と民俗学にかかわる講演を聴き、それにヒントを得て、民俗学を教育実践に活かそうと考えたというのである。

都丸はさらに続ける。

「当時社会科は開店早々休業の状態にあり、その九月から再開の指令を受けていたのであるが、それをいかに運営すべきかについて、全く暗中模索の状態で弱り切つていたのである。所でその指導要領を見るに及んで、豁然として道が開けたように感じた。従来の概念注入主義の教育をなげうつて、最も身近なる社会の観察を忠実に、物に即して行うことによつて、新しい社会の建設に役立たせようとする。徹底的に現実的であり、実証主義の立場によつていると思つた。その学習態度研究方法に於て当時私が次第に心を寄せ、ひきつけられつつあつた民俗学の方法と近似していたばかりでなく、その内容に於ても、随所に民俗学の業績が取り入れられ、或は民俗学的素養なしには解決し得ないものが多々あるのに驚ろかされ、さらにそこに示されたような資料を要するとするならば、それに適つた参考書などは殆ど皆無といつてよいと思つた」〔都丸 一九五〇：一〇八頁〕。

都丸によれば、社会科教育方法を模索するなかで、その指導要領と民俗学とが、方法上および内容的に適合すると思われたために、その社会科教育における教育実践に民俗学を利用しようと考えたという。したがって、都丸のばあいその民俗学の教育実践は、現場で必要に迫られつつ、社会科教育の方法を模索するなかでの実践であって、理念を中心に教科書編纂をすすめていった東京の柳田民俗学および柳田系民俗学とは、無関係ではないとはいえ、その実践内容は異なっていた。また、宮本のように、作文教育との連続性で児童にその生活を理解させようとする実践とも異なっていた。じっさいに、都丸は、宮本没後の追悼文のなかで、師範学校卒業という同じ経歴の宮本に親近感をいだき、『家郷の訓』に影響を受けたとは回想しているが〔都丸 一九八一：一二四頁〕、教育実践については、宮本からの影響を記しているわけではない。

民俗学を活かす宮本の教育実践は、いまだ社会科教育がなかった時代ということもあり、その作文教育との連続性においてであり、柳田國男『日本の社会』編纂者・都丸のような社会科教育との連続性においてそれが行なわれていたわけではなかった。あえて枠組を設定してしまえば、宮本の教育実践は国語科教育としての、都丸のそれは社会科教育としての実践であり、教科も異なっているということもできる。しかし、たとえ教科が異なるとはいっても、その目的と方法は類似している。児童がみずからの生活とその周囲をみつめ、そこから、みずからの社会を自己認識させる教育実践である。

そのような意味では、たとえ、宮本のそれが作文教育の一環であったとしても、結果的にそれは社会科教育の先駆者であるだけではなく、民俗学における社会科教育実践の先駆者としての意味を持っているいると考えなければならない。

また、宮本は村落の生産と生活をわかりやすく概説した『村の社会科』（一九四八）という児童向けの本を出版している。ただ、この『村の社会科』は出版社が継続せず、一九五三年（昭和二八）筑摩書房から中学生全集のひとつとして『日本の村』と改題して再版された。[13] ほかに、筑摩書房の小学生全集のひとつとして『海をひらいた人びと』（一九五九）もあり、これは海と漁業を児童に平易に説明した内容である。アジア太平洋戦争敗戦後は、教育実践じたいにはかかわらなかったが、社会科教育に対してまったく無縁でもなかった。

そしてなんといっても、宮本は、『とろし』の教育実践で児童自身の生活を拡大することにより、その生活世界を自己認識させようとしていた。そしてその学問の性格も、自己の生活と故郷からの延長線上に成立させる、そうした教育と学問の実践であった。教育実践および学問の方法、双方が自己の生活世界からの現実主義的拡大という、プラグマティックな性格を持っていた。ただ、宮本の教育実践と学問が、社会科教育の先駆者であると評価されることは少なく、また、彼自身が社会科教育に対して発言することもなかった。これについては、表4のように、『民間伝承』の第一三巻第二号（一九四九年二月）に「村と子供」を寄稿した竹内利美、第一三巻第五号（一九四九年五月）に「記録の中から」を寄稿した都丸十九一とも異なっていた。アジア太平洋戦争敗戦後、一九四七年（昭和二二）に発足しクローズアップされていた社会科に対して、宮本は作文教育によりその実質的な先駆者であったにもかかわらず、その潮流にみずからを積極的に乗せなかっただけであった。

第Ⅱ章　逸脱の「民俗誌」学者

一　柳田民俗学と渋沢民具学の学習

1　柳田民俗学との出会い――『民間伝承論』・山村調査

これまで、小学校教員としての宮本の実践と、彼の民俗学者としてのデビュー、また、民俗学と小学校教員としての連続性を明らかにしてみた。それでは、宮本の民俗学者としての本格的な登場はどのようなものであったのであろう。

宮本常一というと、ふつう彼を後援していた渋沢敬三の影響が語られる。しかし、宮本と柳田との出会いは渋沢に先行し、また、学問の受容も柳田民俗学の方が先行している。

すでに述べたように、宮本常一の民俗学者としての出発は、一九三〇年（昭和五）、柳田國男が指導していた雑誌『旅と伝説』への投稿からであり、この『旅と伝説』への投稿はくりかえされた。そして、宮本は柳田にはじめて手紙をおくる。病気療養中の一九三一年（昭和六）一二月九日・一八日である。それに対して、二六日、柳田からその著作とともに返信が届く〔田村編 二〇一二：四二四－四二五頁〕。年が明けて、翌一九三二年（昭和七）の日記の冒頭には、「昭和六年の追憶」として「柳田先生に第一信を送ったのもこの年である。私は何がない前途のひらけて行くのを感ずる」、また、続けての「昭和七年を迎ふ」では「子規に仕へた長塚節の様に、私は柳田先生の教を守りつゝ、この新しい世界への鍬を入れて行きたいものである」〔田村編 二〇一二：四二八頁〕と記す。鬱勃とした不満・不安をかかえながら、文学・映画に耽溺し彷徨してきた宮本の方向性が、民俗学へと定まってきたのである。読書についても柳田民俗学を中心に民俗学関係の読書が急速に増えていく。

一九三三年（昭和八）九月宮本はみずからを編集発行人として孔版による同人誌『口承文学』を創刊、翌一九三四年（昭和九）九月には鈴木《すずき》東一《とういち》などと堺木曜会という研究会を発足させ、同誌をその機関誌とする（一九三六年三月刊行の第一二号まで）。宮本が柳田と最初に会ったのはその堺木曜会発会直後の一九三四年（昭和九）一〇月二八日、柳田が滞在する京都の旅館を訪ねてであった。「甚だ感激する。お話を承ること四時間」であった〔田村編 二〇一二：五六一頁〕[14]。柳田からは当時関西在住の研究者、桜田勝徳《さくらだかつのり》（一九〇三－七七）・沢田四郎作《さわだしろさく》（一八九九－七一）・岩倉市郎《いわくらいちろう》（一九〇四－四三）などを教えられている。同年一一月からは彼らや小谷方明《こたにみちあきら》（一九〇九－九一）とともに大阪民俗談話会（→一九三六年二月、近畿民俗学会）を組織し第一回例会を一四日にひらいている〔田村 二〇〇四：五六〇－五六一頁〕[15]／〔宮本 一九七八a：八六頁〕。宮本は、この大阪民俗談話会では事務局兼世話人とでもいうべき役割を担い、関西在住民俗学徒の中心的存在となっていく。

こうして、宮本は関西在住の民俗学者との交流を深めていくが、その際に、宮本が積極的に学ぼうとしていたのは柳田民俗学であった。研究会のネーミングを堺木曜会としたことからだけでもそれをうかがうことができよう。木曜会とは一九三四年（昭和九）一月から東京の柳田邸で開かれるようになっていた柳田を中心とする研究会である。

この堺木曜会では、最初、柳田の著作を読み、『民間伝承論』が刊行されてからはそれをテキストとした。「若い者ばかりの集りで、学問についてはいずれも日が浅かったので、勉強のために毎週木曜日の夜集って柳田先生の書物を読むことにした。（中略）柳田先生の『民間伝承論』が出てからはそれをテキストに使用した」〔宮本 一九五五ａ：一三-一四頁〕。『民間伝承論』は、一九三四年（昭和九）八月刊行（共立社書店）、もともとは、その前年の一九三三年（昭和八）九月一四日木曜日から一二月一四日木曜日まで、柳田に師事する民俗学徒に対して柳田が私邸で行なった講義を後藤興善が筆記・編集したものである（全一〇章のうち第二章途中までは柳田の執筆）〔後藤 一九三四：二九一-二九三頁〕。この『民間伝承論』の講義が終了するとともにそれがそのまま木曜会となる。『民間伝承論』は『郷土生活の研究法』（一九三五）とともに柳田民俗学の枠組を示した概論書でもあった。

この『民間伝承論』は、民俗事象の三分類でよく知られている。「先づ目に映ずる資料を第一部とし、耳に聞える言語資料を第二部に置き、最も微妙な心意感覚に訴へて始めて理解出来るものを第三部にいれるのである」〔柳田 一九三四：一三六頁〕として、第一部を目で観察できる民俗事象、第二部を耳で聞くことができる民俗事象、第三部を心意感覚によって知ることができる民俗事象とする。これら三分類をより詳しくみると、第一部は、「目に映じ、生活に現はれる点から、有形文化とも生活技術誌或は生活諸相とも云ひ得る。英語の social technology を此部の名とすると、少なくとも一方に偏するやうにも思へるが、ほゞ Ethnography に近い内容だとも云へる一般習俗が第一部門の内容である」といい、目で観察できる内容であるがゆえに、それを民俗事象全般であるとする。第二部は、「言語芸術或は口承文芸のすべてを網羅する。是は目の学問と違ひ、土地に或程度まで滞在して、其土地の言語に通じなければ理解出来ない部門である」として、第一部に比べて生活の内面にわたるが、耳で聞くことのできる民俗事象として、昔話・伝説など口承文芸がそれに該当するとされる。そして、第三部は、「所謂俗信なども含まれて居り、是は同郷人同国人でなければ理解出来ぬ部分で、自分が郷土研究の意義の根本はこゝにあるとして居るところのものである。此三部を又生活諸様式・生活解説・生活観念と考へても当つて居ると思ふ」〔柳田 一九三四：一三六―一三七頁〕と説明する。

この『民間伝承論』による三分類は人間のふつうの観察方法、観察順序によった民俗事象の分類であった。第一部の目で観察できる民俗事象をほぼその全般であるとし、第二部は耳で聞く民俗事象であるからそれを口承文芸に限定し、さらに、第三部を心意感覚として第一部・第二部とは異なり感覚レベルの民俗事象としてもっとも重要であるとする。もっとも、第三部は、俗信が例とされるが、何を対象としているか、いまひとつ不明確である。

そして、この三分類が『郷土生活の研究法』で再論されたとき、その項目仕立てはよりその内容を明確にしている。『郷土生活の研究法』の最終章「民俗資料の分類」は、この三分類に対して詳細に説明を加える。第一部の目で観察できる民俗事象を第一部「有形文化」として、そのなかには、一「住居」・二「衣服」・三「食物」・四「資料取得方法」・五「交通」・六「労働」・七「村」・八「聯合」・九「家・親族」・一〇「婚姻」・一一「誕生」・一二「厄」・一三「葬式」・一四「年中行事」・一五「神祭」・一六「占法・呪法」・一七「舞踊」・一八「競技」・一九「童戯と玩具」の一九項目が含まれるとするが、これら一九項目を見ると、そののち現在にいたるまで、一般的に民俗事象として分類・調査されてきた内容、生産生業（衣食住・交通交易を含む）・村落構造・人生儀礼・年中行事・民間信仰・民俗芸能がほぼ含まれている。第一部「有形文化」とは、民俗学の対象とする民俗事象のほぼ全般であった。

『民間伝承論』が第二部とした耳で聞く民俗事象については、『郷土生活の研究法』は第二部「言語芸術」として、一「新語作成」・二「新文句」・三「諺」・四「謎」・五「唱へごと」・六「童言葉」・七「歌謡」・八「語り物と昔話と伝説」の八項目を含めている。言語によって表現され、第一部「有形文化」のような目で観察されにくい民俗事象を、昔話・伝説以外にも含み込みその内容を示す。しかし、その量は、項目数だけとっても、第一部「有形文化」に比べて半分以下に減少している。さらに、『民間伝承論』が第三部の心意感覚とした内面については、『郷土生活の研究法』は第三部「心意現象」として、一「知識」・二「生活技術」・三「生活目的」の三項目だけである。『民間伝承論』ではその代表例として俗信を例示していたが、それとの関連も説明されず、その量も項目数だけみればわずかに三項目にすぎず、この『郷土生活の研究法』でも具体的イメージがつかみにくい。

しかし、こうした問題点を含みつつも、柳田民俗学は、一九三四年（昭和九）の『民間伝承論』と一九三五年（昭和一〇）の『郷土生活の研究法』によって、民俗学とは何を対象とするのか、その民俗事象の枠組をはじめて提出していた。そのような意味では、柳田民俗学に限定してみれば、この二著をもってそれが完成されたことを示すと同時に、柳田民俗学による民俗学の体系化がはかられたと考えることができる。しかし、実際には柳田民俗学がこうした枠組にそって民俗学的研究を続け、それによって、その学問体系を構成していたわけでもなく、また、柳田國男自身はフィールドワークを行なわず自身の調査資料に基づいた分析を行なわなかったから、こうした目・耳・心意という観察順序による民俗事象の分類を説いたとしても、それは実践のともなわない単なる枠組の提出にすぎなかった。さらには、こうして民俗学の体系を示し、その内容を項目によって整理したことは、民俗事象の固定化をもうながす。ほんらい民俗学は、プラグマティックな観察と経験による生活事象への着眼とそれの学問レベルへの昇華にその原点があったが、こうした柳田民俗学による枠組の固定化は、そこから逸脱する生活事象をも生む。いわば、体系の整備とはそれをうらがえせば、そこからはみ出した生活事象に対する脱落と忘却でもあった。

しかし、柳田民俗学がそうであるとはいっても、民俗学者として世に立とうとしていた宮本はこうして提出された三分類を学習し、あとで述べるように、その著作のなかで活かそうとする。宮本の民俗学への出発の時期が、柳田民俗学の完成の時期と重なっていたがゆえに、宮本が柳田民俗学を積極的に学習しようとしたことは、ごく自然のなりゆきでもあった。

また、柳田の『民間伝承論』は索引の作成を重視しているが、こうした情報整理面でも宮本は柳田から学ぼうとする。

「分類の後に必要なのは索引の作製である。索引の善悪・完全不完全は、学問の内容の進歩を暗示するともいへる。索引を拵へるには索引方法を簡易にするといふことを先づ考へねばならぬ。植物なら葉や実の形質によることが出来るが、此学問の進歩の状態を索引によつて知るのは容易しくはない。自分は言葉、方言による索引が都合がよいと考へて居る。言葉なら此学問だけでなく、国民の国語生活をも之によつて知ることが出来て便利である」〔柳田 一九三四：一四三頁〕。

民俗事象を分析する際に、民俗事象そのものというよりも、民俗事象を記号として表現する民俗語彙を重視していた柳田民俗学において、こうした表現された言葉を索引とすることはその方法上当然であった。そして、この柳田民俗学が主張する索引の重視は、単なる五十音順の配列としてそれが実践されたのではなかった。たとえば、一九三五年（昭和一〇）の民間伝承の会成立によって刊行されたその機関誌『民間伝承』は、最初の一年間一二冊の刊行が終了した第一二号（一九三六年八月）に最初の索引を作成する。この一年間の『民間伝承』編集担当者は毎号の「編輯雑記」などから橋浦泰《はしうらやす》雄《お》（一八八八－一九七九）・守随一《しゅずいはじめ》であったと推定されるが、この巻末の索引は、『民間伝承論』『郷土生活の研究法』における柳田民俗学の三分類による索引となっている。第一部「有形文化」・第二部「言語芸術」・第三部「心意現象」の分類ごとに民俗語彙の索引が羅列されている。[16]

宮本もこうした『民間伝承論』の主張から学習したのであろう、索引作りを重視する。これについてもあとで述べるが、単行本としての第一作『アチックミユーゼアム彙報第一一 周防大島を中心としたる海の生活誌』（一九三六）・第二作『アチックミユーゼアム彙報第二三 河内国瀧畑左近熊太翁旧事談』（一九三七）は、その巻末に充実した索引を作成する。柳田民俗学がその語彙検索のために索引を重視したとき、宮本もまたそれを承けていた。

そして、これら『民間伝承論』『郷土生活の研究法』の二著が刊行された一九三四年（昭和九）から一九三五年（昭和一〇）にかけては、いっぽうで、柳田國男が指導し木曜会参加メンバーを中心に組織された「郷土生活研究所」による山村調査（「日本僻陬諸村における郷党生活の資料蒐集調査」）がはじまった年でもあった。正確にいえば、山村調査は、「日本学術振興会の補助を受け、柳田國男指導の下に、昭和九年五月より昭和十二年四月に到る満三年にわたつて遂行された」〔柳田編 一九三七：五四九頁〕、日本の民俗学にとってはじめての本格的総合調査であった。初年度合計二一ヶ所・第二年度一五ヶ所・第三年度一六ヶ所の合計五二ヶ所の調査地が選定され、初年度は大間知篤三編『山村生活調査 第一回報告書』（一九三五）、第二年度は柳田國男編『山村生活調査 第二回報告書』（一九三六）を、第三年度には最終的成果としての柳田國男編『山村生活の研究』（一九三七）を刊行している。柳田自身がフィールドワークにおもむいたのではなく、その周囲の民俗学徒にフィールドワークを実行させた総合調査であり、柳田民俗学が『民間伝承論』『郷土生活の研究法』によって整備してきた体系を、周囲の民俗学徒に具体的なフィールドのなかで実践させたのがこの山村調査であった。

合計五二ヶ所にもおよぶために、この山村調査では各調査地の調査者は異なっていたが、その調査目的と内容はあらかじめ統一されていた。この山村調査では、調査者が各年度ともに合計一〇〇の調査項目が記された『郷土生活研究所採集手帖』を携帯し、その「趣意書」に記された調査目的と調査項目にしたがいフィールドワークを行なうことが求められた。たとえば、初年度の「趣意書」は、

「日本人のみが持つてゐる美質と思はれる性情に就いては、今迄詳くは調べられてゐませんので、未だその由つて来る所を審にせぬものが沢山残つてゐます。今回私共の新に着手せんとする郷土生活研究の目的は、これらのものを知る為め、今日古風と謂はれてゐる村人の生活様式の中から、出来るだけ具体的にその根原を探り出すことであります」〔大藤編 一九八四：一頁〕からはじまる。山村調査の目的は、日本人の「美質」を「古風」な山村生活のなかに発見することにあるというのである。「趣意書」の記名は「郷土生活研究所同人」となっているので、柳田國男がこれを執筆したかどうかは確認できないが、仮に他者の執筆であるとしても、この調査を指導したのが柳田である限り、ここで記された調査目的は、柳田の意志といってよいだろう。その調査目的は日本人の「美質」の発見であるとされている。抽象的かつ観念的でとらえどころのない調査目的であるが、これまた具体的内容がつかみにくい『民間伝承論』『郷土生活の研究法』の柳田三分類の、心意感覚（心意現象）とした第三部に対応するとも考えられる。仮にそうであるとすれば、完成されてきた柳田民俗学および柳田系民俗学は、その学問の目的をとらえどころのない日本人の「美質」の解明においていたことになる。

それでは、この山村調査で設定された全一〇〇の調査項目とはどのような内容であったのであろう。各年度の『郷土生活研究所採集手帖』では、たとえば、初年度の一は「村（部落）の起りについて何か言ひ伝へがありますか。○一ばん早く開けたのはどの辺ですか。○古い家といふのが残つて居りますか」、二は「村の功労者として今でも記憶せられて居る人がありますか」〔大藤編 一九八四：五頁〕など、質問口調で調査項目が並ぶが、全体としては表5のような内容であった。配列の順序に統一性の感じられない部分もあるが、現在の分類によっておおよそ整理すると、一「村の起り」から六「新しい職業」までは村落概観、七「焼畑作り」から一六「永く外にゐて帰つた人」までは生産生業、一七「村の自治組織の今と昔」から五〇「奉公人の居易い家」までは村落構造（族制を含む）、五一「食物の良し悪し」から六〇「デイを使ふ場合」までは衣食住、六一「門松、年木」から九七「通り神」までは年中行事・人生儀礼・民間信仰とでもいうべき内容である。『民間伝承論』『郷土生活の研究法』の枠組でいえば、おおよそ目で観察できる第一部「有形文化」に分類されていた内容と重なる。ただし、最後の三項目、九八「疲労、衰弱」・九九「長生の家筋」・一〇〇「仕合せのよい家柄」は、この山村調査独特の調査項目といってよいだろう。村落社会の理想と仮定された家の抽出が目的とされているからである。最後にこうした調査項目を設定することにより、山村調査が目的とするところの日本人の「美質」の解明を行なおうとしていたとも考えられる。

このように、一九三四年（昭和九）から一九三五年（昭和一〇）にかけて、柳田民俗学の枠組を決定する『民間伝承論』『郷土生活の研究法』、そして、それらの具体的実践としての山村調査全一〇〇調査項目の設定とそれによるフィールドワークによって、柳田民俗学および柳田系民俗学はその体系を確立しつつあった。そして、宮本もその潮流のなかにいた。宮本は『民間伝承論』をはじめ柳田民俗学を学習していただけではなく、協力者にとどまっていたとはいえ、山村調査において第三年度の奈良県吉野郡天川村其他にかかわっている〔柳田編 一九三七：五五四頁〕。『郷土生活研究所採集手帖』の「趣意書」を読み、合計一〇〇項目の調査内容を実践していたと考えてよいであろう。もっとも、この天川村其他の調査成果は、宮本のばあいは、山村調査のなかではなく、『日本常民文化研究所ノート第二〇　吉野西奥民俗採訪録』（一九四二）であり、山村調査とは無関係な発表であり、また、山村調査の途中経過報告書、大間知篤三編『山村生活調査　第一回報告書』（一九三五）・柳田國男編『山村生活調査　第二回報告書』（一九三六）、そして最終報告書、柳田國男編『山村生活の研究』（一九三七）への執筆はない。

1	村の起り	26	村のつきあひ	51	食物の良し悪し	76	神田及びその世話をする家
2	村の功労者	27	村ハチブ	52	特殊食物を造る日	77	庄屋、旧家と神社
3	村の大事件	28	村の公と私	53	酒宴をする日	78	宮座
4	暮しのよかつた時	29	村の階級、家の格式	54	村寄り合の席、費用	79	氏神参りに帰村
5	家の盛衰	30	家じるし、山じるし	55	分配する食物	80	山の神
6	新しい職業	31	財産の継承、分配法	56	土産の贈答	81	神に祀られた人
7	焼畑作り	32	仮の親子関係	57	晴着を着る日	82	信心深い若い人
8	山小屋の作法	33	同族結合の様式	58	仕事着の種類	83	土地で信心される神仏
9	外から買ふ物	34	同族、親族の義理	59	イロリの座席	84	よくない場所
10	買物に出る場所	35	義理固い家	60	デイを使ふ場合	85	不入山、クセ山
11	物売り	36	変人、奇人	61	門松、年木	86	神の祟り、不信心者の罰
12	物売以外の来り人	37	笑ひ	62	花嫁の入口	87	神仏の助け
13	明治以後の土着者	38	褒められる男女	63	棺の出口	88	恐しい響
14	出稼地	39	若者組	64	忌中の行事	89	狐狸の怪、変化物
15	外で成功した人	40	子供組	65	仏を迎へる入口	90	変化を避ける手段
16	永く外にゐて帰つた人	41	産屋の行事	66	仏を迎へに行く処	91	シラセ、夢の告
17	村の自治組織の今と昔	42	氏子入り	67	年回の終り	92	ウラナヒ
18	講、組合	43	娘仲間	68	先祖祭り	93	治病の祈禱
19	女の講	44	夜なべ仕事	69	同族神	94	氏神に何と云つて拝むか
20	「ユヒ」「モヤヒ」	45	女の仕事	70	屋敷神	95	雨乞、風祭
21	「テツダヒ」「コーロク」	46	遠方結婚	71	植物の忌み	96	張切り、道切り
22	大災難の時の援助	47	仲の良い村、悪い村	72	氏神のきらふもの	97	通り神
23	共有の山河の利用法	48	他村からの手伝	73	人が忌み、慎しむこと一般	98	疲労、衰弱
24	共有財産	49	日傭、奉公人、名子	74	祭礼の全村の慎しみ	99	長生の家筋
25	猟の獲物の分配	50	奉公人の居易い家	75	頭屋、神役の慎しみ	100	仕合せのよい家柄

表5　山村調査100調査項目

＊『郷土生活研究所採集手帖』（昭和11年度）「索引」による。

2　柳田民俗学の積極的受容――日本民俗学講習会・『民間伝承』

一九三五年（昭和一〇）に入ると、宮本の柳田民俗学への参加はより積極的となる。同年七月三一日から八月六日にかけての一週間、東京の日本青年館を会場として、柳田國男の還暦を記念して、日本民俗学講習会が開催された。東京在住者だけではなく各地域の民俗学徒の多くが参集し、約一五〇人の日本全国の民俗学徒がはじめて一堂に会する機会となった〔柳田編 一九三五：二頁、五八七頁〕。第二年度が継続中の山村調査に続いて、ここでも、民俗学の組織化が柳田國男を中心としてすすめられることになった。宮本は柳田以外の研究者も含めて連日行なわれた講義の講師ではないが、この講習会に参加している。山口県からは唯一の参加者であった。[17]宮本のこの講習会への参加は積極的であった。たとえば、この講習会では講義のあとで、柳田出席のもとで連日「座談会」がひらかれており、最初は参加者の自己紹介が続くが、徐々に儀礼食・子守唄・女性労働などテーマをしぼり、参加者がその出身地域の事例を紹介する形式で「座談会」が行なわれる。この「座談会」での宮本の発言は多い。

最初の発言は、第二日目の八月一日、柳田から次のようにふられまずは自己紹介を行なう。

「山口県の宮本常一君、宮本君は山口県と申しても周防の大島の人で、現在は泉州の方で働いて居られます。この両方を結び付けた事業をやつて居られます。今やつて居る事業を簡単に説明して戴きたいと思ひます」。

これを承けての宮本の発言は次のようなものであった。

「私は十七歳の時大阪に出て爾来大阪で働いて居ります。途中病気のため二年半ほど故郷に帰つて静養しましたが、その間に柳田先生のお名前を伺つて、斯ういふ方面に足を突込んで来たのであります。突込むには矢張り動機があります。私の祖父さんが典型的伝承者でありまして昔話を非常に沢山知つて居る。私が聞いた昔話だけでも百三十ばかりありました。また民謡が非常に上手で、私も盆踊りの音頭ぐらゐなら今でもやれます。田植歌ぐらゐはやれます。さういふ家に育ちました。病気で国に帰つた時いろ〳〵思ひ合せることがあつて、昔話を三十ばかり書いて柳田先生にお送りしましたところ、先生の方から鄭重なお手紙がありまして、非常に貴重な資料だから斯ういふものを集めてみろと云はれ、爾来さう云ふことに手を染めて居ります」〔柳田編 一九三五：四三六頁〕。

このように、宮本はまずは自己紹介を兼ねて、彼自身の家庭環境と柳田とのつながりをいう。そして、宮本以外の民俗学徒も含めた大阪の活動を紹介している。

この日の宮本の発言は、他の参加者の自己紹介が順番に続いたこともあり、これに留まったが、第三日目の翌八月二日には、テーマとしてとりあげられている民俗事象について、彼が知る山口県や大阪府の事例を紹介する。たとえば、徳島県からの参加者が「でこを廻す」という操り人形の話をしたことを承けて次のようにいう。

「そのでこを廻す話ですが、私の方の山口県の大島でも、芋を箸に刺して食べるのをでこを廻すと云ふて古い郷土研究にもあります。能田さんの仰しやいましたはなの話、私の地方では餅を搗いて餅の中に空気が入つて軽くなつたのをはなと云つて居ります。それから和泉では、大和にえそ祭があるやうに、蟹を食べることになつて居ります。和泉の南に参りますと、和泉の蟹祭と云つて居ります。それから年越の晩には和泉から阿波に掛けての一帯は赤鰯を食べるやうであります。二匹づつ出します」〔柳田編 一九三五：四七五－四七六頁〕。

「能田さん」とは熊本県の能田太郎《のだたろう》（一八九九－一九三六）であり、この日の「座談会」の最初の方でお盆と葬送儀礼の団子をハナといっているという発言をしているので、それを承《う》けてのことであろう。この日の「座談会」は徐々に子守唄に話題が移るが、それに対しても、次のように発言している。
「大阪の山の手は今盛んにまだ子守唄が唄はれて居ります。それはどう云ふ関係かと云ひますと、大阪の山の手には小さな工場が多い関係から、一家の主婦でもまだ工場に出て働いて居る人が多いのであります。従つて小学校の女の子で、尋常六年から高等科へ行く子供は極めて少ない。尋常六年を卒へると殆んど子守に出る。早いのになると尋常五年から子守に出ます。工場は仕事が大抵晩の六時迄でありますので、いづれも親を待つて外に出て子守唄を盛んに唄つて居りまして、山の手の村々を夕方歩いて見ると、ふんだんに子守唄が聴ける訳であります」［柳田編 一九三五：四八六頁］。

このように、大阪府の工場労働との関係で、いまだ存在する子守と彼女たちによって唄われている子守唄の現状を説明し、実際の子守唄を紹介している。

「座談会」第四日目の八月三日は祭についてであった。宮本は簡単ではあるが故郷周防大島の虫送りの事例を紹介する。「座談会」第五日目の八月四日は、儀礼食と女性の労働がテーマであったが、後半に女性の労働にテーマが移るとともに、ここでも積極的な宮本の発言が見られる。ここでも事例は故郷周防大島であった。

「大体瀬戸内海に亙るかと思ひますが、山口県大島郡は非常に出稼ぎの盛んな所でありまして、現在人口五万五千、本籍八万、即ち二万五千人は島外に在つて働いて居るのであります。（中略）殊に男の沢山出て居る所でありまして、女は非常に烈しい労働を致しますが、女もまた相当に出ます。女は何をしに出るかと云ふと、之は下女に出るのであります。下女に出るのは瀬戸内海の島々一般の風習でありまして、古くは帆船に乗つて大阪に出たもののやうであります。（中略）然らば島に居る女はどう云ふ仕事をして居るかと云ふと、男の留守を守つて、よく野山に働きますが、旧幕時代には綿を沢山買入れて木綿糸を紡いで木綿を織り、それを大阪あたりから来て買うて行く。(中略) それから苧績、之は麻を作つて相当の人数の女が何処かの家に集まつて無駄話をしながら紡いで、之を売つて得た金は女の臍繰、即ち女の交際費になつた訳で、決して男には渡さなかつたものであります」〔柳田編 一九三五：五四一－五四二頁〕。

若い娘の女中奉公について、また、女の綿織・苧づみなど、周防大島の女性労働を紹介している。そして、「座談会」第六日目の八月五日にも女性労働にテーマがおよび、ここでも宮本は故郷周防大島における女のへそくりを紹介している。

この日本民俗学講習会について、『民俗学の旅』では、「講習会は充実したよい会であった。同じような学問をしようとし、柳田先生につながる地方の人びとがはじめて一堂に会して顔をあわせ、お互が胸をひらいて、語りあう機会をもったのである」〔宮本 一九七八a：九一頁〕と回想している。宮本は、この日本民俗学講習会のような、柳田民俗学を中心とする民俗学界の活動と組織化を積極的に受容しまた参加しようとしていたのであろう。

よく知られているように、この日本民俗学講習会をきっかけに、民間伝承の会が組織され、同年九月一八日にはその機関誌『民間伝承』第一号が創刊される。宮本はその提案者でもあり結成に積極的であった〔牧田 一九七二：一四四頁〕／〔宮本 一九七八a：九一〕。『民間伝承』は創刊後、第七巻第六号（一九四二年二月）まではタブロイド判で資料報告・会員通信欄中心であるが、次の第七巻第七号（一九四二年三月）がタブロイド判ながら論文中心となり、そして、第八巻第一号（一九四二年五月）からA５判で「柳田國男編輯」と銘打った学術雑誌の誌面構成となる。第一〇巻第七号・第八号（一九四四年八月）でいったん休刊、第一一巻第一号（一九四六年八月）から復刊、一九四八年（昭和二三）四月一日民間伝承の会が日本民俗学会に組織変更をすることにより、日本民俗学会機関誌となる。

第一六巻第一二号（一九五二年一二月）通巻第一七五号をもって、雑誌じたいは継続するが、学会機関誌としての役割は終わる。表6は、宮本がこの民間伝承の会（→日本民俗学会）機関誌『民間伝承』に発表した短報・事例報告・論文・書誌紹介の一覧である。長短合計四〇本、特に前半は『民間伝承』じたいが資料報告・会員通信欄中心の誌面構成であるために、短報・事例報告が多いが、巻頭論文を執筆するなど、アジア太平洋戦争から敗戦後も含めて、宮本はコンスタントに『民間伝承』と関係を持っていた。表1で柳田國男が指導していた雑誌『旅と伝説』への宮本の積極的な投稿をみたが、その投稿のほとんどが一九三六年（昭和一一）一月までであったのに対して、それにかわるかのように、一九三五年（昭和一〇）九月創刊の『民間伝承』への投稿が増えている。

一九三〇年代民俗学への出発の時期、宮本は柳田民俗学を学問として学習し受容しようとしていただけではなかった。そのフィールドワークおよび研究成果の発表の場をも、柳田民俗学に求めていたのである。学問的にも組織的にも、宮本は柳田民俗学および柳田系民俗学のなかにみずからを位置させようとしていた。

それでは、宮本が『民間伝承』に発表した論考はどのようなものであったのであろう。いま述べたように前半は短報としての事例報告が多いが、それでも、宮本の特徴があらわれた論文が発表されている。創刊まもない第四号（一九三五年一二月）の巻頭論文は宮本の「採集者の養成」であった。この時期のタブロイド判『民間伝承』は二頁以降が資料報告・会員通信欄となるが、表紙を兼ねた一頁目だけは巻頭論文が四段組でこの頁内におさまるように編集されている。その第四号の巻頭論文が宮本の「採集者の養成」であった。

ここでの宮本は、まず「民間伝承の会設立の目的は採集事業の組織化にあつたと思ふ。扨この目的遂行のために、我々は二つの準備を要するのではないかと考へる。その第一は採集家の養成であり、

No.	巻号	年月日	タイトル	備考
1	第4号	1935年（昭和10）12月20日	採集者の養成	巻頭論文。
2	第6号	1936年（昭和11）2月20日	（オセンゾ講）	短報。無タイトルなので仮タイトルをつけた。大阪府淀川区の事例。
3	第9号	1936年（昭和11）5月20日	酒盛	短報。地域不詳。
4	第9号	1936年（昭和11）5月20日	大阪支部例会	「学界消息」欄。
5	第2巻第9号	1937年（昭和12）5月20日	ヨモンナリ	短報。大阪府瀧畑の事例。
6	第2巻第10号	1937年（昭和12）6月20日	へべの木	短報。奈良県天川村の事例。
7	第2巻第11号	1937年（昭和12）7月20日	拍子木・風と鎌・鎌と墓	短報。福井県三方郡北西郷村の事例。
8	第3巻第1号	1937年（昭和12）9月20日	ヒヨウビ・ヲコゼと山の神	短報。福井県敦賀市の事例。
9	第3巻第2号	1937年（昭和12）10月20日	技術習得	短報。周防大島の事例。
10	第3巻第3号	1937年（昭和12）11月20日	若狭漁村民俗・タカリノイハヒ・サキアミ・アトアミ・サトブネ・オーシキ・ウナギカブ・ムギワワ船・フナダマ・魚の保存・湖の名・星と酒	短報。福井県若狭地方の事例。
11	第3巻第5号	1938年（昭和13）1月20日	サバラヒ・ツカミバタラキ・エンコ・行事と代替り	短報。山口県周防地方の島々の事例。
12	第3巻第12号	1938年（昭和13）8月20日	ユオトシ	短報。滋賀県高時川流域の事例。
13	第4巻第1号	1938年（昭和13）9月20日	バンドウ	短報。南河内と奈良県宇智郡宇智村の事例。
14	第4巻第2号	1938年（昭和13）11月1日	水の手	短報。大阪府の複数の事例。
15	第5巻第1号	1939年（昭和14）10月1日	周防大島	短報。周防大島の昼寝の事例。
16	第5巻第7号	1940年（昭和15）4月1日	兄弟結び其他・海を渡る猪	短報。鹿児島県屋久島。周防大島。
17	第5巻第9号	1940年（昭和15）6月1日	資料のとり方	巻頭論文。
18	第6巻第2号	1940年（昭和15）11月1日	資料の確実性といふこと	論文。

表6　宮本常一『民間伝承』掲載論考

19	第6巻第3号	1940年（昭和15）12月1日	【新刊紹介】蓮仏重寿編『民談ノート』・帷子二郎「十津川村」・河村只雄「粟国渡名喜紀行」	新刊紹介。
20	第6巻第8号	1941年（昭和16）5月1日	埋葬地	巻頭論文。
21	第6巻第9号	1941年（昭和16）6月1日	福井県山東村丹生の子供組	短報。福井県山東村丹生の事例。
22	第7巻第6号	1942年（昭和17）2月1日	子供の村落生活と教育	論文。
23	第8巻第1号	1942年（昭和17）5月5日	【批評紹介】吉田四郎『煙突掃除の日記』	批評紹介。
24	第8巻第5号	1942年（昭和17）9月5日	さまよへる霊の為に	巻頭言。
25	第8巻第8号	1942年（昭和17）12月5日	大和の宮座三例	事例報告。
26	第8巻第9号	1943年（昭和18）1月5日	お頭行事	事例報告。
27	第9巻第3号	1943年（昭和18）7月25日	盆飯	論文。
28	第9巻第8号	1943年（昭和18）12月5日	【紹介批評】川口孫治郎『自然暦』	紹介批評。
29	第10巻第1号	1944年（昭和19）1月5日	周防大島の氏神	「氏神特輯号」の事例紹介。
30	第10巻第7号	1944年（昭和19）8月5日	移住者と神	「社交と協同特輯号」の論文。
31	第11巻第1号	1946年（昭和21）8月5日	幼時の躾	事例報告。
32	第11巻第3号	1947年（昭和22）6月5日	婚姻と若者組	論文。
33	第11巻第6・7合併号	1947年（昭和22）8月5日	藁乳権現	事例報告。
34	第13巻第3号	1949年（昭和24）3月5日	収穫日記	周防大島での農業日誌。
35	第13巻第4号	1949年（昭和24）4月5日	セコと地割	事例報告。
36	第13巻第6号	1949年（昭和24）6月5日	本田と新田	事例報告。
37	第14巻第7号	1950年（昭和25）7月5日	周防大島の荒神	論文。
38	第14巻第10号	1950年（昭和25）10月5日	垣内資料	事例報告。
39	第15巻第2号	1951年（昭和26）2月5日	古墓様と地主様	事例報告。
40	第15巻第11号	1951年（昭和26）11月5日	内海の鼠	「柳田國男先生喜寿記念号」。

＊『民間伝承』は1935年（昭和10）9月創刊。1944年（昭和19）8月第10巻第7号・第8号で休刊。1946年（昭和21）8月第11巻第1号から復刊。1952年（昭和27）12月第16巻第12号（通巻175号）まで民間伝承の会（→1948年日本民俗学会）機関誌。これらのうち、1942年（昭和17）2月第7巻第6号まではタブロイド判の資料報告・会員通信欄中心。1942年（昭和17）3月第7巻第7号がタブロイド判の学術雑誌の誌面構成、翌号、1942年（昭和17）5月第8巻第1号から「柳田國男編輯」と銘打ったA5判の学術雑誌の誌面構成となる。

その第二は採集対象の規定である」という。そのためには、「先づ採集項目の設定とその解説書ともいふべき手引が必要になる。それ〴〵の採集すべき項目の範疇、目的、発問法などについて教ふるの書があると、採集者は多くの失敗と粗漏を持たずにすむのではないかと思ふ」という。そして、このような「採集者」の「養成」と「採集対象」の「規定」のためには、山村調査およびその「採集者」が携帯した『郷土生活研究所採集手帖』合計一〇〇調査項目が適切であったが、さらには、「採集者」のための簡易な「手引」書が必要であり、それは「中央の人々」に作成をしてほしいと主張する［宮本 一九三五：一頁］。

要は、民間伝承の会の中枢部にいる民俗学徒、実質的には、柳田民俗学の周囲にいる研究者がフィールドワーカー養成のためにフィールドワークのための手引書を作成する必要があるというのである。このほかに、「民俗は決して山村にだけ残存せるものではなく都市も又よき対象たる事を忘れてはならない」「都市民俗採集の勃興を要望する」という、都市民俗研究の先駆的提唱もされているが、この創刊第四号の巻頭論文であった宮本の「採集者の養成」の主な主張は、柳田民俗学が指導する民間伝承の会によるフィールドワーカー養成を提案したものであった。

次は、この「採集者の養成」から五年後、宮本が豊富なフィールドをこなしてきた経験に裏づけられた時期の論考である。第五巻第九号（一九四〇年六月）の巻頭論文でもあった「資料のとり方」は、分家を例として、フィールドワークにおける思い込みの危険性をその調査体験から注意を促した論考である。たとえば、「姉家督」というと東北地方の民俗事象であるかのような固定観念があるが、その調査体験では奈良県や静岡県伊豆地方でも事例確認ができたと例示しつつ、「大きく行はれてゐる慣習の外に例外といふものが案外多くかくされ、且存続してゐる」ので「それが如何なる条件のもとに如何なる伝統を持つて来てゐるかも明かにする必要があるし、資料の採集や報告にも特にかゝる例外的なものに注意を向けて見る必要がある」という。そして、こうした「例外」から「案外疑問解決の途」が見つかるのではないかという［宮本　一九四〇ａ：一頁］。

また、第六巻第二号（一九四〇年一一月）の「資料の確実性といふこと」は、桜田勝徳と鹿児島県宝島と静岡県伊豆地方のフィールドをともにした際に、桜田から学び、また、みずからも気づいたフィールド体験として、民俗事象の伝承には個体差があることを指摘した論考である[18]。たとえば、宝島での祭の調査にふれて、祭の担当者、しかも、祭の細部によって担当者が異なるので、それぞれの担当者から調査を行なわなければ確実な資料収集をすることはできないとする。「祭礼にあたつては、それ〴〵の分担がある。田を作る家、魚を奉る家、神役の家、祭の世話をする家等々それが細かに分れてゐる。而して、その分担してゐる家に行かないと、精確な事は殆ど分らない。たとへば男の神役には女の神役の事は分りにくいのである」。また、桜田がある特定の民俗事象について、複数の人たちから話を聞いている姿を紹介しながら、「実は個々によつて差がある」ので、桜田がそうした複数の人たちのうち、伝承の豊富な人からさらに丁寧に調査を行なっているとして、こうした調査スタイルを推奨する［宮本　一九四〇ｂ：五－六頁］。

宮本は、民間伝承の会機関誌『民間伝承』に、この雑誌の性格からして他の投稿者と同じく事例報告が多かったものの、フィールドワークについての論考を、その調査体験にもとづいて発表するようになっていた。しかし、彼のフィールドワークはおのずと現実の多様性のなかに身をおくことでもあった。それはおのずと、山村調査の『郷土生活研究所採集手帖』が合計一〇〇調査項目を用意したような固定的な調査項目からのズレを生じさせることになる。もっとも、たとえそうであるとはいっても、宮本をしてそのフィールドワークを大きく前進させたのは、柳田民俗学の学習と、その組織が準備した山村調査であり、さらには、民間伝承の会とその機関誌『民間伝承』への参加であった。

3 渋沢民俗学・民具学との出会い――『所謂足半《あしなか》に就いて〈予報〉』

これまで述べてきたように、単なる人間的出会いというだけではなく、学問的影響という意味でも、宮本に対する影響は、柳田の方が渋沢よりも先行していた。それでは、宮本と渋沢との出会い、そしてそれだけではなく、宮本が渋沢から受けた学問的影響はどのようなものであったのであろう。これもふつう、渋沢の漁業史・漁業民俗研究、また、民具学との関係が語られてきた。もちろん、宮本が渋沢の示唆によってこうした領域へ踏み出したのは疑いないことである。しかし、宮本の学問を読み解くためには、渋沢の影響による宮本の研究対象の拡大、また、渋沢の継承・発展者としての宮本、といった一般的理解にとどまらず、宮本が渋沢から確実に学んだと考えられるその研究と方法論とを検証する必要がある。宮本と渋沢との関係は、おそらくは日常的にも濃厚であったろうから、日々の会話、ちょっとした座談・立ち話などでも、無意識のうちに共鳴しあうことも多かったであろうが、そうしたことを検証することは不可能である。したがって、ここでは、宮本みずからが渋沢から影響を受けた、また、渋沢と議論したと語る、そうした回想を再構成することが必要になる。

宮本が渋沢とはじめて会ったのは、一九三五年（昭和一〇）四月一四日、大阪民俗談話会第六回例会に渋沢が出席したときである〔田村 二〇〇四：五六一頁〕[19]。宮本の回想によれば、その日の研究会は次のようであったという。「渋沢先生の出席は会の空気を明るくすると共に、学問をすすめてゆくにはその方法が科学的でなければならず、科学的とはどういうことかという例を足半の研究を中心に話された」〔宮本 一九七八ａ：八七頁〕。大阪民俗談話会に出席した渋沢が、その足半研究を報告していたのである。宮本の回想は次のように続く。

「私にとって民俗の研究はそれまで学問というようなもの《ママ》はなかった。歩いて見るたびにいろいろのことを教えられ、また疑問がわいて来た。そういうことについて周囲の親しい人びとと話しあって来た。（中略）しかし民衆の世界のことを秩序だてでしらべていく方法についてはわからなかった。それが柳田先生を知ることによって少しはわかりかけて来たような気がした。さらに渋沢先生の足半の研究方法についてきいたとき、このようなやり方なら自分にもできるのではないかと思った。そしてそれは足半というはきもののことがわかるだけではなく、それに関連するいろいろのことがわかって来るのだと思った」［宮本 一九七八ａ：八七−八八頁］。

回想は記憶の自覚的・無自覚的再編集であるが、この宮本の回想をすなおにうけとれば、渋沢および渋沢が報告した足半研究との出会いが、宮本にとってははじめての科学と方法との出会いでもあった。この出会いを、もうすこし宮本の回想に語ってもらおう。

「たくさん集められた足半もよく見ると作り方が少しずつ違う。それにはそれなりの理由がある。さらに足半のほとんどが鼻緒を角結びや平結びにしており、そんなに結んでいるものを足半ということが多い。足半の材料のほとんどが稲藁で作られている。藁で作られたものは多いのだが、足半はなぜ藁で作られなければならなかったのか。また藁で作られるものにどんなものがあるだろうか。足半を用いる人はどういう人なのか。どういう目的で用いるのだろうか、足半のおこなわれている範囲はどの範囲なのか、足半を用いない地域では何を用いているのか、履物とはいったい何であろうか、履物はどんなに発達して来たのか、そうした中で日本の履物の位置はどうなのか、貴族や武士たちと庶民の間にどれほどの差があるのか、問題は無限にひろがっていく」［宮本 一九七八ａ：八八頁］。

足半に対象をかぎってはいるが、ある特定の研究対象からの疑問の連鎖と拡大、その経験を語っている。

しかし、こうした宮本の回想に対して、その当時に記された、宮本がはじめて渋沢と出会った大阪民俗談話会第六回例会記録には、このような宮本の学問的感動を伝える記事はない。宮本が謄写版を切ったと思われる、[20]『大阪民俗談話会報』の第八報（「昭和十年五月十四日」）は、渋沢が出席した大阪民俗談話会第六回例会記録を淡々と記すのみである。四月一四日第六回例会は、時間は午後一時半から、会場は沢田四郎作宅、出席者は宮本・沢田のほか岩倉市郎・小谷方明・鈴木東一など合計一四人であった（桜田勝徳は欠席）。講がテーマで小谷・岩倉など六人が報告者として予定されていた。しかし、

「三時半渋沢子が来席され、講を中心の話をうちきり、「渋沢子に物をきく会」にした。話の内容は目下、子が中心になつて居られるアチツクの事業の一である、「アシナカ」についての諸例、塩の山地搬入問題及塩の信仰であつた」［大阪民俗談話会編 一九三五：一頁］。

と、ただそれだけの記録である（「渋沢子」「子」とあるのは渋沢敬三が「子爵」であったことを示す）。渋沢がこの第六回例会でその塩文化研究とともに足半研究を語ったことは事実であったが、まさにそのときに、宮本が回想で記したような感動があったかどうか、それを回想のままに受け取ることはできない。しかしそれは、宮本が回想したような人間としての渋沢との出会いであり、また、科学と方法との出会いでもあったこと、それらがその後、宮本のなかで徐々に輪郭を形作っていったのであろう。あるいは、その後のフィールドワークと研究の展開のなかで、回想の内容の方が宮本の内部では、事実として形成されてきたと考えることもできる。そのような考慮すべき問題は残るにせよ、宮本にとって、渋沢との出会いは、人間的なそれにとどまらず、本格的な科学と方法への出発点でもあった。

いっぽうで、宮本が渋沢とはじめて出会ったこの一九三五年（昭和一〇）は、ともに大阪民俗談話

会を組織した先輩、桜田勝徳が東京へ去ったときでもあった。宮本にとっては渋沢との出会いの直後、五月一日をもって桜田は渋沢の主宰するアチックミューゼアム研究員となり上京している。宮本の出欠の有無は確認できないが、四月二〇日、大阪民俗談話会は桜田の送別会を開いている［大阪民俗談話会編 一九三五：二頁］。桜田は宮本に先んじてアチックミューゼアムに入ったことになるが、一九四〇年（昭和一五）六月一五日退所して一六日農林省水産局嘱託となっているので［小川 一九八二：五六三－五六五頁／小川 一九八五：一三五頁］、一九三九年（昭和一四）一〇月二五日にアチックミューゼアムに入った宮本とは［田村 二〇〇四：五六二頁］、アチックミューゼアムでは約八ヶ月間だけ研究員として同席したことになる。このわずかに重複するアチックミューゼアム研究員であった期間、すでに紹介した『民間伝承』第六巻第二号（一九四〇年一一月）発表「資料の確実性といふこと」のなかで宮本が桜田から学んだと語る、静岡県伊豆地方・鹿児島県宝島でのフィールドワークがあった。それは桜田がアチックミューゼアムを退所する直前であり、正確にいえば、一九四〇年（昭和一五）四月二〇日から二三日までが静岡県伊豆地方、五月一八日から一八日間が鹿児島県宝島であった［小川 一九八二：五六五頁／小川 一九八五：一三三－一三五頁］。宮本がフィールドワークの方法について他者から影響を受けたと語ることはほとんどなかった。しかし、この桜田だけは別格であった。渋沢とのアチックミューゼアムをめぐる民俗学徒としての交流が、方法に裏うちされた科学としての学問とフィールドワークに向かわせることになった。

すでに述べたように、宮本が渋沢とはじめて会った一九三五年（昭和一〇）四月一四日から三ヶ月以上後の七月三一日から八月六日まで、柳田國男還暦記念の日本民俗学講習会が日本青年館を会場として開かれ、宮本も参加した。宮本と渋沢の再会はこのときであった。宮本は次のように記している。

「二日目であったか、夕方渋沢邸のアチック・ミューゼアムを見学することになって講習会員が全部押しかけていった。そのときどんなことがあったかもう忘れてしまっているが、ただアチックのどなたかから、渋沢先生は銀行からの帰りがおくれるが逢いたがっておられるから、お帰りになるまで待っているようにとのことで私だけがあとに残った。先生は九時すぎに銀行から帰って来られた。しばらく話して青山の宿舎へ帰ろうと思うと、とまってゆくようにとのことで、青山の青年会館の方へは電話をかけて下さった。「君、青山へとまると宿泊費が要るのだろう。ここならば無代だ。今夜からここにとまりたまへ」と言われ、その晩からアチックの若者たちのとまる部屋にとめてもらうことにした」〔宮本 一九七八a：九〇－九一頁〕。

宮本だけが、日本民俗学講習会の会場であり宿泊施設でもあった日本青年館に泊まらず、渋沢の指示によりアチックミューゼアムに残りここに宿泊したというのである。[21] 俗っぽい表現になるが、宮本は渋沢から一本釣されたことになる。なお、渋沢の「銀行」というのは、第一銀行のことであり、この時点で渋沢は第一銀行常務・取締役であった。[22]

そして、このアチックミューゼアムでの宿泊のとき、翌年刊行される、宮本の単行本第一作『アチックミューゼアム彙報第一一　周防大島を中心としたる海の生活誌』（一九三六）の調査・執筆を慫慂されたという。

「東京でアチック・ミューゼアムに泊っていたある夜、渋沢先生から「アチックは水産史の研究をしている者が多いが、具体的に漁村というのはどういうものか、どのような構造を持ち、どんな生活をしているのかということについて具体的にわかっているものが少ない。君は海岸育ちだから漁村の具体的な生活誌を書いてみてくれないか」といわれた。私の村は海岸にあるけれども漁村ではない。しかし網もひき、魚も釣り、貝も掘って来た。海岸に生きている人びとがどのような生活をたてて来たかについては多くの見聞と体験がある。それを書いてみようと思って、夏休みに郷里に帰り、家の沖の島や大島の南側の小さい島々もあるいた。その頃は話はいくらでも聞くことができたし、人びとは親切であった。その秋頃から執筆にかかって、昭和十一年一月すぎには一冊にまとめることができた。そして十一年の夏には『周防大島を中心としたる海の生活誌』と題してアチック・ミューゼアムから刊行していただいた。私の最初のまとまった書物であった」〔宮本 一九七八a：九三–九四頁〕。

『周防大島を中心としたる海の生活誌』の本格的調査は、日本民俗学講習会のあと、周防大島へ帰郷し、調査を行ない、秋から冬にかけての執筆であった。渋沢の要望により、一気呵成に書きあげられたことになる。渋沢との出会いは宮本を民俗学者として大きく飛躍させていた。

『周防大島を中心としたる海の生活誌』についてはあとで述べるとして、それでは、宮本が学問的感動を覚えた、渋沢の足半研究とはどのようなものであったであろう。渋沢が宮本たちの集まる大阪民俗談話会第六回例会で足半研究を話した一九三五年（昭和一〇）四月一四日時点では、いまだ刊行されていなかったものの、渋沢指導のもとで、アチックミューゼアム所員宮本馨太郎《みやもとけいたろう》（一九一一–七九）・小川徹《おがわとおる》・磯貝勇《いそがいいさむ》・高橋文太郎《たかはしぶんたろう》などによってアチツクミユーゼアム編『アチツクミユーゼアム彙報第九 所謂足半（あしなか）に就いて〔予報〕』が翌一九三六年（昭和一一）五月、アチックミューゼアムから刊行されている。渋沢が大阪民俗談話会第六回例会で話した具体的内容を再現することはできないが、この『所謂足半（あしなか）に就いて〔予報〕』によって推測してみよう。

『所謂足半（あしなか）に就いて〔予報〕』は、足半の「概念」を、鼻緒がすげられているふつうの草履ではなく、台部から延長してきた芯縄が鼻緒部分で結ばれ、それとともに、足裏前半部分のみの短小形の芯緒草履であると規定してはじまる。その上で、アチックミューゼアム・日本青年館・宮本勢助《みやもとせいすけ》が収集した足半「標本」をその収集地・使用状況などとともに紹介し、「足半の構造」を明らかにする。実寸の測定・レントゲン撮影・「解剖」によって、台部における芯縄の状態と鼻緒の結び方に重点をおき形態学的分析を行ない、「足半の構造」が鼻緒をすげているふつうの草履とは異なり、芯縄が台部の延長線上から出て鼻緒で結ばれることにより強靭な構造を持つことを明らかにしている。

次は、このような強靭構造を持つ足半が、文献・絵画資料によって歴史的にどのような場面に登場するのかを検証する。それによれば、文献・絵画資料のなかでの足半の初出、『蒙古襲来絵詞』をはじめ、戦陣において武士が使用する事例が圧倒的に多いという。また、戦のなくなった近世から近現代にかけては、武士の使用はなくなり、かわって、農漁村などで激しい労働に使用されているというのである。それは、収集された「足半の標本」に基づき、その実際の使用状況を整理し明らかにしたものでもあった。いわば、『所謂足半《あしなか》に就いて〔予報〕』は、その前半で「足半の標本」によってその形態学的分析を、その後半では文献・絵画資料および「足半の標本」の使用状況によってその機能を明らかにするための生態学的分析を行なったものであった。足半の鼻緒部分の結び目を中心にその民間信仰についても言及している。

結論は次のようなものであった。「足半着用の本来の意義は足の保護に在るに非ずして却て摩擦により滑倒を防ぐこと、即ちスパイクとして用ふるに在る」〔アチックミューゼアム編 一九三六a：一八三頁〕。足半はスパイクであるという単純明快な結論である。といっても、この結論を導き出すための方法は、「足半の標本」を悉皆調査することによる形態学的分析、その使用状況を調査・整理することによる生態学的分析、さらには、文献・絵画資料までをも利用した歴史学的分析をも徹底させ、複数の方法を連動させていた。そして、それらによる結論を帰納するために、徹底した調査・整理を実行していただけではなく、民具およびそれの使用をめぐる聞き書き、そして、文献・絵画資料の利用といった、複数の異質な資料を連動させている。現在でも、これほど、複数の資料と方法とを連動させて、研究対象に対してトータルで確実な結論を帰納した研究は存在しないといっても過言ではない。

宮本が渋沢とのはじめての出会いで経験した学問的感動、大阪民俗談話会第六回例会に出席した渋沢から受けた足半研究とは、こうした内容を持つものであった。もっとも、すでに指摘したように、宮本が最初の渋沢との出会いの時点でこうした足半研究の意義を正確に把握し得ていたかどうかを確認することはできない。むしろ、刊行された『所謂足半《あしなか》に就いて〔予報〕』を読み、また、渋沢をはじめとするアチックミューゼアム所員との交流のなかで、徐々に、渋沢およびアチックミューゼアムの「方法」と「科学」とを自覚するようになったと考えたほうがよいかもしれない。

宮本みずからが『民俗学の旅』で回想するように、柳田民俗学との出会いにより学問的出発地点に立ち、その上で、渋沢民俗学・民具学およびアチックミューゼアム所員との出会いによって、その学問が学問としての形を整えるようになっていった。そして、宮本が渋沢と出会った時期は、渋沢とアチックミューゼアムが彼らの民具学の体系を整備してくる時期とも重なっていた。「民具」を造語した渋沢は、すでにアチックミューゼアムでの民具収集とその体系的整理をはじめていたが、磯貝勇を中心に高橋文太郎・村上清文・小川徹・宮本馨太郎によって編纂されたアチックミューゼアム編『アチックミューゼアムノート第七　民具蒐集調査要目』（アチックミューゼアム）が刊行されたのが、『所謂足半《あしなか》に就いて〔予報〕』からひと月遅れての一九三六年（昭和一一）六月であった。

『民具蒐集調査要目』は、はじめて本格的に民具のカテゴリーと分類を確定し、現在にいたるまでの民具学の枠組を規定しているといっても過言ではないほどの、民具学の基本書である。一「衣食住に関するもの」・二「生業に関するもの」・三「通信運搬に関するもの」・四「団体生活に関するもの」・五「儀礼に関するもの」・六「信仰・行事に関するもの」・七「娯楽遊技に関するもの」・八「玩具・縁起物」の八分類を行ない、生産・生活用具だけではなく、娯楽・民間信仰レベルの物質文化をも民具学のカテゴリーに含め〔アチックミューゼアム編 一九三六b：一－一二頁〕、さらには、これら民具の調査指針として『民具蒐集調査要目』を提出している〔アチックミューゼアム編 一九三六b：一三－一五頁〕。『所謂足半《あしなか》に就いて〔予報〕』の足半に対する形態学的かつ生態学的な総合研究は、こうした民具学を規定する動きとも重なり合っていたことであろう。このような、民具学がその体系を確立してくる時期に、宮本は渋沢と出会っていた。あたかも、柳田との出会いが柳田三分類による柳田民俗学の確立期であったことと同じくして、それを通過した宮本は、こんどは渋沢およびアチックミューゼアムによる民具学の確立期にも出会っていたのである。それは、宮本にとって、フィールドワークにおいてだけではなく調査対象全般に対する、形態学的かつ生態学的な観察との出会いでもあった。実際に、時期的にはすこしあとの一九四三年（昭和一八）八月刊行で、宮本がアチックミューゼアム所員になってからではあるが、岩手県を中心とする全四〇体のオシラサマの調査・分析をもっとも中心になって行ない、日本常民文化研究所編『日本常民文化研究所彙報第五六 おしらさま図録』編纂を行なったのは宮本であった。

また、一九三九年（昭和一四）、宮本がアチックミューゼアム所員になってからは、こうした研究上の成果としてだけではなく、研究過程において、宮本は渋沢との交流を深めていった。所員としてアチックミューゼアムで起居するようになってからの様子を次のように回想している。

「先生はたいてい夜九時頃に銀行から帰って来られて書斎に入る。（中略）先生が帰って来られると、一〇分か二〇分たって書斎に火がともり、窓があいて「宮本さーん」という声がひびく。私はすぐ先生の書斎にゆく。それからいろいろの学問的な話しあいになる。旅の見聞、先生の研究しておられる魚名についての討論、筌をはじめ漁業全般のことについて。そして話に一応の切りのつくのはたいていて夜半一時をすぎており、時には三時になることがあった。その間ただ対談しているのではなく、書庫に入って書物をさがし写真をさがした。記憶だけで物を考える場合には往々にして思い違いがある。すべて物をたしかめるためのものであった」〔宮本 一九七九ａ：七二頁〕。これが、宮本が調査に出ているとき以外、東京にいるときの宮本と渋沢との日常であった。民具学についていえば、

「昭和一六年の初秋の頃であったかと思うが、民具は形態や製作法や民具にともなう伝承をしらべるだけでは意味がない。一戸ごとの民具の保有量、使用法、消耗率、改良などを含めて、生活の中にどのように位置づけられているかを明らかにしなければ本当の研究にはならないと主張すると、先生はそれではそのような実態調査をおこなうべきだといわれ、私は郷里山口県大島へ、竹内利美君（後に東北大学教授）は長野県川中島へ調査にゆくことになった」〔宮本 一九七九ａ：七二頁〕。

宮本はその民具学において、形態学的分析だけではなく、機能を重視した生態学的分析をも重視したことになるが、『所謂足半《あしなか》に就いて〔予報〕』をひもとけばわかるように、これは渋沢およびアチックミューゼアムにとって突出した主張であったわけではなく、むしろ、彼らの民具学にとって一貫した主張でもあり実践でもあった。また、宮本は、『民具蒐集調査要目』についての渋沢との対話を次のようにも回想している。

「『民具蒐集調査要目』の項目は分類たり得るかということについて、先生は「あれは民具を集める目安だよ、思いつきだよ、分類ではない」と否定されたことがある。「日本人は文字に対する信仰があって、いったん文字にすると、それを金科玉条のように信じこむ」、そういうことも言っておられた」。

「民具の分類については、民具が意欲的に蒐集されていた昭和一七年頃までずいぶんたびたび話し

あった。そして機能による分類が重要ではないかということになって、私は郷里にかえって農具と農耕との関係の調査にしたがったことをさきにのべたが、その結果によってすら、分類論は一つの結論を得るにはいたらなかった」〔宮本 一九七九a：一六〇頁〕。

これらは、宮本がアチックミューゼアム所員の時期、渋沢との対話を再現した回想であるが、こうした日常的な渋沢との対話のなかで、研究成果としてだけではなく、その研究過程において、渋沢およびアチックミューゼアムにおける方法と科学とをおのずと身につけることになっていったものと思われる。

4 戦争肯定の思想――『同志同行』

このように、宮本は一九三〇年代半ば、柳田民俗学および渋沢民俗学・民具学との出会いによって、その民俗学を本格的に展開しはじめるようになっていた。とはいっても、宮本は大阪府泉北郡取石尋常高等小学校を退職し一九三九年（昭和一四）一〇月二五日にアチックミューゼアム所員となるまでは小学校教員であったから、小学校教員としての人的交流も続いている。

たとえば、アチックミューゼアム入所直前には、満州国建国大学着任が予定されていたが、それは天王寺師範学校時代に修身科教員であった倫理学者森信三《もりしんぞう》（一八九六－一九九二）の斡旋によるものであった。[23] 建国大学着任は渋沢の説得により立ち消えになるが〔宮本 一九七八a：九七－九九頁〕、すでに『忠孝の真理』（一九三五）を刊行していた森は皇室中心主義的倫理学者でもあった。森は「我等邦人にとつては忠孝こそ一切真理の最終的帰結であり一切理法はこの一点に於いて始めてその究竟的統一を得べきを意味する」〔森 一九三五：「序」〕、「天壌無窮の宝祚と万世一系の皇統、これ実に我が国体の本質を語る唯一独自的表現である。世界は広く民族は多いがしかも斯くの如く明白端的に自己民族の立国の根本精神を示すものは他に見られぬ。忠孝の真理の真の具体的体認の為めには、その根柢たるこの国体の中心本質に就きて深く了悟する処がなければならぬ」〔森 一九三五：一八二頁〕という。「万世一系」の天皇への忠孝を「真理」とするのが日本国民であるというのが森の倫理学であった。宮本は天王寺師範学校時代にこのような修身科教員に師事し、さらには、植民地満州国の建国大学への着任を斡旋されていた。

また、国語教育者・綴り方教育実践者であった芦田恵之助《あしだけいのすけ》（一八七三－一九五一）への師事・敬愛も深かった。宮本は、芦田の死の翌年、その人物を偲んで次のように記している。「私はもとより人間としてはきわめて弱いもろいものを持っており、思考も行動も傷だらけで、世の中を生きて行けるのが不思議なような一人である。多くのよき先達のあたゝかい庇護がなかったら、決して今日まで生きて来る力も勇気もなかったと思う」「老師は私のそういう弱さをつゝんで下さった一人である」〔宮本 一九五二a：二二頁〕。とはいっても、芦田は宮本の天王寺師範学校時代の教員ではなく、小学校教員としての実践のなかで相知るようになっていた。といっても、その出会いがいつであったか正確ではない。「私が縁あって老師の指導をうけるようになったのは昭和九年からであった」〔宮本 一九五二a：二二頁〕とも、「私がはじめて芦田先生のお目にかかったのはいつ頃であったかよくおぼえていないが、昭和一〇年前後のことであったと思う」〔宮本 一九七一：四八頁〕とも、「芦田先生にお目にかかったのは何時どこであったかはっきり記憶しない。（中略）その印象のはっきりして来るのは昭和十二年頃からである」〔宮本 一九七二a：一三七頁〕と、回想が微妙に異なる。おおよそは、一九三五年（昭和一〇）前後、宮本が大阪府泉北郡取石尋常高等小学校に勤務しているころであり、作文教育を通して児童に民俗学的教育を行なった『とろし』の時期とほぼ重なっている。『とろし』の実践があったから芦田との交流がはじまったのか、それともその逆に、芦田との交流が先にありそれによって『とろし』の実践が生まれたのか、その前後関係は明らかにならないが、いずれにせよ、『とろし』の時期に芦田との交流が生まれていた。

森・芦田、教育者としての宮本の側面からの人的交流、それについては、すでにさなだゆきたか『宮本常一の伝説』による詳細な復原があるので〔さなだ 二〇〇二：八―二六頁、九〇―一一三頁〕、これ以上踏み込まないが、さなだの指摘する宮本の回想などにおける「沈黙」「省略」「空白」の中心部分のひとつが森・芦田を通して広がっていた人間関係であった。もちろん、宮本がこうした人的ネットワークを持っていたからといって、彼を頭ごなしに右翼思想家と決めつけるのは早計であろう。重要なことは、こうした人的ネットワークの解明ではなく、こうした人的ネットワークのなかで宮本がどのような作品を発表していたかにある。柳田民俗学とも渋沢民俗学・民具学とも異なる人的ネットワークのなかで、宮本はどのような学問・思想を展開していたのか、明らかにされるべきはそうした点である。

一九三〇年（昭和五）一月から一九四一年（昭和一六）九月までの一〇年間余（一九三〇年一〇月いったん廃刊となり翌々一九三二年九月再刊）、芦田が主宰していた『同志同行』という国語教育を中心とした教育雑誌があった（芦田の死後一九五二年から約二年間復刊）。宮本はこの教育雑誌『同志同行』に、表7のような、芦田死後の復刊号も含めれば合計一七本の論考・紀行文・エッセイを寄稿している。宮本の『同志同行』への寄稿の事実についてはさなだの『宮本常一の伝説』の指摘もあるが〔さなだ 二〇〇二：一九―二六頁〕、ここでは合計一七本にも及んだ寄稿の内容を検討してみることにしよう。

宮本の『同志同行』への最初の寄稿は、第六巻第六号（一九三七年九月一日）の「万人合力」であった。七月七日の盧溝橋事件をきっかけに日中戦争が全面展開するようになった直後である。街頭で千人針のひと針を縫う女たちの光景をえがくところからはじまる。「日々の新聞は日毎に急になり行く日支事変について報じ郷党の壮者又陛下の御召に応じて相ついでその家居を出づる。昨今通勤の電車中にこの赤襷の兵士を見かけない事はないと言つていい」「昨日所用あつて大阪に出で難波駅頭にたち又そこに厳粛なる人の心を見た。改札口より街頭に到る一帯を埋め尽した女人群は、まさに千人針の為に請ひ請はるゝまゝに黙々と針を動かして居るのである。而してこの群は人の通行をはゞみ、乗らんとする人も町に出でんとする人も僅かなる間隙を縫ふて、泳ぐが如くに徐々に之を通りぬけなければならなかつた」。日中戦争勃発直後の千人針氾濫を伝えている。そして、千人針とは「万人の合力」「千人の人の心こもるもの」であり、「日清以来の外征に陛下の御為に怡々として身を捧げ奉つた尽忠の裏には万民の心からなるこの合力があつたからである」という〔宮本 一九三七b：一〇五－一〇六頁〕。その上で宮本は、千人針が流行現象ではなく、各地の民俗事象から考えて日本人の古くからの姿であると説明する。

宮本が『同志同行』に寄稿した最初の論考「万人合力」は民俗学的ではあった。しかし、そこには、柳田民俗学との出会いのなかで投稿した雑誌『旅と伝説』、民間伝承の会機関誌『民間伝承』に投稿した論考・短報などとは異なり、「時局」的発言が目立っている。おだやかではあるが、千人針と民俗事象を通して、日中戦争を肯定し天皇を讃美する発言をも行なっている。

そして、『同志同行』への二番目の寄稿、第七巻第一号（一九三八年四月一日）の「国語の力二景」では、中国人・韓国人への素朴な差別意識もがかいま見える。一九三三年（昭和八）一二月の九州から故郷への旅の思い出からはじまるが、それが次のような文章として展開する。

「あれから五年たつ。

支那事変の勃発にあうて皇軍は日夜陸続として陸から海から戦線へと向つた。

戦地についた人々からのたよりで私の心を最もひき、且感激せしめたのは、皇軍の朝鮮経由に対して新しい同胞の歓送せる一事であつた。彼等は汽車の通る度に、沿線に、駅に、群集しつゝ、万歳を唱へ、且皇軍の慰問を怠らなかつたといふ。そして又、中には兵隊の手を握り声をふるはせてはげまし泣いた者もあるといふ。彼等はすでに立派な日本人である。日本人である事を誇として居るといふ。（中略）

私は日本の使命の重大さを思ひ、且かうして後からついて来ようとする若い民族の為にも大国民としての自覚と修養を忘れてはならぬと思つた」［宮本 一九三八：一一五頁］。

No.	巻号	年月日	タイトル
1	第6巻第6号	1937年（昭和12）9月1日	万人合力
2	第7巻第1号	1938年（昭和13）4月1日	国語の力二景
3	第7巻第3号	1938年（昭和13）6月1日	言葉・しるし
4	第7巻第6号	1938年（昭和13）9月1日	父祖の教ふる処
5	第7巻第12号	1939年（昭和14）3月1日	東北雪の旅日記
6	第8巻第4号	1939年（昭和14）7月1日	日本民俗学の話
7	第8巻第5号	1939年（昭和14）8月1日	日本民俗学の話（二）
8	第8巻第7号	1939年（昭和14）10月1日	日本民俗学の話（三）
9	第8巻第8号	1939年（昭和14）11月1日	日本民俗学の話（四）
10	第8巻第9号	1939年（昭和14）12月1日	日本民俗学の話（五）
11	第8巻第12号	1940年（昭和15）3月1日	島根の旅
12	第9巻第10号	1941年（昭和16）1月1日	中国山中の旅
13	第10巻第3号	1941年（昭和16）6月1日	芦田公平先生
14	第10巻第6号	1941年（昭和16）9月1日	ナチスドイツの建設
15	第10巻第7号（終刊号）	1941年（昭和16）10月1日	脱穀
16	復刊第2号	1952年（昭和27）6月30日	村の底を流れるもの
17	復刊第4号	1952年（昭和27）10月31日	学術調査

表7　宮本常一『同志同行』掲載論考

植民地下の韓国人に対してみずからを上位に置く意識がかいま見えてしまう。当時の日本人の多くがこうであったと考えられるので、こうした意識は宮本だけが突出していたのではないとも思われるのだが、次のような文章も続く。

「尊い血を流して戦うた人々の功績を無にしてはならない。我々は此度の大事業を占領とか征服とかいふ言葉で片附けてはならぬ。そこに住む人々を少しでも明るくする事である。手をひいて導いてやる事である。

台湾でも、朝鮮でも、南洋でも、日本はすべてあたゝかい手をさしのべた。植民地の文化指導は一体日本ほどあたゝかい心で従つてゐる国があらうか。この手は支那へもさしのべるべきである。否一切の不幸なる国々にさしのべて天皇の御仁徳に浴さしむべきである。

その時彼等は日本語を習つたことを決して後悔はしないであらう。否半島の民の如く、その日本語で心から万歳がとなえられる様になるであらう」〔宮本 一九三八：一一七頁〕。

宮本だけではなく、当時はこれがふつうであったろうが、日本の戦争とそこでの同化政策を無邪気に肯定している。

そして、一本だけではあるが、宮本はヒトラー、ナチスドイツ礼讃の長文を、この『同志同行』に寄せている。

第一〇巻第六号（一九四一年九月一日）の「ナチスドイツの建設」がそれである。文末に脱稿年月日として「一六・八・三」とあるので、日中戦争が続くなか、ハワイ真珠湾攻撃の約四ヶ月前、日本が対アメリカ・イギリスなどへの開戦へ急速に傾斜しつつある時期であった。すでに前年の一九四〇年（昭和一五）九月二七日、日独伊三国軍事同盟が調印され、そして、宮本がこの文章を脱稿した四〇日余前の一九四一年（昭和一六）六月二二日にはドイツ軍が突然ソ連領内に進撃を開始、独ソ戦がはじまった直後である。フランス・ベルギー・オランダ・ノルウェーなどはすでにドイツによって占領されていた。ヒトラーによるヨーロッパ制圧とソ連への進撃に、宮本も幻惑されたのであろうか、ヒトラー礼讃の長文を発表しているのである。

この「ナチスドイツの建設」は、宮本守雄《みやもともりお》というボーイスカウト運動に尽力する友人が刊行したナチスについての著書を読んだというところからはじまる。

「宮本守雄君は私の良友の一人である。血縁的に何のつながりもないが、同姓である事から親しくなつた。君は学校時代から熱心な少年団の研究家であり、実践家であつた。早くイギリスに行き、支那事変勃発当時はドイツに留学し、且ヒトラーユーゲントの連絡将校として日独少年交驩や留学生交換に尽力する所があつた。（中略）私がナチスドイツといふものに目をむけ、耳をかたむける様になつたのは、全くこの友の影響であつた。最近君は『ドイツ勝利の礎――青少年の教育』なる書物を書き、朝日新聞社から刊行される事になつた。私はこの書物を原稿中に読む機会を与へられ、多大の感銘をうけた」［宮本 一九四一 a：四三－四四頁］。

そして、この友人宮本守雄の本を紹介しつつ、ヒトラー礼讃を展開する。もっとも、このなかで宮本は原稿のうちに読んだというこの本のタイトルを『ドイツ勝利の礎――青少年の教育』としているが、現在確認できるのは、朝日新聞社から一九四一年（昭和一六）一一月九日に刊行された宮本守雄『勝利への道――ドイツ青少年教育の実際』であり、宮本が紹介するタイトルとは異なる。刊行の段階でタイトルに変更があったものと思われる。宮本守雄『勝利への道』は、第二次世界大戦緒戦で軍事的勝利をおさめたヒトラー、ナチスドイツについて、それを根底で支えるドイツ青少年団、ヒトラーユーゲントを賞讃し紹介する著作である。そのような意味では、中心はヒトラー、ナチスドイツではなく、ヒトラーユーゲント賞讃が著作全体をつらぬいている。

ところが、宮本常一は、友人宮本守雄の著作に感銘したといいながらも、その文章はヒトラーユーゲントに限定されてはいない。

まずは、領邦国家に分裂して近代国家としての統一が遅れたドイツの歴史と、第一次世界大戦敗戦後の混乱を概観する。そのうえで、「ヒトラー個人の歴史は実に大ドイツ民族国家建設への理想から出発する」〔宮本 一九四一a：五二頁〕といい、ヒトラー礼讃を行なう。『我が闘争』によってヒトラーの前半生とヒトラーからみた第一次世界大戦後のドイツを概観し、ユダヤ人を排除しつつ形成する民族国家としてのナチスドイツを誉めたたえる。

「強力なる民族国家を造るためには先づ歴史認識を深めさせる事である。歴史が今日のドイツ国を決定して居ることを国民に知らしめなければならぬ。もと〳〵ドイツ民族は一であり、且高い農耕文化を持つて居た。それがユダヤ的な文化にわざわひされ、且野蛮人として取扱はれた。（中略）ドイツは先づドイツ国民自身の見方によつて過去のドイツを発見しなければならない。五千年に亘つてこの国土の上に営々としてドイツ民族の世界を営んだ祖先の姿を。（中略）ドイツ民族がかくの如き民族国家を形成するためにはその民族と文化を守らなければならない。民族を守るとは先づ民族の血を純潔にする事である。性慾も国家に奉仕するものとして参加しなければならない。この事のためには混血児を産む事は神の意志に反する罪悪とされ（特にユダヤ人の）穢れたる血は之を後世に残す事が禁ぜられ（断種法）民族の統制を紊すものは共同の敵として排撃されなければならぬ。ドイツが過去二十年の間血を吐く様な苦しみの中にあつた時も、ユダヤ人は自らの生活を守つて金儲けしてゐた。かゝる人たちはその理論よりすれば当然追放さるべきものであらねばならぬ」〔宮本 一九四一a：五八‐五九頁〕。

このように、ユダヤ人迫害を行なうナチスドイツの民族主義を肯定的にえがきつつ、その上ではじめて、宮本はヒトラーユーゲントを紹介する。ヒトラーユーゲントがナチスドイツを支える青年組織であるとし、そこでの教育は次のようなものであるという。

「ナチス世界観を植ゑつける丈でなく兵士への道として射撃訓練、野外訓練、武道、及特殊訓練である。厳格ではあるが友情による自律に基く所に単なるスパルタ式でない暖かさがある。（中略）ヒトラーユーゲントの建物は国民学校とは切離して別の所にあり、国民学校の先生たちは直接関与しない。青少年の指導は三十五歳までのものといふのが原則で、国民学校の先生にはその資格のないものが多い。特に党出身である事を要求する」〔宮本 一九四一ａ：六六頁〕。

『同志同行』は民俗学の雑誌ではなく、もともとは国語教育を中心とする教育雑誌である。戦時下とはいえ、また、強いていえばヒトラーユーゲントが青少年教育と関係するとはいえ、民俗学をめざす宮本――これを執筆した時点では宮本は小学校教員を退職しアチックミューゼアム所員であった――その宮本が、たとえ、友人宮本守雄の刊行予定著作を紹介する形式であるとはいえ、このような、ヒトラー、ナチスドイツ礼讃の文章を書く必然性があっただろうか。しかも、友人宮本守雄の著作に感銘をうけたと言いつつも、そこで紹介されたヒトラーユーゲントに限定せずに、ヒトラー、ナチスドイツ礼讃を行なっている。ハワイ真珠湾攻撃前夜、ナチスドイツによる独ソ開戦、ヨーロッパ戦線でのナチスドイツの攻勢のなか、宮本もそれに幻惑されつつ戦争肯定的発言を行なっていたと考えざるを得なくなってしまう。

とはいっても、『同志同行』に寄稿したすべてがこうした「時局」的発言であったわけではない。第八巻第四号（一九三九年七月一日）から第八巻第九号（一九三九年一二月一日）まで五回連載した「日本民俗学の話」は、日本の民俗学史を概観しつつ、民俗学を概説する本格的論考であった。そこにはいま見たような「時局」的発言はみられず、純粋な学術的論考となっている。そして、もうひとつ特徴的であったのは、宮本が『同志同行』に寄稿した文章のなかに、いずれも人との出会いを中心に語った紀行文とでもいうべき文章がみられることである。

第七巻第一二号（一九三九年三月一日）の「東北雪の旅日記」、第八巻第一二号（一九四〇年三月一日）の「島根の旅――世は情」、第九巻第一〇号（一九四一年一月一日）の「中国山中の旅」がそれにあたる。これらのうち、「東北雪の旅日記」は宮本がいまだ大阪府泉北郡取石尋常高等小学校教員であった一九三八年（昭和一三）一二月末から一九三九年（昭和一四）一月初めにかけて、小学校の冬休みを利用してのフィールドワークを日録風に記したものである。そのためもあろうか、この「東北雪の旅日記」は小学校訪問の記事も多い。また、一二月二八日には『同志同行』を主宰する芦田恵之助を福島県にたずねている。芦田への敬愛を記すが、それにとどまらず、芦田の国語教育論と民俗学の目的が一致しているとして、次のように記している。

「私は少くも同志同行の仲間から言へば、異端に近い一人である。国語教壇については諸兄姉のやうに努力はして居ない。（中略）だが唯一つ、師の読方の御態度は私の学問の上に於ても、そのまゝ生きた、私は民俗学を志すものであるが民俗学は、或は郷土学と解していたゞいても差支へなからう。（中略）郷土に生きる人々の生活の姿、伝承の姿、想念の姿を見て行かうと言ふのである。そしてその生活や伝承が、何を象徴して居るかを読まうとするものである。之が分らねば、日本の真の姿は本当には分からないと考へて居る。或は観念としては分つてゐるだらう。だが客観的な事実としては、誠に曖昧なものがある。かくて郷土人の生活の象徴する所を読むといふ事は、国語読本を読む事と何等変りはないと言ってよい。かふいう自覚の持てたのも師のおかげを蒙る事が頗る多い」〔宮本 一九三九：八一頁〕。

日本の「郷土人」を知るために、『同志同行』と民俗学があり、宮本は芦田からその目的について影響を受けたというのである。

　これに対して、宮本がアチックミューゼアム所員として本格的なフィールドワークを展開するようになってからの作品、「島根の旅――世は情」「中国山中の旅」は、「東北雪の旅日記」に比べて『同志同行』および小学校教育をめぐる発言は減少し、フィールドワークそのものを記すようになっている。「島根の旅――世は情」は、一九三九年（昭和一四）一一月一四日東京を発ち二二日まで島根県を歩いた記録である。[24] このフィールドワークの第一目的は、一九四一年（昭和一六）、『アチックミューゼアム彙報第四八　粒々辛苦・流汗一滴』（アチックミユーゼアム）として刊行される原稿の著者、田中梅治と会うことにあったが、田中を知る島根県の小学校教員森脇太一《もりわきたいち》、大田植研究で知られる牛《うし》尾三千夫《おみちお》などと交流を深めている。いっぽうで、彼らと会う前に出雲の島根半島を歩く。ようやく宿にありついたときの情景である。

「おかみさんに案内せられて二階へ上る時ヒヨイト居間を見ると一面に布団がしいてあつて、子供が沢山寝て居る。私は何だか物なつかしいやうな侘びしいやうな気がした。二階へ上ると、暗い電灯の下に布団が一重と火鉢が一つおいてあるだけ、私はリユクサツクを下して、早速東京の方へハガキを書いた。しばらくすると、おかみが膳を持つて上つて来た。気の毒だが、之で辛抱して呉れといつて出す櫃を見れば麦飯である。子供の時から食ふて育つて来たもので私にはなつかしい。いや宿にありついただけで有難いのである。（中略）東京を出て以来殆ど十分に寝た事がないので、床をのべて横になつた。薄い、そして足をのばせば足首から先は出るやうな敷布団と、紺の大絣の布団一枚である。身体はいつまでも暖まらないで、冷さがシンシンと背中あたりにしみた。併し、野宿するよりはましである。（中略）野宿の思ひ出が私の頭をかすめた。すると次には子供の事が思ひ出された。母や祖母に抱かれて暖かにねて居るだらうかと思ふのである。沖泊の丘から耳について居た汐騒が、ここまで来ても耳につく。火をけして目をつぶつてきいて居るとまことに侘びしい」〔宮本 一九四〇c：一〇五頁〕。

ここに記すのは、フィールドワークそのものではない。あるいは、民俗学そのものでもない。その周辺部分、フィールドワークの過程が、宮本の感情移入をも含めて情景描写される。

「中国山中の旅」は「島根の旅――世は情」の続編とでもいうべき紀行文であり、島根県から広島県を経て再び島根県の石見《いわみ》を経て山口県へと出るフィールドワークである。「島根の旅――世は情」が一一月二二日で終わるので、翌々二四日から一二月三日までを記している。ここでも、民俗学そのものではなく、フィールドワークで出会った人々、さらには、フィールド体験そのものを記す。一一月三〇日朝広島県山中で宿を出て島根県石見へ、雪中峠越えをしようとして出発するときの叙述である。

「夜半から吹雪になつて、夜があけると又一面の白になつてゐた。之で石見の奥へ越えられようかと聞くと、まづ大丈夫であらうと主人がいふ。主婦は私のために小さな釜でわざ〱飯をたいてくれ、それでむすびを作り、ゐろりの火でやいてくれた。かうすれば食べ易いといふのである。主人は道について細々と教へて呉れた。心ばかりのお礼にとおもつて金を出すと、どうしても受けとらうとしない。やつと「それでは五十銭だけ」と言つて五十銭をとつて、御馳走のなかつた事を繰返し〱詫びた。私にはそのつゝましい愛情が有難かつた。「途中で危いと思つたら無理しないで引返して来なさいよ」主人はさういつて門口にたつた。一夜の縁であつたが、それだけに心が残つた。又逢ふやら逢はぬやら…あたゝかなものと、かなしみとを荷の一つに加へた様な気持で雪の道を踏んだ」〔宮本 一九四一b：七六－七七頁〕。

この雪中峠越えは遭難することなく石見に着くことができ、また、石見では宿での旅の石工たちとの交流が続く。ここでも、宮本にとっての宿での心あたたまる出会いを、感情を込めて美しくえがいている。

エッセイというべきか紀行文というべきか、フィールドワークの周辺をえがいた「島根の旅――世は情」「中国山中の旅」の「民俗誌」は、調査当時には刊行されることはなかった。しかし、宮本自身が自選した『宮本常一著作集』第二五巻までのうちの第二三巻（一九七六）に『中国山地民俗採訪録』としておさめられた。その「あとがき」で、「中国山地の旅は私がアチックミューゼアムに入って第一回目の旅であった」「私自身にとっては大変感銘の深い旅で、その紀行文は『村里を行く』の中に「土と共に」と題して収録した。さて見聞をまとめたものはそのまま発表の機会もなく、今日にいたった。当時の原稿の多くは戦災の厄にあって焼失したのだが、この原稿は厄をまぬがれた」［宮本一九七六c：三三七頁］という。『同志同行』に発表された二本の紀行文「島根の旅――世は情」「中国山中の旅」は、「民俗誌」としての『中国山地民俗採訪録』を作成したいっぽうでの、その周辺、フィールド体験じたいを紀行文として叙述したものであった。それを、民間伝承の会機関誌『民間伝承』でも、アチックミューゼアム関係の刊行物でもなく、また、この時点ではまだ継続していた『旅と伝説』でもなく、『同志同行』に寄稿していた。

宮本が『同志同行』に発表した文章は、五回連載の「日本民俗学の話」もあったが、彼が志す民俗学の周辺部分であった。渋沢との出会いで科学と方法を知ったとはいえ、そこから逸脱する部分を、『同志同行』にストレートに提出していたともいえる。それが、ときには、戦争肯定と天皇讃美の発言であり、ヒトラー、ナチスドイツ礼讃でもあり、さらには、このような、フィールドワーク周辺の叙述であった。宮本の志す民俗学でもなく、科学と方法でもなく、そうした枠組から逸脱しているがゆえに、逆にそこに、当時の宮本の思想と感性がストレートに表出しているといってもよいかもしれない。宮本の学問、民俗学とは、その背後にある宮本の思想と感性において、きわめて日本中心的であった。その日本とは、国家としてではなく、社会として、また、日本人としてではあるようにも見え、一見すると政治意識は弱いようにも思われるが、ヒトラー、ナチス礼讃にみられるように、かならずしも政治に無関心ではなかった。

宮本が、なぜ戦争肯定・天皇讃美の文章を書いたのか、なぜヒトラー、ナチスドイツ礼讃をしたのか、その解答を出すことは容易ではない。当時それが一般的で宮本ひとりがそうであったわけではないだろうが、そこには当時の宮本の思想・感性がストレートに表出していると考えておきたいと思う。

なお、宮本がその著作集第二三巻「あとがき」で、中国山地の旅は『村里を行く』のなかの「土と共に」に記したと回想しているが、『村里を行く』は一九四二年（昭和一七）刊行であり、この『同志同行』発表の「島根の旅――世は情」「中国山中の旅」が先行している。宮本の回想にはないが、この二本を文章表現の修正を行なった上で『村里を行く』へ所収し、二本合わせて「土と共に」にしたというのが正確なところであろう。『同志同行』所収の一七本は、この二本と第五一巻所収の「芦田公平先生」を除いて、『宮本常一著作集』には所収されず、また、宮本自身が『同志同行』とのかかわりを回想することもなかった。しかも、『同志同行』の「島根の旅――世は情」「中国山中の旅」が『村里を行く』のなかの「土と共に」であることは、宮本自身によって語られることもなかった。『同志同行』とのかかわり、また、そこに発表した文章は、確かにさなだの『宮本常一の伝説』がいう、晩年の宮本の「沈黙」「省略」「空白」であった。自身の思想・感性をストレートにあらわした『同志同行』寄稿の文章を、宮本は隠蔽しようとしていた、とたしかにそのようにも思われるのである。

二　地域「生活誌」学者としての出発

1　初志としての「生活誌」――『周防大島を中心としたる海の生活誌』

このように、一九三〇年代半ば、宮本は大阪府小学校教員としての生活を続け教育界との関係をも維持しながら、いっぽうで、柳田國男と渋沢敬三の影響のもとで、民俗学徒としての歩みをはじめていた。そして、一九三六年（昭和一一）七月には、すでに述べたように渋沢の依頼によって、単行本としての第一作『アチツクミユーゼアム彙報第一一 周防大島を中心としたる海の生活誌』を刊行する。その学問的な本格的出発が故郷からはじめられていたのである。みずからの延長線上にその出発点があった。すでに『旅と伝説』には故郷周防大島をフィールドとする短報を多く寄稿していたので、その蓄積もあったが、すでに述べたように、『周防大島を中心としたる海の生活誌』刊行の経緯は、一九三五年（昭和一〇）七月三一日〜八月六日の日本民俗学講習会のあと、夏季休暇を利用して集中的調査を行ない一気呵成にまとめあげたものであった。最初の「はじめに」の末尾に脱稿年月日が「昭和十一年二月十一日早朝」とあるので、渋沢から依頼されてから約半年でこの単著を書き下ろしたことになる。なお、宮本は『周防大島を中心としたる海の生活誌』執筆時、一九三五年（昭和一〇）一二月に結婚、翌年一二月、長男千晴が誕生している〔田村編 二〇一二：七四六－七四七頁〕。

それでは、この単行本第一作『周防大島を中心としたる海の生活誌』は、どのような内容を持っているのであろう。

『周防大島を中心としたる海の生活誌』は三部構成をとる。網漁を中心に漁業組織・労働・分配を叙述した第一部「漁業とその制度」、海をめぐる昔話・伝説を並べた第二部「海の物語と信仰」、そして、海をめぐる雑多な生活事象と民俗知識を整理した第三部「海の往来と気象」である。宮本みずからその「はじめに」で、「いはゞあまりに多くの民俗学的でないものが混入してゐる。同時に又採集されてない部分も大きいのである。その故に民俗誌とさへも題し得なかつたのである」〔宮本 一九三六：一一頁〕というように、柳田民俗学の『民間伝承論』『郷土生活の研究法』における三分類、および、山村調査一〇〇項目とは、内容的に一致していない。強いていえば、柳田三分類が、第一部を目で観察できる民俗事象、第二部を耳で聞く民俗事象、第三部を心意感覚とした、この三部構成に合わせようとして、『周防大島を中心としたる海の生活誌』も三部構成をとり、特に、第二部には昔話・伝説を配列したとも思われるが、第一部「漁業とその制度」・第二部「海の物語と信仰」の具体的内容は、柳田三分類の第一部・第二部とほとんど一致していない。

『周防大島を中心としたる海の生活誌』は、明らかに、柳田民俗学的な「民俗誌」ではなく、「生活誌」としての叙述であった。

なんといっても、この『周防大島を中心としたる海の生活誌』の中心は第一部「漁業とその制度」である。「はじめに」の末尾で、「相互扶助制と、親方子方制は社会のたしかに二大制であり、その長短もこの採集に際して考へられた」「さうして単にこの小さな島の問題としてのみでなく、多くの人々にも考へていたゞきたいと思つてゐる」〔宮本 一九三六：一二頁〕というように、親分子分関係による漁業労働組織にせよ、カタブネのような対等関係による漁業労働にせよ、それらが、すでに指摘したようなクロポトキン『相互扶助論』におけるような「相互扶助」による共同労働としてえがかれる。

宮本が親分子分関係による漁業労働でもっともページを割いているのは鰯網である。ムラグミあるいはムラギミ（宮本によれば「村上」の語源とされる）と呼ばれる親方と、デビキ（あるいはオーゴ）と呼ばれる網船に乗り操業する網子、陸から地曳きするオカビキなど、鰯網漁にかかわる組織と役割を説明し、その上で、漁獲の分配と分配後の処理（肥料用）、売買について概説する。しかし宮本は次のような「後家網」を述べることを忘れない。「目ざしの鰯をとるのは大抵四十をすぎた様な後家女で、それが家のおかずにもなれば一年の煮出しにもなつた」「後家たちは網を曳く権利がなかつたので宵の口は出て来ないが、一番網が曳寄ると言ふ様な時分になると、浜の岡の方へ集つて来てボソ〳〵話しながら待つてゐる。火さへ大きく焚きはしない。それが三番四番網となつて夜も更け、岡曳がなくなると、網の者に頼まれて、曳手に加はるのである。かうしたことから、夜遅い網を後家網といふ人もあつた」（傍点・原文）。そして続くのは宮本の感傷である。「今も昔も、女の、而も夫を失つた境涯は侘びしいものであつた。みんなドンダを着て、頬かぶりしたのが、うつむき加減に、時々は思ひ出した様に助平話をして、暗いカンテラの下に網を曳いてゐた姿は忘れられない印象である」［宮本 一九三六：七二頁］。

さらに、夜間の鰯網、「夜曳」は、宮本の経験をもって語られる。

「夜曳が我々には又なくなつかしいものであつた。

その思ひ出を少し書いて見よう。

夜曳の初まるのは大抵突然と言つてよかつた。之を曳くのは名人とも言ふべきムラグミが居て、大抵最初にひきあてるのであつた。旧八月の終から九月の初めへかけて、毎年の様に、強いアヲギタの吹く夜がある。何処の家でも、浜でうつ波の音のうそ寒さに、早く戸をとざしてねたい様な夜である。その網は大抵沖へ出て島の風かげで、風のやはらぐのを待つて、網をおく。（中略）すると見事あたるのである。無論、さうやす〳〵とあたるものではない。時にはスットコ（少しものらない網）もひく事がある。高い波の中をおいて、オカビキもない網の重いのをひいて、而もスットコであるほどみぢめなものはない。が一度のつたとなると、その次の晩からはどの網も出かけ、オカビキも群をなして出はじめる。

網師の目は光り耳は敏感になる。

「今日沖で、鷗がずゐぶん群れてゐた」

などと沖からかへつて来る漁師にきくと、潮の干満、風の具合、平生の鰯の泳ぐ速度などを考へあはせて、その鰯が浦に這入て来る日時を想定する。之は十中八九まで的中する」〔宮本 一九三六：二五頁〕。

これが「夜曳」のはじまりである。「夜曳」の夜は、網が置かれるまでオカビキが陸上で待つ間の楽しみもあった。

「火が燃えはじめると大人たちも集つて来て輪が出来る。星空の冴えたる下で、人々はそれから網のおくまで語る。

話上手な人の周囲へは、集る者が多い。

その火のそばでは主として旅の話が出たものである。年老いた様な人であれば、大抵若い日を木挽なり、大工なり、又船乗りになつて、旅をして来てゐた。さうしてその旅が長ければ長い程、見て来た世間が広ければ広いほど、その人は話上手であつた。

物の怪の話、地方々々の変つた習俗、狐狸の話が、網のおくまで続けられて行くのである。

かうした物恐しい話に、網からのかへるさ、よく後をふりかへつて何物かにおびえたのであるが、それでも話は実にたのしみなものであつた」〔宮本 一九三六：二七－二八頁〕。

このように、宮本の実際の体験がその主観のままに語られ、ふつうの「民俗誌」には登場しない場面が生彩をはなつ。「民俗誌」としてみれば冗長でもあり逸脱である。しかし、こうした生活感こそ宮本が『周防大島を中心としたる海の生活誌』に求めた叙述であり、みずから「民俗誌」ではなく「生活誌」であるといったゆえんでもあった。

宮本が、こうした「生活誌」としての叙述を行なっているためであろう、『周防大島を中心としたる海の生活誌』は過去のみならず、そこからの延長線上に同時代の周防大島をえがくことにも成功している。たとえば、属島沖家《おきか》室《むろ》島における親分子分関係による漁業労働組織を説明しつつ、他地域からの遠洋漁業などのために九州近海の漁獲が減少し、それによって親分子分関係が崩壊しつつある現状を紹介する。続けて次のようにいう。「この遠洋漁業と前後して、島には北米へ渡航するものが増加し、離島者が相ついだ。さうして島に残されたものは、最も力なき仲間と最も富める者とであつた。従つて現在この島に於ける漁師とウチヨリ（有力者）との間には大きな貧富の懸隔があり、中産階級を殆どなくしてしまつたのである」［宮本 一九三六：九二頁］。そして、こうした親分子分関係の動揺は、他地域の資本が入り込む原因を作ったという。

「今沖家室は淡路の清宝会社に権利を売つてゐる。この期間は一年で、その間沖家室の漁民は、他の船に魚を売つてはならないのである。

かういふ新制度の発生は、市場征服、及び漁場征服のよき手段であつて、このため最近ではむしろ生魚会社へ雇はれたる漁夫と言つた形になつてゐるのである。かくて古い親方制度の崩壊は更に、より経済的な一種の親方制とも言はば言ひ得べきものゝ発生へと転化した。而して、島の親方は漸く高利貸的存在と転化して来り、所謂ウチヨリとして、大体海から直接手をひくに至つた。かくの如く、力あるものゝ海よりの退却は漁民にとつては二重の負担で、彼等は未だ、販売組合の一つをすらも持たず、買手のいひなりに売つてゐる有様である」［宮本 一九三六：一〇六―一〇七頁］。

漁業労働組織としての親分子分関係が弛緩することにより、それが経済的搾取―被搾取関係へと転化し、また、子分たちの漁業労働が他地域の資本に従属するようになった状況が説明されている。『周防大島を中心としたる海の生活誌』を書いたときの沖家室島の漁業はこのようなありさまであった。背景には第一次世界大戦後の資本主義経済の発展があったことであろう、資本主義経済が地域漁業を巻き込んでいく一九二〇年代〜三〇年代をえがいてもいる。ルポルタージュといってもよく、過去からの漁業労働組織の変化のなかでこうした現状をえがいたことにより、同時代史とでもいうべき叙述に成功しているともいえる。宮本がみずからいうように、『周防大島を中心としたる海の生活誌』には「民俗誌」あるいは民俗学からの逸脱があった。しかし、そうであるがゆえに、この「生活誌」は、地域密着型モノグラフ、同時代をありのままに表現する地域「生活誌」として成功している。

これに対して、この時期の柳田民俗学および柳田系民俗学は、すでに述べたように、三年間で合計五二ヶ所で実施した山村調査（一九三四－三七）を継続し、一九三七年（昭和一二）に、その最終報告書、柳田國男編『山村生活の研究』を刊行するが、それは地域密着型モノグラフとして完成されたのではなかった。

『山村生活の研究』は、各地域の調査担当者が携帯し書き込み提出した調査ノート『郷土生活研究所採集手帖』を、地域別にそのまま掲載したのではなく、この一冊の整理された報告書として刊行していた。『山村生活の研究』のどこをひもといても、地域別の報告はない。あるのは、研究対象別、項目別の整理である。山村調査の『郷土生活研究所採集手帖』で設定されたのは合計一〇〇項目の調査項目であったが、それをさらに整理して、『山村生活の研究』は合計六五項目によって、地域横断的に項目別の整理を行なう。たとえば、冒頭の一「村の起りと旧家」（大間知篤三）の最初を見るだけでそれは充分であろう。

「愛媛県御槇村の上駄馬《かみだば》は、南北朝時代に肥前松浦から来た松浦山城守源由が開いた所で、今日ある古田《ふるた》といふ田は最初に耕された地であるといふ。其墓も残つて居り、子孫といはれる松浦氏も村に残つて居る。村人は山城様とも地主様とも称して尊敬し、毎年八月十五日には墓前で御祭をして居る。隣の高知県檮原村でも、越知面の開祖は中越豊前守吉高で、応仁年間尾張から来たと称し、長谷の開祖は慶長年間伊勢から来た河上主殿頭だと謂つて居る。此地方の山村一帯に落武者を村の開祖とするものが多く落人伝説が部落毎といつてもよい程に沢山ある。九州では熊本県神瀬村横井部落などは、キリアケ様として祀つて居るのは土肥弥太といふ人で、一族は清正公に従つて朝鮮征伐に出た武家であるといふ。序に大分県旧万年村山浦部落では、下の園は昔百合若大臣が開いたといふ伝説であり、京都府知井村も甲賀三郎兼家が桓武天皇の勅命を奉じて此地へ八鹿《やつしか》を討ちに来て、此地を拝領し子孫が住み着いたのが十苗の起原だといふ」〔柳田編 一九三七：一頁〕。

これは、落人などが草分け百姓となり集落を開発した伝承を列記したものである。歴史伝承としての伝説であるが、『山村生活の研究』では、こうした事象の整理が地域から分断されて取り上げられ、○○ではこうであった、△△ではこうであった、□□ではこうであった、と羅列される。地域の全体像を地域ごとにまとめあげた作品とはなっていない。これが、柳田民俗学および柳田系民俗学によって実施されたはじめての本格的総合民俗調査の完成形態であった。一九三〇年代半ば、完成期の柳田民俗学は地域社会を解明するための学問としてではなく、地域社会を研究対象としながらも地域社会を無視し研究成果をまとめあげる、そうした性格の学問として完成されていた。

もっとも、こうした『山村生活の研究』に対して疑問がまったく提出されなかったわけではなかった。壱岐在住の民俗学者山口《やまぐち》麻太《あさた》郎《ろう》（一八九一－一九八七）が、『民間伝承』第四巻第九号（一九三九年六月）に「民俗資料と村の性格」を発表し、地域社会の視点から、項目・事象羅列の『山村生活の研究』を批判する。山口は次のようにいう。

「山村調査の最終の綜合報告書は『山村生活の研究』として出版された。しかし私は心ひそかに失望したといふよりは是でよいのであらうかと云ふ大なる疑惑に包まれてしまつた。（中略）『山村生活の研究』のみならず其後の一般民俗学の態度が何うも私にはしつくり来ない。個々の生活事象は村の生活から遊離して取扱はれ、村の性格は考慮する事なしに資料価値が決定せられ、各個の郷土生活事象は生活の基地を離れて研究所の試験管に並べられて居る様な気がする」〔山口 一九三九：八頁〕。

『山村生活の研究』における資料整理は、地域社会とその性格を無視しているというのである。そして次のように続ける。

「今少し村の個性を明確にした、村の生活力で直接に迫つて来るものにする訳には行かないのであらうか。現地調査の眼目はそこにあるものではないのか」〔山口 一九三九：八頁〕。

当時、山口の『山村生活の研究』批判は継承者を出すこともなく終わった。しかし、この『山村生活の研究』批判は、実質的には、完成期の柳田民俗学および柳田系民俗学批判でもあった。それが、地域社会そのものを対象とすることとそこでの生活を叙述することの重要性を提起していたのである。

そのような意味では、宮本は『周防大島を中心としたる海の生活誌』をして「民俗誌」ではなく「生活誌」であると、遠慮がちに民俗学ではないといったが、それはむしろ柳田民俗学的でも柳田系民俗学的でもないという意味にとらえることができる。山村調査と『山村生活の研究』がなし得なかった地域社会中心の民俗学を構築する先駆的仕事をなし得ていたといってもよく、正面切った批判としてではないものの、山口麻太郎の批判に先んじて、『周防大島を中心としたる海の生活誌』という作品じたいが、『山村生活の研究』批判としての意味を含んでいた。

『周防大島を中心としたる海の生活誌』の調査と執筆は、くりかえし述べたように、日本民俗学講習会（一九三五年七月三一日〜八月六日）のとき渋沢敬三から依頼され集中的に実施、翌一九三六年（昭和一一）一月一一日までに一気呵成に書きあげられた。翌一九三七年（昭和一二）七月七日、盧溝橋事件をきっかけとする日中全面戦争開始前夜、「国体」乱舞の時代であった。一九三五年（昭和一〇）二月の天皇機関説問題発生と同年八月と一〇月の二度にわたった岡田啓介内閣の国体明徴声明、そして、宮本が『周防大島を中心としたる海の生活誌』を脱稿した一九三六年（昭和一一）二月一一日から一五日後には二・二六事件が起こっている。そうした「国体」乱舞と戦争への時代、そうした時代に、それら「時局」に傾斜することなくそれらとはまったく無関係に、地域社会のなかの日本を叙述し得ていた。「国体」と戦争から距離を置くことで、肥大化したニッポンではなく、あるがままの日本社会をえがき得ていた。

『周防大島を中心としたる海の生活誌』刊行の一年前、天皇機関説問題がいまだ続いていた一九三五年（昭和一〇）四月、『短歌研究』第四巻第四号に、折口信夫が「東京を侮辱するもの」という詩を発表する（「守矢豹司」という筆名を使っている）。

「この国の古典は、つねに　怪奇に澱んでゐる。
　ところが　現実は、軽はづみで、ぷり〳〵と　跳ねかへる」
「われ〳〵の委任状は、たしかに　軽蔑されてゐる。
　雄弁大会の群衆で、渦を巻く　国会議事堂」

さらに次のように続ける。

「おせつかい爺《ヂヾイ》め、につぽんの沓だ。穿《ハ》けとぬかす。
　ろくでなしの　空想で、こさへた　だぶ〳〵の沓をよ」［折口 一九三五：一四六―一四七頁］。

「だぶ〳〵の沓」が乱舞し強制される時代であった。しかし、『周防大島を中心としたる海の生活誌』は、この「だぶ〳〵の沓」を穿くことはなく、日本社会をえがくことに成功していた。「国体」と戦争を批判するまでに到らなくとも、それらに吸収されない、あるいは、迎合しない学問の提出であった。しかし、『周防大島を中心としたる海の生活誌』はそうであったとしても、宮本はいっぽうの『同志同行』発表原稿において、戦争を肯定し、また、ヒトラーおよびナチスドイツ讃美をも行なっている。その「生活誌」の調査と叙述においては、「だぶ〳〵の沓」からまぬがれ得ていた宮本が、いっぽうのエッセイとでもいうべき『同志同行』発表原稿ではそれを肯定しているのはなぜなのか。宮本常一ひとりにかぎった問題なのか、それとも、人文科学全体の問題なのか解答は難しい。ただそこに、ある種の両極分解、不整合が存在していること、そうした課題が残ることを指摘しておきたいと思う。

2 ライフヒストリーと同時代史――『河内国瀧畑左近熊太翁旧事談』

一九三六年（昭和一一）七月『周防大島を中心としたる海の生活誌』から約一年後、翌一九三七年（昭和一二）八月には、早くも宮本は単行本第二作『アチツクミユーゼアム彙報第一三 河内国瀧畑左近熊太翁旧事談』を発表する。この『河内国瀧畑左近熊太翁旧事談』は、現在の大阪府河内長野市瀧畑に住む一九三六年（昭和一一）時点八三歳（数え年の可能性が高いが満年齢として逆算すると一八五三年生まれ）の左近熊太《さこんくまた》というひとりの男性から聞いた話をまとめたものである。小学校教員としての職務のかたわら、一九三四年（昭和九）二月と、一九三六年（昭和一一）二月から一二月にかけて六回、合計七回瀧畑を訪れ、そのうち二回目に熊太を紹介され、この熊太から聞いた話を一冊の本として整理している。

冒頭の「河内瀧畑村入村記」によると、はじめて熊太を訪ねたのは二月一一日であった。

「今年昭和十一年は九年にまさる厳寒の年であつた。葛城連峰は屢々降雪に見舞はれ、山嶺の雪はいよ〳〵白さを増した。さうして西北風は益々吹きつのつた。二月十一日はその寒い一日であつた。十二日が日曜であるからここに此の山村の冬の生活を見るべくバスに乗つたのである。今度は横山村北田中で下車（中略）、さうして瀧畑への道を歩いたのである。雲は垂れ山は暗かつた。（中略）たゞ、この村を真正面から、又裏から、あまさず見ようとする熱情が動いた」〔宮本 一九三七ａ：二頁〕。

瀧畑に入り、熊太を紹介され、その日二時間、そしてまた翌一二日にも話を聞いている。

「翁は今年八十三の高齢だが、目が悪いだけで足腰はいたつてたつしやなものであつた」「翁はその上座（他地方のヨコザ）を占めてゐた。私は翁の左側のヨコザに坐つた。さうしてそれから翁の長子が炭焼から帰つて来られるまでの二時間を話を承つたのである」「翌朝九時、私は又翁の所へ行つた。さうして話をきゝ初めたのである」「翁は話好きで実によく話した。前日の警戒的な所がよほどきえて、気の向くまゝに語り続けた。私はその話の腰ををらぬ様に、だまつてきいてゐた。従つて実に雑然たるもので少しの秩序もなく、まとまりもなかつた。それを出来る丈気をつけて要点を書きとめた。さうしてそれ〴〵の項目に分類したのである」〔宮本 一九三七ａ：三－五頁〕。

これが宮本と熊太とが出会った最初であった。そして、宮本がはじめて熊太と会った一九三六年（昭和一一）二月一一日というのは、単行本第一作『周防大島を中心としたる海の生活誌』を脱稿した日でもあった。すでに紹介したように『周防大島を中心としたる海の生活誌』の「はじめに」の末尾に「昭和十一年二月十一日早朝」とあるので、宮本は『周防大島を中心としたる海の生活誌』を完成させて、その日のうちに、やがて単行本第二作となる瀧畑へのフィールドワークに向かったことになる。「早朝」と記されていることにより、前日から徹夜であった可能性もあり、また、小学校教員でもあった宮本は、二月一一日の小学校での「紀元節」（当時）式典に出席した可能性もあるので、こうした激務を経て瀧畑へ歩いていったものと思われる。驚くべきエネルギーとフットワークの軽さである。
そして、第二回目に瀧畑を訪れた二月一一日・一二日に続いて、第三回目四月一九日、第四回目五月二一日、第五回目八月二五日・二六日・二七日、第六回目一一月第二日曜日、第七回目一二月一三日と、瀧畑を訪れるごとに、熊太から話を聞いている。というよりも、瀧畑訪問が熊太訪問と同義であった。そして、この合計七回の瀧畑調査、実質的には、合計六回の熊太からの聞き書きによってまとめたのが、この『河内国瀧畑左近熊太翁旧事談』であった。[25]『河内国瀧畑左近熊太翁旧事談』はライフヒストリーの先駆でもある。

全体の構成は、「河内瀧畑入村記」「左近翁自叙伝」「村の口碑」「村の功労者」「村の事件」「村の人・生計」「奉公人」「百姓以外の人及他所者」「外来者」「年中行事」「田植」「昔からの仕事」「茶」「村の新しい仕事」「時間」「気象」「村の道」「交易」「垣内・講・茶組」「協力」「灌漑」「村の山」「狩と山神」「家」「制裁」「異常人物」「元服まで」「酒宴（元服祝を例として）」「若者組」「婚姻」「婚姻細説」「二十五歳をすぎて」「家名と人名」「葬制」「女の仕事・生活」「食制」「服制」「火」「世間話」「宮座」「信仰」「憑きもの・妖怪」「民間療法」「雨乞」「虫送・病神送」「六斎」と羅列され、大枠として章立てをするのではなく、項目仕立てで全体が構成され、最後に「索引」を整備している。この項目だけをみると、民俗事象の項目ごとの整理にみえるが、それぞれの内容を細部にわたってまで確認すると、民俗学的ではない生活事象・歴史事象によっていろどられている。

まずは、この『河内国瀧畑左近熊太翁旧事談』における典型的な「民俗誌」的叙述を紹介しよう。

「年中行事」の最初、正月行事は次のような大晦日の叙述からはじまる。

「オーツゴモリの日は晩暗うなつて夕飯を食べると一年中おそくなると言ひ、日のある中に皆麦飯をたべた。麦のない家では、麦の葉を入れたものである。それから鰯を食べた。之は焼いて据ゑるのである。その家内の夫婦の者に据ゑた鰯の頭をとり、それを萩の串をこしらえて挿し、一つはオトグチ（大戸口）一つはキシカケ（石垣）に挿す、鰯の頭だけでなく、モツコク、メツコ、ユヅリハをも添へて串に挿すのである。さうしてキシカケの孔に入れておくと、日が暮れてから子供らが来て、その鰯を焼く。（中略）焼くのは肥松か、竹のたいまつで焼くのであつて、節分の晩にも之を行うたものである。家の人々は夕飯がすむと皆宮へ参った」〔宮本 一九三七a：七七－七八頁〕。

年中行事の叙述はふつう正月行事からはじめるが、その正月行事を大晦日から順番に叙述している。また、「元服まで」の最初は次のような出産産育儀礼からはじまる。

「子はヘヤで生んだ。ヘヤのない家はナカマで生んだ。藁をたがへちがへに七十把つんで、それに布団をおき、もたれかゝつて居た。さうして坐つたまゝ産んだ。ヨナは鎌で切り、鎌を一七夜埋めておく。女のヨナは固いもので、湯か水でもんでちぎらうとしても切れるものではない。（中略）子を生みにくい人は必ず訳がある。男が夜這ひに歩くのも一つはその為で、顔だけでなく、未だ調べねばならぬ所があつたからだ」〔宮本 一九三七a：一七八頁〕。

民俗調査で行なわれるふつうの「民俗誌」的叙述である。ところが、こうした「民俗誌」的叙述のいっぽうで、一般的な「民俗誌」にはない叙述が多いのもこの『河内国瀧畑左近熊太翁旧事談』の特徴であった。

なんといっても、その冒頭に、延々と続く「河内瀧畑入村記」がつけられているのである。これによってすでに紹介した調査概要を知ることができるのだが、一種の紀行文あるいはエッセイとでもいうべき叙述である。たとえば、第三回目の四月一九日に瀧畑を訪れたときの様子は次のようであった。

「四月十八日は土曜日、この日私は宿直であつた。十九日を入村する気になつて、朝起き出でゝ見ると小雨が降つてゐた。新聞を見ると、小雨後晴との事で、少時ぐづ〳〵してゐたが、心をきめて槇尾山行のバスの乗場まで行つた。雲は低く垂れ下つて暗く、今にも雨になりさうな気配だつた。中止しようとも思つたが、雨にぬれ乍ら行く山路を思ふと、やはり出かける気になつた」〔宮本 一九三七a：九頁〕。

そして瀧畑に着いたときを次のように記す。

「小さな尾根を三つ越えると眼下に瀧畑の谷がひらけて来る。上から見下した谷は今真白な李花の盛で、どこかで家でも建てるのか、のみで木に穴をあけるらしい音が、はるかの下から聞えて来る。いかにものんびりした風景である。道の両側は雑木が多くなつて、炭焼小屋を見かけたが人は居ない。子供の声が茂みの中から聞えるのは、日曜で山遊びに来てゐるのであらう。村へ下りる頃はすつかり空も明るくなつて、日の光ももれ初めてゐた」〔宮本 一九三七a：一三頁〕。

「民俗誌」の調査・叙述では、こうした紀行文はあえて必要はない。しかし、『河内国瀧畑左近熊太翁旧事談』には、こうした「河内瀧畑入村記」が続くのである。しかもこの「河内瀧畑入村記」の分量は一～四五ページであり、「索引」まで含めて全三〇五ページの『河内国瀧畑左近熊太翁旧事談』のうち一四・八パーセントを占める。明らかに一般的な「民俗誌」とは異なっていた。これについては、宮本がアジア太平洋戦争敗戦までに刊行した他の作品についてもほぼ同様で、『アチツクミユーゼアムノート第二二 出雲八束郡片句浦民俗聞書』（一九四二）冒頭の「採訪日誌」、『日本常民文化研究所ノート第二〇 吉野西奥民俗採訪録』（一九四二）冒頭の「伝承者の印象その他」、『日本常民文化研究所ノート第二六 屋久島民俗誌』（一九四三）冒頭の「伝承者の印象」において、宮本の主観をまじえた調査の経緯が語られる。調査概要としての意味をも持つが、これら三作もそれにとどまっていない。たとえば、『屋久島民俗誌』冒頭の「伝承者の印象」は次のようにはじまる。

「昭和十五年一月二十七日　晴西風尚強し　夜八時半鹿児島港にて八重嶽丸に乗る。一週間海があれて航海がとまつてゐたので、船の混む事甚しく、船倉に筵を敷き、一枚の上に三人ねる。身動もならぬ。船倉の上には甲板、そこに馬が積んであつて、夜もすがら板を蹴る音がする。海が荒れるので吐く者が多い」〔宮本 一九四三a：二頁〕。

この『屋久島民俗誌』の「伝承者の印象」は翌日屋久島に上陸し、二月九日に屋久島を出航するまでの調査経過が記されるが、あえて書く必要のない調査の周辺まで記録にとどめている。

もうひとつ、一般的な「民俗誌」にはなく、『河内国瀧畑左近熊太翁旧事談』に特徴的な叙述は、『周防大島を中心としたる海の生活誌』にもあったような同時代史である。といっても、それはほぼひとりの話者、左近熊太からの聞き書きの再構成であるから、それはあくまで熊太の目線から見た同時代史を語らしめているにすぎないが、それが熊太の体験による語りであるために、生活感に充ちた社会史とでもいうべき叙述を成功させている。たとえば、一九一〇年代から二〇年代はじめにかけて、第一次世界大戦中から戦後にかけての資本主義経済の発展は、瀧畑では次のようであった。

「大正九年から十二年頃までこの村にノミヤが七軒もあつた事がある。それが皆くらしが立つた程である。酒をのんだり、肉を食うたり、又いい物を食ふのだから、金はいくらあつても足らなかつた。さうして大きいのが先づドン〳〵倒れた。行方不明になつたのもある。紡績へ行つた者もある。併し成功したといふものは未だ一人もない様である」〔宮本 一九三七a：五九頁〕。

村落生活の華美としてこの時期の好景気と不景気の到来が語られている。性生活の変化さえもがある。

「よばひはこの谷七垣内どこへ行つてもよかつた。だから横谷、瀧の尻などへまで出かけた。よばひに行くには家内に知れぬ様に行き、知れぬ様に出て来なければならなかつた。物固い親があつて、男を近付けまいとして戸でもしめて入れん様にでもして置かうものなら、若者はあばれに行つたものである。だからどの家でも障子で寝たものである。之がとまつたのは交番が出来てからであつた。巡査がやかましく言ふ様になつたからである。それから皆戸もたてる様になつた。あれは明治三十五六年頃の事であつただらう」〔宮本 一九三七ａ：一八九－一九〇頁〕。

ヨバイが警察の干渉によってなくなっていたというのである。それでは、そのヨバイの性はどのように変わっていたのだろう。

「今の若い衆は娘の家へ行く者は居らぬ。大抵は店屋に行つてあそぶ。でなかつたら飲み屋へ行つて仲居にてんがうして遊ぶ様になつた。青年訓練所のある晩はそれへ行く。店屋へ出入する所から借金が殖るばかりである。家の仕事だけして居たのではその借が払へぬ。それで木出しに行く様になつた」〔宮本 一九三七ａ：一九〇頁〕。

若者が、ヨバイに行かないかわりに、「店屋」「飲み屋」などでの買春をするようになっているというのである。ヨバイから買春への変貌を、熊太の実見による認識として語っている。もちろん、こうした熊太の語りによる同時代史は、あくまで、熊太の主観にすぎない。たとえば、堕胎と賭博の消滅を次のように語る。

「昔は家が貧乏で子をおろした者が多かつた。ナイショ子などは育てる者はなかつた。それでゐてナイショ子を孕む者は多かつた。之を別に悪いとも思つてゐなかつた。かういふ風の止んだのは明治も終頃になつてゝある。この谷に交番所が出来たのが明治三十六七年頃で、初めて来た巡査が堕胎ばかり探してあげて行つた。大抵六年位懲役に行つた。さうした女が何人もあつた。併しこの事があつてやめた。次の巡査は又バクチばかりあげた。女はシガツパといふバクチをよくした。さうした女たちもあげられた。それでバクチもうんと減つた」〔宮本 一九三七ａ：六九頁〕。

堕胎と賭博も、この瀧畑に交番ができることによって、徐々に消滅していったという。時代的には、それは明治三六年・三七年（一九〇三年・一九〇四年）以降のできごととされる。熊太にとって、常設交番とそこに勤務する巡査の存在が村落社会の性生活を変化させていったと認識されていたのであろう。もちろん、これが熊太の認識どおりであった可能性もあり、逆に、それはあくまで熊太の主観あるいは思い込みにすぎない可能性もある。事実と確定することはできず、あくまで、熊太にとっての「事実」であったと考えなければならない。しかし、どのような事実であってさえも、事実とは、こうした主観に基づいた「事実」を照合して、あるいは、複合して、第三者が事実として再編成し確定するのであるから、なんであれ、個々の語りにせよ文献記録にせよ、それらひとつひとつは主観的「事実」にすぎないのであって、熊太の語りもそうしたひとつであった。

もっともわかりやすいところでいうと、この堕胎の消滅を語るところで、熊太は堕胎罪で検挙された女は、「大抵六年位懲役に行つた」と言っている。しかし、当時の刑法のなかにある堕胎罪は、堕胎した本人の最高刑は禁錮六ヶ月である。一九〇七年（明治四〇）に改定された刑法でも（施行は翌年）最高刑は懲役一年である。六年の刑期は堕胎罪ではあり得なかった。しかし、これをして熊太の事実誤認とすることは無意味なのである。むしろ、熊太が刑期を長期の六年と認識していたその「事実」認識の理由がどこにあったのかを考える必要があろうというものである。

このように、「記憶」のなかに潜在する「歴史」、人間の「記憶」のなかに再構成されている同時代の「歴史」を、生のまま提出し同時代史を叙述していたのが、この『河内国瀧畑左近熊太翁旧事談』であった。宮本がこうした叙述を意識的に行なっていたかどうかはわからないが、すくなくとも、人間の意識に潜在する「記憶」による同時代史の再構成、これを理屈抜きで成功させている。

このように、『河内国瀧畑左近熊太翁旧事談』は「民俗誌」であるだけではなく、紀行文あるいはエッセイでもあり、はたまた、「記憶」による同時代史でもあった。民俗学者をこころざし、柳田民俗学を懸命に学習し、また、しようとしていた宮本であったが、そのもっとも生彩をはなった叙述は忠実な「民俗誌」にあったのではなく、紀行文的叙述と同時代史のなかに存在していた。『周防大島を中心としたる海の生活誌』に続いて、この単行本第二作『河内国瀧畑左近熊太翁旧事談』においても、その出発点から、民俗学と「民俗誌」であることを含みつつ、しかし、それらの枠組をこえる学問形成が行なわれている。

柳田民俗学に忠実であろうとして冒頭の「例言」のなかで「民俗語彙は柳田先生の民間伝承論に従つて一・二・三の部門に分けて見た」［宮本 一九三七a：一四頁］と言い、巻末に付記した二〇ページ余の詳細な「索引」でさえも、民俗学にとどまってはいなかった。「索引」は一「年表」、二「単位」、三「年中行事」、四「地名」、五「家名・人名・其他」、六「動植物」、七「民俗その他」の七項目に分け、そのうち、七「民俗その他」の内部が「第一部生活技術」「第二部言語芸術」「第三部心意物象」の柳田民俗学の三分類による。三「年中行事」は、柳田民俗学でいえば、七「民俗その他」のなかの「第一部生活技術」に含まれるが、これは一月から一二月までの年中行事一覧とでもいうべき項目の羅列であり、年中行事関係の語彙は七「民俗その他」にも含まれている。しかし、たとえば、一「年表」は左近の個人史年表また瀧畑の地域史年表でもあり、二「単位」は度量衡と生活との関係を、四「地名」は左近と瀧畑の生活圏を、五「家名・人名・其他」は左近と瀧畑の社会を、六「動植物」は自然誌を、それぞれ表現している。「索引」の分類すらも、民俗学と「民俗誌」を含み込みつつ、しかし、それらを超えていたのである。

3 「民俗誌を少なくも五十冊は書きあげたい」――『出雲八束郡片句浦民俗聞書』『吉野西奥民俗採訪録』『屋久島民俗誌』

単行本第一作『周防大島を中心としたる海の生活誌』（一九三六）・単行本第二作『河内国瀧畑左近熊太翁旧事談』（一九三七）は、小学校教員時代の作品であった。しかし、宮本は、一九三九年（昭和一四）九月三〇日退職し、翌月上京、渋沢敬三の主宰するアチックミューゼアム所員となる。教職のあいまではなく、エネルギーのすべてをフィールドワークと文献検索に注ぎ込み、宮本の学問が本格的に展開されることになる。すでに紹介した中国山地のフィールドワークはその最初であり、桜田勝徳と同道した静岡県伊豆地方・鹿児島県宝島調査はその翌年一九四〇年（昭和一五）であった。もちろんフィールドワークはそれだけにとどまっていない。東北地方から九州島嶼部まで日本列島全域に及ぶようになっていた。

その目的は「民俗誌を少なくも五十冊は書きあげたい」と考えていたというのである〔宮本 一九五五a：九四頁〕。『周防大島を中心としたる海の生活誌』『河内国瀧畑左近熊太翁旧事談』におけるような「生活誌」でも同時代史でもない、五〇冊の「民俗誌」を独力で完成させようとしていた。「しかも四十才まではまったくのデッサンのつもりであった。一人によって書かれた五十冊の地方民俗誌は、なんらかの意味できっと役立つに違いないと思った」〔宮本 一九五五a：九四頁〕。壮大な計画である。アジア太平洋戦争と空襲によって調査資料・原稿を焼失しなかったならば、ほんとうに実現していたかもしれない。しかしそれは、計画の何分の一かの実現で終わった。

「七月九日の堺市空襲のとばっちりを受けて、いっさいを灰にしたのである。旅行や業務のかたわら、孜々として書きあげた原稿が一万二千枚ほどあった。抜き書きしたカードもそれほどあった。未整理の採集ノートが百冊も残っていた。写真も千枚ほどうつしていた。そういうものもいっさい消散した。さいわいにして原稿の一部が東京で助かっていたことのわかったのはありがたかったが、それは調査資料の何十分の一にあたるものであった」〔宮本 一九五五a：一〇二頁〕。一九四五年（昭和二〇）七月、アジア太平洋戦争敗戦直前のことであった。刊行前に、調査資料・原稿のほとんどを、空襲で自宅とともに焼かれてしまったのである。「落胆はしなかったが、再びこの学問に情熱をかたむけるにはおそすぎるように思われた」〔宮本 一九五五a：一〇二頁〕。調査資料・原稿のほとんどを焼失した宮本にとって、これが正直な述懐であろう。

　この焼失が宮本の学問におよぼした影響については、あとで述べたいが、計画した五〇冊の「民俗誌」のうち、この焼失までに刊行されたのは、『アチックミューゼアムノート第二二 出雲八束郡片句浦民俗聞書』（一九四二）・『日本常民文化研究所ノート第二〇 吉野西奥民俗採訪録』（一九四二）・『日本常民文化研究所ノート第二六 屋久島民俗誌』（一九四三）の三冊にすぎなかった。それでも、焼失をまぬがれた原稿がのちに『宮本常一著作集』のなかで刊行されたが、それも第一七巻（一九七四）所収『宝島民俗誌』と第二三巻（一九七六）所収『中国山地民俗採訪録』にすぎず、また、「全国民俗誌叢書二」（三省堂）として刊行された『越前石徹白民俗誌』（一九四九）と、「常民文化叢書一」（慶友社）として刊行された『大隅半島民俗採訪録』（一九六八）を含めても、焼失をまぬがれ得た「民俗誌」は合計四冊にすぎなかった。したがって、五〇冊の刊行を考えた「民俗誌」のうち、完全体として刊行できたのは三冊、焼失をまぬがれた原稿・資料を再整理して刊行できたのは四冊、宮本は総計七冊を刊行したにすぎなかった[26]。計画した五〇冊から比べればわずかである。もっともこの総計七冊のみであったとしても、驚くべき調査量・執筆速度である。

　それでは、小学校教員を退職したのちの宮本の学問は、どのように展開していったのであろう。目的としたのはあくまで「民俗誌」であった。

タイトルから見ても、小学校教員時代の単行本第一作の『周防大島を中心としたる海の生活誌』と単行本第二作の『河内国瀧畑左近熊太翁旧事談』のいずれもが「民俗」を冠していないのに対して、これらアチックミューゼアム入所後のフィールドワークによる「民俗誌」には、「民俗聞書」「民俗誌」「民俗採訪録」などいずれも「民俗」の文字が含まれている。民俗学からの逸脱を抑制し、一般的な民俗学者としての自己形成を行なおうとしたのであろう。

アジア太平洋戦争敗戦以前に刊行された『出雲八束郡片句浦民俗聞書』『吉野西奥民俗採訪録』『屋久島民俗誌』の三冊をみただけでも、『周防大島を中心としたる海の生活誌』『河内国瀧畑左近熊太翁旧事談』と比べて、これらは一般的な民俗学、「民俗誌」として調査・編集されている。たとえば、これら三冊の「民俗誌」のうち最初に刊行され、また、宮本のアチックミューゼアム入所後最初のフィールドワーク（『同志同行』にも紀行文「島根の旅——世は情」「中国山中の旅」を発表した中国地方のフィールドワーク）でもあった『出雲八束郡片句浦民俗聞書』は、冒頭の「採訪日記」を除けば、「概観」「村の変遷に関する口碑」「住・衣・食」「漁業」「労働」「村」「聯合」「家・親族」「婚姻」「産育」「葬儀」「年中行事・祭礼」「手結の宮座と頭びらき」「信仰その他」「星・風位・潮」で構成される。村落概観にはじまりケの生活様式、衣食住・生産生業の人間生活の基本をえがき、村落構造・家族親族により村落社会の構造・機能を明らかにした上で、ハレの生活様式、人生儀礼・年中行事・民間信仰、さらには、口承文芸・民俗芸能をえがいている。一般的な「民俗誌」の構成と、その配列も含めてほぼ一致している。『吉野西奥民俗採訪録』は広域の吉野西奥地方をフィールドとしているために、行政村ごとに叙述され、その叙述も行政村ごとに濃淡があるが、たとえば、十津川村は、「概観」「村の変遷」「住居」「衣服」「食物」「生業と労働」「人の往来」「村の組織」「若者組」「家・分家」「婚姻」「出産から死まで」「祭礼と宮座」「俗信その他」で構成され、これもその配列も含めて、一般的な「民俗誌」としての叙述である。『屋久島民俗誌』は章立てをせず三三項目による細分化した構成をとるが、これも同様の配列である。

実際の叙述をみても、「民俗誌」に要請される抑制された筆致が多い。紀行文あるいはエッセイのような、宮本の主観・感性の露出が少ない。たとえば、『出雲八束郡片句浦民俗聞書』の「年中行事・祭礼」の最初「シメカザリ」は次のような叙述である。

「シメカザリは文章のみではやゝ要を得ない程複雑である。而してそのやり方は姓に関係がある。村内は大きく山本家系と中村家系に分けられる。先づ山本家について見る。神は通常表と台所に祭り、表を神床、台所を神棚といふ。神棚は長押より上の高い所に祀つてあり、歳徳神である。多くは箱形の中におさまつてゐる。この両側にワカマツをかざる。（中略）ワカマツは自分の持山でも区有林へでも勝手にとりに行き、その方角などは言はない。枝の四方によく出てしんの真直ぐなものであればよい。ワカマツとワカマツをシメナワでつなぐ。ワカマツに小蜜柑を十二、閏年は十三吊す」［宮本 一九四二a：五〇頁］。

また、『吉野西奥民俗採訪録』十津川村の「出産から死まで」の「産屋」は、次のようなものであった。

「十津川本流筋（中野区一帯）では子供はウスヤで生んだ。ウスヤは土間の事であるが、家によつては土間の向うに小さい間を作つてゐるものもあつた。東区（北山川流域即ち上葛川、玉置川方面）では二畳か三畳位の狭い間があつてそこで生んだのであるが、子を生む様に仕度する事をサンヤをタテルといひ、生れた子が男であれば、弓、矢を樫の棒の先にくゝつて屋外にたてた。女の子の場合には之をたてなかつた。三村区（温泉地附近）では産はネマで行うた。後に藁束をおいて坐つて生んだ。十五日位ここにゐた。間敷の少いものはカツテのゐろりの側などで生んだ」

〔宮本 一九四二b：四七三頁〕。

このように、アチックミューゼアム入所後、本格的なフィールドワーカーとして立った宮本は、「民俗誌」としてのモノグラフの完成を目ざした。それでも、これらの「民俗誌」には、宮本の主観・感性が混入する場面がある。それは、『河内国瀧畑左近熊太翁旧事談』の分析で指摘したように、これらの「民俗誌」の冒頭に、かならず「採訪日誌」（『出雲八束郡片句浦民俗聞書』）・「伝承者の印象その他」（『吉野西奥民俗採訪録』）・「伝承者の印象」（『屋久島民俗誌』）といった、調査じたいの周辺部分、調査地をめぐる主観・感情が載せられていることであった。たとえば、『屋久島民俗誌』の冒頭「伝承者の印象」で、すでに鹿児島港を出港したときの調査日誌を紹介したが、次はそのあとに続く屋久島への上陸時の様子である。

「一月二十八日　曇　暁種子島西之表に着く。客の大半は上陸。多くは入営兵を見送つて行つた人々である。午後一時屋久島安房につく。屋久島は冬も緑の深い島である。南岸の原まで歩く。道は海岸台上の平地を行く。甘藷畑、桜島大根、つわ蕗、炭焼、羊歯など目につく。夕方原の小学校に岩川和吉校長を訪ふ。〔中略〕温厚にして篤実な方、永田、一湊、宮之浦等の校長を歴て、一旦退職して再びこの小学校に出られた。その令嬢と宿直室に住つて居られる。島内各地の事にかくの如く通じた方は又とあるまい。事情を話すと、明朝麦生の鎌田老人をよび迎へ様との事である。その夜年中行事、山仕事などについて聞く」〔宮本 一九四三a：一頁〕。

主観・感性は抑制され淡々とした筆致である。それでも、注意深く読むと、種子島で下船した客が出征兵の見送りだったこと、あるいは、小学校校長が自宅ではなく宿直室に住むことなど、ふつうの「民俗誌」では洩れがちな、同時代をうかがわせる叙述が顔を出す。一般的な「民俗誌」作成を目的とし、ふつうの民俗学者を目ざしながらも、そうなり得ない宮本の姿が見え隠れする。

一九四〇年（昭和一五）に執筆したが、焼失しなかった原稿をのちに刊行した『大隅半島民俗採訪録』（一九六八）も、「民俗誌」の周辺部分を「昭和一五年旅日記」として発表していて、分量も全一六五頁のうち三頁から二六頁まで延々と続き（一三・九％）、再訪した一九六二年（昭和三七）の「昭和三七年旅日記」もさらに二七頁から五八頁まで続き（一八・八％）、分量だけでなく、叙述も全集落ごとに記された「民俗誌」よりも生彩をはなつほどである。たとえば、一九四〇年（昭和一五）二月一三日、佐多岬へ向かう途中、裸足で小学校へ登校していく子供たちを見、さらに、娘たちと出会い会話をする光景は次のようであった。

「低い峠をこえると畠が多くなる。若い女たちがカルイを負うてのぼって来る。向うから挨拶してくれる。こういう所はきっとすばらしい採集のできる地だと思われる。そこで女をよびとめて負うているものから着物履物まできいてみる。笑いながら答えてくれるのだがわるびれた所は少しもない。（中略）「このあたりの女の人は着物を短く着て皆赤い腰巻を見せていますね」というと、「この方が美しいでしょう」と卒直に言った。「美しいですね」と笑って別れたのだが如何にも素直に思えた」［宮本 一九六八b：九頁］。

カルイを背負った娘たちの着物の裾から赤い腰巻きが見える、そんな光景がどこかのどかに、そして、健康的にえがかれている。南国とはいえ真冬である。畑地を行く娘の赤い腰巻きはあでやかであったことだろう。

そのような意味では、一九四五年（昭和二〇）七月、大阪府堺市へのアメリカ軍機の爆撃によって、家と調査資料・原稿の大半を焼失し、五〇冊の「民俗誌」作成を断念せざるを得なくなったことは、確実な挫折ではあったが、結果としてみれば、とおりいっぺんの民俗学者、柳田民俗学への追従者であることを捨てさせるよい機会でもあった。一九四五年（昭和二〇）以後のフィールドワークは、あらたに「民俗誌」作成を目ざして行なわれることはなかった。その後は、宮本色を押し出す、そうしたフィールドワークと叙述が結実していくことになる。

4 体系民俗学――『民間暦』

宮本が、一九三九年（昭和一四）九月小学校教員を退職し、翌一〇月からアチック・ミューゼアム所員として本格的なフィールドワークをくりかえし「民俗誌を少なくも五十冊は書きあげたい」と考えていた時期は、そうではない体系民俗学的著作を発表してもいる。宮本には、一貫して、みずからを「民俗誌」あるいは「生活誌」叙述者として自己規定し、紀行文・エッセイなどにそれが拡大されることがあっても、特定の民俗事象に対象を限定してそれを分析する志向は弱かった。ところが、例外的に、宮本が分析的な対象設定をしていたのが年中行事研究であった。それも、すでに紹介した、発表は一九五一年（昭和二六）七月『民俗学研究』第二輯であったが、脱稿は一九四四年（昭和一九）であった「亥の子行事――刈上祭」と、書き下ろしの単著『民間暦』（一九四二）に示されるように、アジア太平洋戦争敗戦以前に行なわれていた。宮本は、その後、体系民俗学的著作を積極的に発表することはなく、こうした仕事も原稿・資料の大半を爆撃で焼失するまでに限られている。

「民俗誌」作成にもっともエネルギーをそそぎこんだ時期は、宮本が体系民俗学的な分析対象を設定していた時期でもあったのである。「亥の子行事――刈上祭」はすでに紹介したので、こうした体系民俗学的著作の代表として『民間暦』をみてみよう。『民間暦』は、一九四二年（昭和一七）八月三〇日、六人社の発行する「民俗選書」の一冊として刊行された。「民俗選書」は、他に、桜田勝徳『漁人』（一九四二）・瀬川清子『きもの』（一九四二）・橋浦泰雄『民俗採訪』（一九四三）・柳田國男『国史と民俗学』（一九四四）・山口貞夫『地理と民俗』（一九四四）があり、たとえば、瀬川『きもの』の再版（一九四三年四月三〇日）の広告に、「大日本民俗選書」として「現下複雑多岐なる世界情勢に善処しつゝ、将来日本の世界的地位を確立するためには、日本精神の確固たる把握を必要とする。本社はこゝに見るところあり、斯界の権威柳田國男先生を煩はし、郷土生活研究《（ママ）》会同人その他の協力によつて、「民俗選書」を刊行し、以つて我国固有の民俗精神を具体的に鮮明にし、且つ日本精神の本質を明らかにしようとする」とキャッチコピーがあり、広告上では民俗学を戦時下に利用しようとする傾向が強いが、内容的には戦時色の少ないシリーズである。宮本の『民間暦』も、あとでみる翌一九四三年（昭和一八）の「女性叢書」の二著『村里を行く』『家郷の訓』とは異なり戦時色はなく、民俗学的叙述に終始している。

『民間暦』は第一部と第二部の全二部構成をとる。第一部では、年中行事研究の研究史を概観し、制定暦に対して「民間暦」を対置させ、たとえば、大正月に対して小正月を重視する。また、現在でも年中行事調査をした経験のある者なら気づく年中行事の集落ごとあるいは家ごとの微妙な偏差、そうした年中行事の地域差と個体差への留意、さらには、年中行事の伝播、集落の形成と人間の移動によるそれにもふれ、実質的に周圏論以外の伝播を重視する。こうした概観のもとで、第二部は年中行事の構造を説明する。物忌みにはじまり神送りまで、年中行事を儀礼として把握し、さらには、儀礼の重要な要素としての依代（招代）・まれびとを具体的事例をもってして説明する。したがって、宮本の『民間暦』は、年中行事の概説書としての性格を持ちながらも、正月行事から順番に解説し、いっぽうの重要行事である盆行事を経て秋の収穫祭を叙述する、そうしたふつうありがちな年中行事の概説書ではない。むしろ、年中行事を素材とした儀礼研究書とでもいうべき性格さえも持っている。「民俗誌を少なくも五十冊は書きあげたい」と考えていた宮本らしからぬ叙述形態であった。

ただ、ここでも柳田國男は重要な存在であった。「あとがき」で「この書物の論旨の殆どは柳田先生のお説を復誦してゐる様なものである。それも悪くすると誤つてゐる所が多いであらう。いはゞ先生から教へられた事を、学校に於ける答案の様なつもりで書いたのである。そしてこの書のテキストとなつたものは歳時習俗語彙である」〔宮本 一九四二c：二七二頁〕といい、柳田の年中行事研究の祖述であるという。『歳時習俗語彙』とは、一九三九年（昭和一四）一月、民間伝承の会を発行元として刊行された柳田編の年中行事資料集であり、語彙を収集基準として、正月行事から順番に日本列島各地の年中行事を羅列している。『歳時習俗語彙』は、柳田が『旅と伝説』第六年三月号（一九三三年三月）から第七年第四号（一九三四年四月）まで一二回にわたって連載した「年中行事調査標目」を再編集して完成させた年中行事事例集を加筆・修正したものであり、宮本は『歳時習俗語彙』がまとめられる以前から、この「年中行事調査標目」によって年中行事の学習につとめていたという。『旅と伝説』誌の連載であるために、「見るのに甚だ不便なので人にたのんでノートに概略をうつしとつてもらつた。之が三冊になつた。とぢあはせて一冊となし、所蔵して愛用してゐると歳時習俗語彙が出た。『旅と伝説』に出たものより、更に一段と整理せられてゐる。之は全く嬉しかつた」〔宮本 一九四二c：二七三－二七四頁〕というのである。

しかし、宮本はこのようにいうものの、「年中行事調査標目」と『歳時習俗語彙』の内容は、語彙によった事例集であって、宮本が『民間暦』で構成したような儀礼分析を行なっているわけではない。そのような意味では、『民間暦』は宮本がみずからいうほど柳田民俗学的著作であったわけではない。むしろ、おなじく「あとがき」のなかで、「歳時習俗語彙を中心にして、折口博士の年中行事を参考に、自己流に組みたてて見る気になつた」〔宮本 一九四二c：二七五頁〕というように、柳田の『歳時習俗語彙』によって事例研究を、折口信夫の「年中行事」によって儀礼分析的研究を行ない、『民間暦』を完成させたといった方が適切であろう。折口の「年中行事」とは、『民俗学』第二巻第八号・第一

○号（一九三〇年八月・一〇月）掲載の論考であるが、ここで折口は年中行事の特徴を「繰り返し」にあるとし、その「繰り返し」を来訪神への「神迎え」から「神送り」までの儀礼の過程として説明する。宮本の『民間暦』、なかでも特にその第二部（「物忌」「みそぎはらひ」「籠居」「齋主」「神を招く木」「訪れる神」「神送り」「祝言」「年占」「除厄」「むすび」）は、折口「年中行事」から年中行事を儀礼の過程として把握する方法を学びつつ、宮本なりに具体的民俗事象に即して構成していったといった方が適切であろう。

宮本はその分析的著作においてすらも、言葉では柳田民俗学を前面に押し出しつつも、その実際の内容はそこからズレていたのである。「民俗誌」を目的としつつもそれからの逸脱があっただけではなく、民俗事象の分析においてすらも柳田民俗学からの逸脱があったことになる。

これについては、宮本が『民間暦』を刊行した一九四二年（昭和一七）とほぼ同時期、他の民俗学者が発表した年中行事研究の代表的な二著と比べてみてもその特徴をうかがうことができよう。二著とは、ひとつは木曜会以来の柳田系民俗学者であった倉田《くらた》一郎《いちろう》（一九〇六－四七）の『農と民俗学』（一九四四）、もうひとつはすでにこの時期柳田系民俗学とは距離があった早川孝太郎《はやかわこうたろう》（一八八九－一九五六）の『農と祭』（一九四二）である。

倉田の『農と民俗学』は、一九四四年（昭和一九）七月一九日、宮本の『民間暦』から約二年後、同じ六人社から刊行された（「民俗選書」ではない）。アジア太平洋戦争敗戦の約一年前であるが、戦時色をうかがわせる発言はなく、全五章立て、第一章「予祝祭」・第二章「農と労働組織」・第三章「農と農神」・第四章「農と節供」・第五章「収穫祭」は、「農」といいつつもそれはイコール稲作を意味し、全編柳田民俗学的に稲作農耕儀礼を祖述した年中行事概観となっている。たとえば、第二章「農と労働組織」は、柳田の「野の言葉」（一九二九）・「厄介及び居候」（一九三一）・「大家族と小家族」(一九四〇)・「誕生と成年式」(一九四一)のオヤ・コ論をベースにしたものであろう、大家族＝労働組織を基本とした農業労働組織の概説、第三章「農と農神」は柳田民俗学の田の神・山の神の去来信仰学説の詳述である。

この倉田の『農と民俗学』に対して、早川の『農と祭』は柳田民俗学とはやや異なる。早川の『農と祭』は、正確にいえば、一九四二年(昭和一七)六月二〇日刊行なので、同年八月三〇日刊行の宮本の『民間暦』に約二ヶ月先んじている。そしてまた、この『農と祭』にも戦時色はみられない。『三州横山話』(一九二一)・『猪・鹿・狸』(一九二六)・『花祭 前篇』『花祭 後篇』(一九三〇)をはじめ数多くのすぐれたモノグラフを作成し、渋沢敬三やアチックミューゼアムとも関係の深かった早川の年中行事研究がこの『農と祭』であった。早川はこの時期柳田民俗学とは疎遠になっていたとはいえ、『農と祭』では、たとえば、「田の神・山の神」の章をたて去来信仰論を説くなど、柳田民俗学の祖述も多い。ところが、叙述の方法は、画家としての観察眼を持ちすぐれたフィールドワーカーであった早川らしく、「あい・ゆひ・しめ」「正月習俗と農業」の章では、年中行事に作られる象徴的なモノのスケッチを多用し、村落共同体の生活や農業儀礼を説明するなど、結論は柳田民俗学と類似していても、その叙述方法は大きく異なっている。また、「盆と収穫祭」は、柳田民俗学もそうであり倉田の『農と民俗学』も一貫して稲作農耕儀礼を中心として年中行事を概観したのに対して、民俗学ではおそらくはじめて畑作農耕儀礼として年中行事の位置づけを行なっている。たとえば、盆が小麦(畑作)の収穫祭としての性格を持つのではないかというのである。すでに、『農と稗』(一九三九)・『稗と民俗』(一九三九)などによって、稗をはじめとする雑穀文化の重要性を説いた早川ならではの指摘であった。

早川が宮本に先んじてはいたが、ともにすぐれたフィールドワーカーであり、渋沢やアチックミューゼアムとも関係の深かった二人が、倉田とは異なり、柳田民俗学の稲作中心学説の祖述から逸脱していたことは偶然ではなかったかもしれない。あとで述べるが、『民間暦』ではいまだ指摘はなかったが、アジア太平洋戦争敗戦後一九六〇年代に入り、宮本もまた複合畑作農耕文化論を提出し、柳田民俗学および柳田系民俗学における稲作中心の単一文化論を批判するようになる。ともにすぐれたフィールドワーカーであった宮本と早川とが、そのフィールドワークの蓄積に基づき、複合畑作農耕文化論を展開し得るようになっていたのである。

三　保守主義者としての完成

1　村落レベルからの「大日本帝国」――『村里を行く』

一九三九年（昭和一四）一〇月アチックミューゼアム所員となってからの宮本は、日本列島各地へのフィールドワークと、その成果の整理、「民俗誌」執筆にあけくれていた。そのタフな調査・研究活動はよく知られ、また、みずからも『民俗学の旅』のなかの「アチック・ミューゼアムに入る」「民俗調査の旅」で語っている。しかし、アジア太平洋戦争はその調査・研究にも大きく影響を及ぼすようになる。一九四一年（昭和一六）一二月八日のハワイ真珠湾攻撃によるアメリカ・イギリス・フランス・オランダなどとの全面戦争の開始、継続していた日中戦争の拡大は、宮本の調査・研究を事実上中止させる。

まずは、アチックミューゼアムを主宰する渋沢敬三の、研究者としての側面ではなく、財界の重鎮としての役割に変化があらわれたことであった。一九四二年（昭和一七）秋頃には、アチックミューゼアムが英語から日本語の日本常民文化研究所と改称する。渋沢は、一九四二年（昭和一七）日本銀行副総裁、一九四四年（昭和一九）同総裁となり、戦時下の経済界の主導者となる。同時に、渋沢は第一銀行をはじめ関係会社役員をすべて辞職したため、アチックミューゼアム運営の経済的基盤であるその収入は激減する。渋沢も研究を継続できる環境ではなかった。一九四三年（昭和一八）一月、宮本はその渋沢からフィールドワークの中止を求められるようになっていた。その事情は、宮本が『民俗学の旅』で語っているとおりであろう。

「昭和十八年一月には三河の花祭を見にいった。その旅から帰って来ると渋沢先生から今年はもう旅をやめるようにと言いわたされた。先生は日銀の副総裁になり、その研究生活も中止状態になった。それだけでなく学問の話もほとんどされなくなった。それよりも何よりも先生の収入が著しく減った。第一銀行副頭取のときは、そのほかにも多くの会社の重役をしており、そこから得られる収入が多かったが、日本銀行副総裁になると民間企業の重役を全部やめてしまった。それに敗戦へ向っての準備もしておかねばならなかった」［宮本 一九七八a：一一〇頁］。

アジア太平洋戦争敗戦前の宮本のフィールドワークは、一九四五年（昭和二〇）七月の大阪府堺市爆撃で調査資料・原稿を焼失させられる以前、すでに一九四三年（昭和一八）一月の段階で中止を余儀なくされていた。それでも、宮本は、アチックミューゼアム所員として、宮本馨太郎などとともに、保谷民族学博物館収集資料の整理にあたったが、同年末の一二月には大阪府堺市の自宅に戻り、一九四五年（昭和二〇）四月まで奈良県立郡山中学校嘱託教員となる［田村 二〇〇四：五六三―五六四頁］。

このような、フィールドワークの実践が不可能になっていた一九四三年（昭和一八）、宮本は二冊の本を刊行する。ひとつは一九四三年（昭和一八）七月八日発行の『家郷《かきょう》の訓《おしえ》』（三国書房）、もうひとつは同年一二月二〇日発行のすでに簡単に紹介した『村里を行く』（三国書房）である。『家郷の訓』は、故郷周防大島および自分自身をフィールドとしながら、地域社会におけるしつけと人間の社会的成長を、父母の役割を重視しつつえがいた著作、『村里を行く』はフィールドワークの周辺をえがいた紀行文とでもいうべき著作であり、いずれも三国書房の「女性叢書」というシリーズのなかの一冊である。

『家郷の訓』『村里を行く』ともに、よく知られた、宮本の代表作である。そして、これらがアジア太平洋戦争下の作品であり、さらには、他にも名著が並ぶ「女性叢書」の二冊であったという意味でも重要な作品であることはいうまでもない。単なる「民俗誌」から逸脱した宮本色が鮮明に浮き彫りになっているだけではなく、それが戦時下の「女性叢書」の二冊であったことからしても、この二冊の意味をとらえる必要があるというものである。まずはこの「女性叢書」の概要である。

表8は、確認することのできた「女性叢書」である。一九四二年（昭和一七）一一月二五日発行の柳田國男『小さき者の声』の再刊（一九三三年玉川学園出版部初版）を最初の配本として、以後、一九四四年（昭和一九）六月三〇日発行の今和次郎『暮らしと住居』にいたるまで、あしかけ三年、実質一年半の間に、合計一七冊が刊行されている。各本の奥付に発行部数を記すものもあり、それによると、初版三〇〇〇部ないし五〇〇〇部を印刷し、再版されているものもある。たとえば、三番目の刊行であった江馬三枝子『飛驒の女たち』は、定価一円六〇銭で、初版（一九四二年一二月八日）五〇〇〇部・二版（一九四三年二月二五日）五〇〇〇部・三版（一九四三年五月二五日）五〇〇〇部まで刊行され、合計一万五〇〇〇部が刊行されている。戦時下、統制下にある出版情勢のなかでは、出版できただけではなく、再版されたという意味でも、突出した出版物（シリーズ）であったと思われる。また、各書ともほぼ一九五〇年（昭和二五）にジープ社版で再版されたが、ジープ社版で再版されなくとも、再版されなかったものはない。特に、柳田國男『小さき者の声』（一九六〇年、角川文庫）、山川菊栄『武家の女性』『わが住む村』（一九八三年、岩波文庫）、宮本常一『家郷の訓』（一九八四年、岩波文庫）は、文庫本としても再刊され、入手されやすくなっている。各書ともに、こうし

No.	刊行年月日	著者	書名	備考
1	1942年（昭和17）11月25日	柳田國男	小さき者の声	『小さき者の声』（1933、玉川学園出版部）を再刊。角川文庫（1960年）所収再刊。『柳田國男全集 第7巻』（1997、筑摩書房）所収再刊。
2	1942年（昭和17）11月30日	瀬川清子	海女記	『海女記』（1950、ジープ社）再刊。
3	1942年（昭和17）12月8日	江馬三枝子	飛驒の女たち	『飛驒の女たち』（1950、ジープ社）再刊。『飛驒白川村』（1975、未來社）所収再刊。
4	1943年（昭和18）3月30日	能田多代子	村の女性	『村の女性』（1950、ジープ社）再刊。
5	1943年（昭和18）3月30日	山川菊栄	武家の女性	『山川菊栄集 第10巻』（1981、岩波書店）所収再刊。岩波文庫（1983年）所収再刊。
6	1943年（昭和18）5月10日	西角井正慶	村の遊び	『村の遊び』（1950、ジープ社）再刊。『村の遊び』（1966、岩崎美術社）再刊。
7	1943年（昭和18）6月5日	江馬三枝子	白川村の大家族	『飛驒白川村』（1975、未來社）所収再刊。
8	1943年（昭和18）7月8日	宮本常一	家郷の訓	『宮本常一著作集 第6巻』（1967、未來社）所収再刊。岩波文庫（1984年）所収再刊。
9	1943年（昭和18）10月8日	瀬川清子	販女	『販女』（1971、未來社）再刊。
10	1943年（昭和18）12月15日	小寺融吉	舞踊の歩み	『舞踊の歩み』（1950、ジープ社）再刊。
11	1943年（昭和18）12月20日	山川菊栄	わが住む村	『山川菊栄集 第10巻』（1981、岩波書店）所収再刊。岩波文庫（1983年）所収再刊。
12	1943年（昭和18）12月20日	宮本常一	村里を行く	『宮本常一著作集 第25巻』（1977、未來社）所収再刊。
13	1944年（昭和19）1月30日	鷹野つぎ	娘と時代	『鷹野つぎ著作集 第3巻』（1979、谷島屋書店）所収再刊。
14	1944年（昭和19）5月30日	高藤武馬	万葉女人像	『万葉女人像』（1950、ジープ社）再刊。
15	1944年（昭和19）5月30日	大藤ゆき	児やらひ	『児やらひ』（1950、ジープ社）再刊。『児やらい』（1967、岩崎美術社）再刊。
16	1944年（昭和19）6月15日	森口多里	町の民俗	『町の民俗』（1950、ジープ社）再刊。『町の民俗』（1979、歴史図書社）再刊。
17	1944年（昭和19）6月30日	今和次郎	暮らしと住居	『今和次郎著作集 暮らしと住居』（1955、相模書房）所収再刊。『今和次郎集 第4巻』（1971、ドメス出版）所収再刊。

表8 「女性叢書」（三国書房）
（巻末広告に篠遠よし枝『暮らしと衣服』があるが未刊行と思われる。）

た再版がくりかえされたという事実をもってしても、この「女性叢書」が質の高い作品群であったことを示している。

もちろん、統制下のアジア太平洋戦争中にシリーズとして刊行できたことは、それが戦争協力とまで断言することはできないまでも、すくなくとも、戦争遂行・戦時体制に対して無害と認識されていたと考えなければならない。大枠としてみれば、男性の出征などにともなう労働力不足の補塡のために、日中戦争以降顕著になっていた戦時下の女性の社会進出、また、「軍国の母」としての母性礼讃など、女の重要性が認識されていたからこそ、「女性叢書」と冠しての出版が許可、継続できたと考えられる。そのような意味では、戦時体制下の女の強調、それに便乗して企画された叢書、あるいは、それを逆手にとって企画された叢書、そのように位置づけることもできる。

叢書の執筆者についてみると、合計一七冊のうち二冊書いている執筆者もいるので、合計一三人をかぞえることができる。「女性叢書」の命名もあるので、まずは六人の女からである。瀬川清子はすでに紹介したすぐれたフィールドワーカーであった民俗学者、江馬三枝子《えまみえこ》は北海道出身ながら当時岐阜県高山市在住で白川村の大家族研究で知られる民俗学者、能田多代子（能田太郎は夫）は青森県出身で女性の民俗を広範に紹介した民俗学者、大藤《おおとう》ゆき（大藤時彦は夫）は出産産育儀礼研究の先駆的民俗学者である。柳田系民俗学者の彼女たちと異なり、鷹野つぎ（一八九〇－一九四三）は小説家、山川菊栄《やまかわきくえ》（一八九〇－一九八〇）は代表的なマルクス主義者のひとりである。鷹野は一九四三年（昭和一八）三月に死去したため、その女学校時代を中心とした回想『娘と時代』は死後の出版となり遺作となった。山川は、『村の秋と豚』（一九四一）という生活の周辺をえがいたエッセイ集もあり、一九四〇年（昭和一五）雑誌『新女苑』での対談を通じて柳田國男と交流が生まれ[27]〔山川　一九七八：二二三一頁〕、そうしたなかで、住んでいた神奈川県鎌倉郡村岡村（現藤沢市）での聞き書きをまとめたのが『わが住む村』であった。また、山川の生家が旧水戸藩の儒者であったため、出身の水戸藩の幕末期を中心に武士の女と子供の生活をまとめたのが『武家の女性』である。幕末期水戸藩については、このちに聞き書きを中心にまとめた『覚書 幕末の水戸藩』（一九七四）もある。山川のばあいは、この「女性叢書」での執筆によって経済的にも助けられたという。[28] 他の執筆者のなかにも、山川のように、この「女性叢書」での執筆によって、戦時下の生活の経済的補塡となった者もあろう。

次は七人の男であるが、宮本と柳田を除いて五人についてみると、西角井正慶《にしつのいまさよし》は折口信夫に師事した民俗芸能研究者、小寺融吉《こでらゆうきち》も一九二〇年代後半から活躍していた民俗芸能研究者、高藤武馬《たかとうたけま》は俳句・万葉研究者、森口多里《もりぐちたり》は岩手県在住の民俗学者で『町の民俗』は都市民俗研究の先駆としても知られている。今和次郎《こんわじろう》（一八八八－一九七三）はよく知られているように早稲田大学理工学部教員であり民家研究者・考現学者であった。

こうした執筆陣の選出については、宮本と柳田の合議によるものであったという。この「女性叢書」を出版した三国書房は、花本秀夫《はなもとひでお》という柳田國男ファンの経営であった。その花本が柳田に企画を相談し、宮本に素案を作らせて、宮本と柳田の往復によってこの企画が実行されたようである。『家郷の訓』を『宮本常一著作集 六』（一九六七）に所収した際に、その「あとがき」で次のように回想している。

「この書物ははじめ三国書房という本屋で出版した女性叢書の一冊である。三国書房は花本秀夫という人が経営していた。花本さんは柳田先生の熱心なファンで、民俗学関係の図書の出版を計画して柳田先生に相談した。するとどうした風の吹きまわしか、先生は筆者の選択・執筆の題目など私に相談するように言われたとて、花本さんが私のところへやって来、私は花本さんの相談にのることになり、ずいぶんたびたびあい、ああでもないこうでもないと話しあったものである。

その案をもって柳田先生のところへいくとまた、いろいろと注文をつけられる」[宮本 一九六七a：二八七頁]。

「女性叢書」全体の内容についてみると、その名のとおり、第一には、女の生活を前面に押し出し、女が有意義な存在であることを社会と歴史の現実によって知らしめようとしているのが特徴であった。戦時下の女への視線、そのひとつといってよい。瀬川清子『海女記《あまき》』『販女《ひさぎめ》』、江馬三枝子『飛驒の女たち』『白川村の大家族』、山川菊栄『武家の女性』、鷹野つぎ『娘と時代』、高藤武馬『万葉女人像』、そして、宮本の『家郷の訓』は、そうした特徴を持つ作品群である。とはいっても、これらのうち、宮本の『家郷の訓』をのぞけば、戦時色をうかがわせる発言はほとんどない。たとえば、もっとも典型例として、瀬川と江馬それぞれの二著は、女の労働と生活を叙述しながら、女をとりまく政治や経済についての言及、さらには、戦時下を意識した発言すらもない。

第二には、こうした女の生活の周辺、衣食住・子供・出産産育儀礼・民俗芸能など、女の生活そのものではないが、それとかかわる社会事象を対象としていることである。柳田國男『小さき者の声』、西角井正慶『村の遊び』、小寺融吉『舞踊の歩み』、山川菊栄『わが住む村』、大藤ゆき『児やらひ』、森口多里『町の民俗』、今和次郎『暮らしと住居』などがそれにあたる。これらについても、大藤の『児やらひ』をのぞけば、戦時色をうかがわせる発言はなく、たとえば、西角井の『村の遊び』は民俗芸能を平易に、森口の『町の民俗』は青森県の地方都市を淡々とえがいている。

このように、「女性叢書」は、「軍国の母」と女の社会進出を背景としたアジア太平洋戦争中の企画と出版でありながら、そのほとんどが戦時色のない、おそらく当時としては稀有な作品群として存在していた。

しかし、第三には、明らかに女の登場が少ない、女とはほとんど無関係な作品もあった。それが宮本の『村里を行く』である。「女性叢書」はほぼすべてが書き下ろしであるが、『村里を行く』は、『同志同行』掲載論考の分析のなかで述べたように、『同志同行』第八巻第一二号（一九四〇年三月）の「島根の旅」、第九巻第一〇号（一九四一年一月）の「中国山中の旅」を改稿して、全体の約三分の一を占める「土と共に」として所収している。そして、この「土と共に」を含め『村里を行く』には女の登場がほとんどない。さらに、この『村里を行く』が他の「女性叢書」と異なっているのは、一見するとその叙述内容は「村里」の物語ばかりのようでありながら、そこに、アジア太平洋戦争と天皇中心の「国体」意識がみられることであった。これについては、「女性叢書」における宮本のもう一冊、『家郷の訓』は女の登場が多く、そのなかに、戦時下の女を礼讃する発言が出てくる。宮本のこの二著のほかに、「女性叢書」のなかで戦時色をうかがわせる文言があるのは、大藤の『児やらひ』だけである。『児やらひ』は加筆・修正されて再版された岩崎美術社版（一九六七）の『児やらい』が普及したこともあり、その加筆・修正については気づかれていないが、特に、初版「女性叢書」の『児やらひ』の「序説」「結び」からは「国策」としての育児とでもいうべき主張がうかがわれる。[29]「女性叢書」全一七冊のうち、大藤の『児やらひ』を除けば、宮本だけがこのシリーズのなかで、戦時体制を意識していると考えざるを得ない発言をしていることになる。

『村里を行く』は、「はじめに」ではじまり「国学発祥の家」「御一新のあとさき」「いそしむ人々」「あたゝかき土」「土と共に」の五章だてで構成される。内容的には、宮本のフィールドワークの周辺を紀行文風あるいはエッセイ風に叙述したものであるが、村落生活の再認識とでもいうべきスタイルをとる。

まず「はじめに」では、戦時下の村落生活を美化した叙述が続く。

「曾て町は村から多くのものを奪つた。人材を奪ひ資本を奪つた。そして村には大して必要のないやうなものが押しつけられる事が多かつた。病とか華美なる風など之に属するのであらう」〔宮本 一九四三c：八頁〕。

続けて次のようにいう。

「所が今次の戦により至る所に両者の提携が見られつゝある。村で喜ばれるのは奉仕隊である。託児所をはじめとして共同炊事、農耕作業などにも及んでゐる。それが村を明るくする。（中略）奉仕に来て下さる人に振まはねばならぬと言つて、自分の家では砂糖をちつとも食べずに貯へておいて、ぜんざいを御馳走したといふ話をきいた事がある。前回の時の奉仕があまりに身にしみて嬉しかつたからであるとその人は語つた。このやうにして村人はさういふものを通じてよきものを学びつゝある。同時に村里にかくの如くして出て行く人々も村里に学んでいたゞきたいのである。学ぶべき事は尽きせぬ程ある。そこから新たなる力強い精神的な結合が生れて来るやうに思ふ」〔宮本 一九四三c：八頁〕。

統制経済のもとで物資不足と闇取引がいっぽうの現実として存在するなかで、アジア太平洋戦争下の勤労奉仕を美化している。日本列島全域におよんだ経済的混乱について言及するわけではない。「そして又今日本の都市は村里の生活様式を取り戻しつゝある」〔宮本 一九四三c：八頁〕と結論づける。戦時下の経済的混乱が都市社会を困窮させつつある現実を語るのではなく（それを書くことはできなかっただろうが）、それを村落社会的秩序への回帰としてプラスにとらえている。

そして本文の最初は「国学発祥の家」で、国学者契沖《けいちゅう》にゆかりのある大阪府下のある寺院を紹介し、次に、「御一新のあとさき」で、宮本の故郷周防大島の古老が語る騎兵隊と、奈良県吉野地方に伝わる天誅組挙兵の物語を紹介する。天誅組挙兵とは、尊皇攘夷運動の指導者吉村寅太郎《よしむらとらたろう》らが、公家の中《なか》山忠光《やまただみつ》を旗印に一八六三年（文久三）に倒幕を目的として起こした叛乱のことである。吉村は敗走中戦死し、この挙兵は失敗に終わるのであるが、吉野地方に伝わる、つまりは、吉野地方の農民の目線から見た天誅組挙兵を、尊皇攘夷派ひいきの視点から語らしめる。たとえば、ある老婆の話として語られた、吉村寅太郎の伝承は次のようなものであった。

「それでもまァ、ここの土地の人は、天忠組《（マヽ）》に義理立てゝゐましたから、あの後しばらくは村にもよい事が続きました。天忠組にたてついたやうな処には碌なことはなかつたと言ひます。吉村寅何とか様（寅太郎）といふ豪傑が居りましたさうで（中略）、その人はここをにげてから、たうとう鷲家《ワシカ》（吉野上市町の東方）の方でつかまへられたと申します。ある婆さんの家へ逃げ込んで一晩かくしてくれと頼んだと言ひますが、それを役人に言ふてつかまへさせてしまうたさうです。それからといふものは、その家では、一代に一人づゝ命をとられるさうでございます」〔宮本 一九四二c：五五－五六頁〕。

ここで語られている伝承の吉村寅太郎は、ちょっとしたヒーローである。事実としては、寅太郎は鷲家口（現：奈良県吉野郡東吉野村）付近を敗走中に戦死しており、密告されて捕縛されたわけではない。吉野地方では、天誅組挙兵は歴史的事実ではなく、歴史的「事実」として伝承となっていた。天誅組挙兵をめぐって、寅太郎など天誅組に協力した村人には幸運がおとずれ、いっぽう、寅太郎を貶めた村人には祟りとでもいうべき不幸がおとずれているというのである。

伝承のなかの歴史では、尊皇攘夷派＝吉村寅太郎が善玉で、そうではない佐幕派＝村人が悪玉であった。もちろん、この物語は、直接的に、また、ファナティックに「国体」を讃美しているわけではなく、文献史学的な歴史学ではない伝承としての歴史を考えさせるすぐれたエッセイでもある。しかし、この文章がアジア太平洋戦争中に執筆され刊行され、しかも、「国学発祥の家」につづく「御一新のあとさき」のなかでの叙述であったことを考えると、草莽の「国体」観とでもいうべきか、庶民的次元、庶民生活の根深い地点からの天皇中心主義思想の肯定とでもいうべき性格をはらんでいると考えることもできる。

『村里を行く』は、続く「いそしむ人々」ではじめて他の「女性叢書」と同じように、アジア太平洋戦争とも「国体」とも無縁となる。和泉山脈の高野《こうや》豆腐《どうふ》製造、六甲山地の寒天製造、厳寒のなかで行なわれる労働と生活がえがかれる。続く「あた丶かき土」も兵庫県加古川市周辺の釣鉤《つりばり》製造とその販売（行商）、近隣の宮座の叙述である。この「あた丶かき土」にも戦時色はほとんどない。しかし、その中心が農業労働ではなく釣鉤製造でありながら、なぜかこの章タイトルは「あた丶かき土」である。確実な論証は不可能だが、強いていえば、この章タイトルは、一九三七年（昭和一二）の日独合作映画、アーノルド・ファンク&伊丹万作監督「新しき土」（ファンクと伊丹の主張の違いにより実際は各一作ずつを制作）のもじりではないかとも推測される。

そして、最終章が中国地方のフィールドワークの周辺を叙述した「土と共に」である。これについては、すでに紹介したので、ここではその内容を示さないが、このフィールドワークの中心的目的は『アチツクミユーゼアム彙報第四八 粒々辛苦・流汗一滴』をまとめた島根県の田中梅治を訪ねることにあった。そのためもあろうか、この最終章「土と共に」の最後でもあり、『村里を行く』全体の最後でもある文章は、この田中梅治の『粒々辛苦・流汗一滴』、そのうちの「粒々辛苦」の最終センテンスの引用でしめくくられる。「私は粒々辛苦七七頁に書かれた翁の言葉を書付けて翁の遺志を世につたへたい」〔宮本 一九四三c：二九〇頁〕。

「長男タル吾家ノ相続者ヨ絶対ニ此貴重ナル百姓ヲ廃メテハナラヌ、此百姓ノ粒々辛苦ハ我大日本帝国ノ国礎タル天職ト云フコトヲ忘レテハナラヌ特ニ宣言スル」〔宮本 一九四三c：二九〇頁／田中 一九四一：七七頁〕（引用は田中の原文による）。

「大日本帝国」の根本が食料生産を行なう「百姓」にあるという田中の宣言であった。それを、宮本はこの『村里を行く』の最終センテンスでそのまま引用し終わっている。フィールドワークの周辺を紀行文的にえがくだけなら、あえて必要ない文章であった。しかし、宮本はこのセンテンスを付け加えていた。宮本における、村落社会レベルからの「大日本帝国」の肯定ととらえることも可能であろう。あるいは、根深いレベルで村落社会と「大日本帝国」とを連続させる思想、庶民と「大日本帝国」とを連結させる思想、そうした宮本の根底に潜む意識の発露が、この『村里を行く』にはあらわれているようにも思われるのである。

2 庶民的母性からの戦時体制維持――『家郷の訓』

宮本が「女性叢書」に執筆したもう一冊、『家郷の訓』は、『村里を行く』とは異なり「軍国の母」としての母性礼讃に重心を置く叙述スタイルにより、庶民レベルから「大日本帝国」との癒着を感じさせる作品である。その内容は、故郷周防大島をフィールドとして、家が子供を成長させる過程を、みずからの体験に基づきえがいたものであり、柳田國男『明治大正史 世相篇』（一九三一）の第九章「家永続の願ひ」と柳田國男「誕生と成年式」（一九四一）をベースにしたものであろう、人間の成長を家と地域社会における社会化過程としてとらえ、それを宮本自身の体験を中心にえがいている。『家郷の訓』は学校教育外の社会教育論の先駆的著作としても評価されているが、それはこうした子供の社会化過程に重心をおいた宮本の視点が、叙述として成功していたからであった。

『家郷の訓』は、「はじめに」「私の家」「女中奉公」「年寄と孫」「臍繰りの行方」「母親の心」「夫と妻」「母親の躾」「父親の躾」「生育の祝」「子供の遊」「子供仲間」「若者組と娘仲間」「よき村人」で構成されている。この章立てからみるとわかるように、父親のしつけについても言及があり、かならずしも、「母性礼讃」のみではない。しかし、宮本みずから「はじめに」で、「ここにこの記述は自ら母刀自の事に最も多く触れるやうになつて来たし、や、母性への礼讃がすぎたやうに見えるけれども、私の母を通じて世の母性を見るとき、さういふことになつて来た。（中略）実はこのやうな母たちが野に満ちて居たればこそ我々の胸をうつ今次の戦の軍神を草莽の中に多く持ち得たのであると思ふ」〔宮本 一九四三b：七－八頁〕と述べたように、全体の比重が戦時体制下の「母性礼讃」にあることは明らかであった。

たとえば、「母親の心」の章では、子供を育てる母親の愛情を強調する。幼時だけではなく、成長して他出してからも、母親の子供を想う心は強いという。「子供たちを郷へ出してからの女親たちの子への思ひやりも実に深いものであつた。子が他郷にある程の女であれば殆ど一様に朝早く氏神様へ参るのである。之は雨が降らうが風が吹かうが、おかまひなしに毎日続けられる」〔宮本 一九四三b：七〇頁〕といい、異郷にある子供の無事を祈願する姿に、母親の子供へのいつくしみを強調する。しかし、それがそれのみにとどまらず、「軍国の母」としての「母性礼讃」として連続したとき、この「母性礼讃」はアジア太平洋戦争を庶民レベルで支えさせようとする言説ともなる。戦時下、出征兵士に対して行なわれた陰膳《かげぜん》にふれて次のように述べる。

「曾て飛騨山中のさる農家の井戸ばたに、茶碗に一杯の水の盛つてあるのを見てたづねたら、その家の老女が戦地へ行つて居る兵隊さん達が喉の乾かぬ様にとの心から毎日供へてゐると話して呉れた。自らの子を愛する心の深い人は又他人の子をも同様に愛し得たのである」〔宮本 一九四三b：七六－七七頁〕。

これは、アジア太平洋戦争下の陰膳の民俗事象の紹介として読むことも可能なので、かならずしも「軍国の母」の強調と断定することはできない。ところが、こうした陰膳のあとで、次のようなありふれた美談が続くと、宮本が戦時下の「大日本帝国」に庶民を癒着させていると考えざるを得なくなる。

「ある親は子供が戦地で負傷したといふ手紙をうけて、腑甲斐ない事ではいけない、決して内地へかへつて療養はするなと手紙を出したといふ。その子は親の言葉に従つて内地へはかへらず疵が癒えると再び戦場に出でて華々しい戦死をした。後親はその子の友が凱旋した時、百余里を距てゝゐる子の友の家へわざ〳〵訪れて、戦死の模様をきいたといふ事であるが、それほどまでに親の愛情は深いものであつた」〔宮本 一九四三b：八一頁〕。

戦死を「軍国の母」の美談として語っている。もちろん、宮本には、次のように、みずからの母親に代表させて、戦時下であってさえも汲々と働くその母親たちにみずからの身を寄せる。

「母はこの土地を耕して、割当の米麦を供出し、また多くの甘藷をも供出してゐる。六十を超えた身に、それは我々が考へても無理と思はれる仕事を続け、国家の意志に従はうとしてゐるのである。蓋し之は我が母一人のかしこさではないと思つてゐる。全国の農村を歩いて、私はしばしば母同様な女親たちの姿を見た。無学であるとか、社会の表面にたち得ないからと言つて、之を無智に帰してはならないと思ふのである」〔宮本 一九四三b：八七頁〕。

『家郷の訓』に一貫するのは、このようなごくふつうの母親を社会の前面にきわだたせることにあった。これじたいは、一貫して庶民に身を寄せていた宮本ならではの仕事であり、また、「女性叢書」の企画に通じていたといってよいだろう。しかし、それが「大日本帝国」の役割を強調するようになったとき、ごくふつうの母親の労苦を、戦時下の「軍国の母」に対する違和感ではなく、それに対する積極的協力としての思想へと完成させることになっている。

そのような意味でいえば、藤田省三《ふじたしょうぞう》（一九二七－二〇〇三）が特に『村里を行く』をとりあげつつ、戦時下の宮本をして、「保守主義的翼賛理論」の代表者として、長谷川如是閑《はせがわにょぜかん》（一八七五－一九六九）・島木健作《しまきけんさく》（一九〇三－四五）とともにとりあげたことは、結果論としてみれば、おおむね適当な指摘であった。藤田の指摘とは、思想の科学研究会編『共同研究　転向　中巻』（一九六〇）の第二篇「戦中」第一章「昭和十五年を中心とする転向の状況」（および藤田省三『転向の思想史的研究』一九七五）のなかでの宮本への言及であり〔思想の科学研究会編　一九六〇：三八－四二頁／藤田　一九七五：一五一－一五八頁〕、藤田の論理展開に即していえば、『村里を行く』だけではなく『家郷の訓』も、「伝統」を「翼賛理論」に組み込ませた仕事とされなければならない作品である。

政治思想研究者の藤田が『村里を行く』をとりあげたことじたい、宮本には意表を突かれた感があったろうし、とまどいさえ覚えたであろう。晩年、『宮本常一著作集　二五』（一九七七）に『村里を行く』を所収するにあたりその「あとがき」で、藤田の文章を引用しつつ、藤田への違和感をさりげなく語る。ただ、宮本が語った違和感は、藤田が宮本を「保守主義的翼賛理論」の代表者として、戦時体制協力者として位置づけた部分ではなかった。

宮本が引用したのは、藤田が宮本について言及した最後のところ、宮本に対する結論とでもいうべき箇所であり、宮本の持つ革新思想としての可能性に言及した部分であった。藤田は宮本について次のようにいう。

「宮本の原理は、「親切な人々」との直接的な話し合いの機会を各地方に作ってゆくものだから、いわば小サークルの核を全国に植えてゆくやり方なのである。こうした小サークルの連合体こそがあるべき社会像だと考えて、巡回サークル作りの目標を単なる発掘と記録にではなく、伝統の保持拡大に置き換えると、そこには伝統保守主義の立場からする抵抗運動が生まれる。これは日本主義である点で翼賛体制とつながりながら、実質的には総力戦体制を不可能にしてゆくこともできる」〔思想の科学研究会編 一九六〇：四一－四二頁／藤田 一九七五：一五七頁／宮本 一九七七：三二七頁〕（引用は思想の科学研究会編による。傍点・原文）。

藤田にすれば、宮本のフィールドワークは「小サークル」形成の旅だというのである。そして、その「小サークル」連合にまで拡大されたとき、「抵抗運動」が生まれるとさえいう。しかし、『村里を行く』とは、民俗学者としての宮本が「民俗誌」あるいは「生活誌」を作成するためのフィールドワークの周辺を書いたにすぎない。紀行文とでもいうべき性格があるが、藤田は、そのフィールドワークに、「小サークル」運動さらには「抵抗運動」として、質的転換の可能性を付与している。とはいっても、宮本自身にはそうした意図などもちろんなく、こうした勝手な思い込みの評価をされたことも意外であったろう。

藤田の指摘はさらに次のように続く。

「また、この組織原理を進歩的革命運動が援用することもできる。その場合には伝統の中に根拠地をもって一歩一歩運動を拡大してゆく型の進歩的革命主義が成立するだろう。そういう意味で宮本常一のタイプの思想は汲み出して意識的に活用すべき多くの材料を包み備えている」〔思想の科学研究会編 一九六〇：四一頁／藤田 一九七五：一五七－一五八頁／宮本 一九七七：三二七頁〕（引用は思想の科学研究会編による）。

宮本のフィールドワークが、「進歩的革命運動」を成立させる可能性さえも持つというのである。藤田には、中国大陸奥地延安に根拠地を置き農村部を中心に解放区を拡大させ中華人民共和国を成立させた毛沢東《Maoizm》主義、あるいは山村工作隊が模範として存在していたのであろうか。ここでも、宮本のフィールドワークは「進歩的革命運動」に拡大されてしまっている。もちろん宮本にはそうした意図などなく、これも藤田がみずからの理想論に引き寄せた勝手な思い込みにすぎない。

むしろ、宮本は、このあとでも述べるが、藤田が「天皇制」の支持基盤と考えた農村「中間層」＝篤農家を地域社会の中心として重要視していた。藤田は『天皇制国家の支配原理』(一九六六)のなかで、寄生地主が不在地主として小作と遊離するために、農村秩序を維持するには農村「中間層」が地域社会のなかで「天皇制」を支える基盤とされるとして次のようにいう。

「本来、寄生地主は、農業生産物の収奪を行いつつ、生産過程から解放されることによって市場流通に参加し、日本資本主義の構造的矛盾の媒介者であったから、農業関係の封建制と資本制生産様式との矛盾が激しくなるとともに、当然分解しなければならない運命にあった。(中略)はたして明治末期に寄生地主制は制度として完成すると同時に、分解を顕在化し、大寄生地主は、農村との人格的結合を失ってゆき、機構に依拠して支配を行うようになる。系統農会がそれを受けもつ。ここに至っては、機構支配と人格支配との媒介者たる寄生地主制はそれ自身が、自らの矛盾の媒介者を要求する。自作農上層＝中農範疇維持が経済政策上の中核におかれ、これに見合って、国家機構における規則性と村落共同体の人格的非規則的政治関係との媒介を新たに担当すべき在地中間層(篤農)が育成されるゆえんがここにあった。だからして天皇制においては、「篤農」、「農村中堅分子」は絶えず要求され、しかも商品流通過程に組入れられる社会層がひろがるにつれて、これら「体制の中間層」もまた下降し、かつ多元的社会領域に及びながら重視されてくる」〔藤田 一九六六：一三一頁〕(傍点・原文)。

藤田によれば、篤農家こそが地域社会で「天皇制」を支える基盤であった。そのような意味でいえば、藤田が、篤農家に期待する宮本を「保守主義的翼賛理論」の代表者としたことは、その論理展開では適切であった。しかし、宮本は農村「中間層」＝篤農家に対して、「進歩的革命運動」を期待していたわけではもちろんない。地域社会における秩序の保持とリーダーシップの発揮、宮本が篤農家に期待していたのはそうしたものであった。藤田の勝手な思いこみだけがひとり歩きしている。

　この藤田の指摘を引用しながら、宮本は次のようにいう。「私など思想家といわれるような者ではなく、民衆の生活をできるだけ忠実に見きわめようとしての旅をつづけていたにすぎなかったから、むしろ「こういう風にも見られるものか」と感心し、また若干反論したい気持もあったが、考えてみると反論などというのはもってのほかで、人それぞれ見方があり、相手が自分とおなじように見たり考えたりするように強いることこそ間違っている」「これからの執筆活動にあたっても、できるだけ人びとの誤解を生まないよう配慮する努力をしなければならないと思った」〔宮本 一九七七：三二八頁〕。「反論したい気持もあった」「誤解を生まないよう配慮」が宮本の正直な述懐であろう。民俗学的フィールドワークが「抵抗運動」「進歩的革命運動」の基礎になる可能性が百パーセントないとは言い切れないが、すくなくとも、宮本は藤田の拡大解釈とは正反対の志向を持っていた。社会秩序維持あるいは体制維持の思想である。それは、すでに分析した『同志同行』発表原稿を含め、宮本にとって一貫したものであったろう。

　宮本は、アジア太平洋戦争敗戦後、『村里を行く』『家郷の訓』、両著を著作集に収録し再版するにあたって、書き換えを行なうこともなかった。

　みずから、『家郷の訓』を『宮本常一著作集　六』（一九六七）に所収するにあたって、その「あとがき」で、「よみかえして見るとずいぶん気負いたった本だし、戦時下らしい発言もある。しかし手を加えないでそのままのこしてこそ意義があるので、カナづかいだけ新しくして他はもとのままにした」〔宮本 一九六七a：二八八頁〕という。大藤ゆきが『児やらひ』から『児やらい』として再版するにあたって書き換えを行なったこととは異なり、宮本は『村里を行く』『家郷の訓』をそのまま再版していた。そのフィールドワークのなかから、保守主義（あるいは体制維持）の思想を吐露する宮本の姿があったのである。

3 自作農上層・篤農家による社会秩序保守

しかし、宮本は戦時体制に協力的な保守的思想の持主であったといっても、ファナティックな反動であったわけではない。むしろ、秩序を重視する保守主義者であるがゆえに、戦時体制への協力的姿勢が生まれてきたという方が正確であろう。敗戦直前の一九四五年（昭和二〇）四月、郡山中学校を退職し、大阪府庁の農務課嘱託として、大阪府下の生鮮食料確保のための職務につき、八月一五日の敗戦をはさんで同年一二月まで、みずからは七月の堺市爆撃によって戦禍をうけつつも、大阪府民のための食料調達に尽力する。敗戦前後の日本社会で、社会経済的な秩序維持に貢献しようとする宮本がいた。

これらの事情については、『民俗学の旅』のなかの「戦時中の食料対策」に語られ〔宮本 一九七八a：一二四－一四五頁〕、また、田村善次郎も宮本の当時の「日誌」を抄録しつつ再現している〔田村 二〇〇六：三七一－三七四頁〕。敗戦後も、一〇月には大阪府下の戦禍の犠牲者を北海道の開拓に入植させるための引率をする。大阪府庁職員が札幌まで引率しそこからは北海道庁職員に引き継がれるが、宮本だけは入植地まで同行し、初冬にさしかかるその時期、入植の現状も見届ける。官庁職員の職務としてだけなら実行できるものではない引率であった。そしてここでも庶民とともにある宮本がいた。

宮本は、みずからの旅を「乞食旅」とくりかえし語った。渋沢敬三は「日本中ベタベタと歩いた」と表現した〔渋沢 一九六一：二三二頁〕。それは、これまで紹介した、『中国山地民俗採訪録』のフィールドワークの周辺を語った『同志同行』の「島根の旅」「中国山中の旅」や『村里を行く』の「いそしむ人々」「土と共に」、『大隅半島民俗採訪録』の「昭和一五年旅日記」、『吉野西奥民俗採訪録』の

「伝承者の印象その他」をはじめ、「民俗誌」の周辺を紀行文・調査日誌として語った部分を読むだけでもわかる。憑かれたように歩き、また、観察し聞き書きをし、民家に泊めてもらうだけではなく、ときには野宿もある。そして、爆撃により焼失し「民俗誌」を発表することのできなかった一九四一年（昭和一六）の四国のフィールドワークでは〔宮本 一九七八a：一一五頁〕、『忘れられた日本人』（一九六〇）の「土佐源氏」にも出会い、「カッタイ道」でハンセン病患者にも出会った。

社会的に疎外された人々と接することさえもある、地を這うようなフィールドワークであった。それは、「土佐源氏」や「カッタイ道」で出会ったハンセン病患者のような極端な例でなくともよい。たとえば、一九三九年（昭和一四）一一月から一二月にかけての中国地方のフィールドワークでは、ようやく宿にたどりつき、旅の石工たちと同宿した。宿の主人や石工の親方と夜一二時近くまで話をしたというのだが、にぎやかな旅の石工たちの様子をさりげなく観察する。「寝ころんで若い女の話、流行歌。やり場のない気持である。年長子はさうした若い者の気持をよく理解してゐるらしく、問はず語りに「みんないい人なんだが、味気ない生活でやりきれんのだ」と言つた」。宿といってもふつうの民家と同じであったという〔宮本 一九四三c：二六九頁〕。広島県と山口県の県境付近山中での出会いであった。

しかしいっぽうで、フィールドワークの周辺を語った紀行文・調査日誌には、宮本が接していた人々のなかに、地域社会のリーダーが多く登場する。もっとも典型例でいえば、これまでくりかえし紹介した『粒々辛苦・流汗一滴』（一九四一）の田中梅治である。『同志同行』第八巻第一二号（一九四〇年三月）の「島根の旅」ではじめて登場し、それを加筆・修正した『村里を行く』の「土と共に」で詳細に紹介されるが、宮本にとってよほど印象が強かったのであろう、くりかえし語られ、『忘れられた日本人』の「文字をもつ伝承者」（一）でもあったのがこの田中である。

宮本が田中に会ったのは、一九三九年（昭和一四）一一月、宮本がアチックミューゼアム所員となりはじめてのフィールドワークを中国地方で行なったときである。翌一九四〇年（昭和一五）九月、『粒々辛苦・流汗一滴』の校正刷りが出た頃、渋沢敬三などとともに再訪したが、翌月には田中は亡くなっている。田中は一八六八年（慶応四・明治一）生まれなので、満七二歳であった。この田中について、宮本は『村里を行く』の「土と共に」で次のように紹介する。

「早く村の役場につとめて明治四十年の頃すでに産業組合を創めた新知識でもあつた。而して組合創設は島根県ではここが二番目であるといふ。組合理事、村助役などを長く勤めた。その間全く村の為一途の日々であつた。故に七十余歳の今日に及んでも尚清貧に甘じてゐる。話してゐるうちにその気骨の並ならぬものゝあるのに気づいた。正義を愛する心である。この故に五十余年に亙つて村里開発のために没頭出来たのである」〔宮本 一九四三c：二二八頁〕。

地域社会の中心的存在として、地域行政・経済のために尽力してきたのが田中梅治であった。実際に、『粒々辛苦・流汗一滴』冒頭の「年譜」では、小学校卒業後、戸長役場小使からはじめ郵便局書記・戸長役場筆生（→村役場書記）・村会議員を歴任し村助役をもつとめている。その間、農業にも従事し、学務委員・村農会幹事・信用組合理事をも兼任している〔田中 一九四一：一－八頁〕。一九三七年（昭和一二）満六九歳ですべての公職を辞職したとあるので、宮本たちが田中梅治に出会ったのは、これら公職を辞職したあとであった。これらの歴任した公職（および半官半民的職務）をみただけでも、在郷軍人会など軍務を除いて、国家レベルでは末端ではあるが、地域社会の名誉職をほぼ経験している。

渋沢敬三が田中梅治に会ったあと、宮本に次のように言ったという。

「あの人はね、えらい人だよ。自分の学問をちっとも鼻にかけていないだろう。田舎をあるくと、多少とも学問のあるものはそれを鼻にかけて尊大ぶるものだがあの人にはすこしもそれがない。ボスではないね、ほんとの百姓だよ」〔宮本 一九六〇a：二三一頁〕。

人望も厚かったであろう、それが田中梅治であった。こうした名誉職を歴任するのは、地域社会の地主層がふつうであったから、田中もそうであったとも考えられるが、ただ、「年譜」には村助役就任時（一九〇九年）のところで、「其頃迄ハ村長トカ助役トカ云ヘバ、非常ノ名誉職デアルカラ、且旦那様デモナケレバナレヌノデアルカラ」「望ミガナイ」〔田中 一九四一：二頁〕とあるので、田中は「旦那様」つまりは地主層ではなく、おそらくは自作農上層であろう。田中家の経営面積、農業経営形態は不明であるが、人望のある篤農家であるがゆえに、田中は地域社会の中心的存在になり得、村助役にまで就任していた。

また、宮本は次のように続ける。

「翁は唯単に産業経済の指導者ではなかつた。文学を愛し俳句をもよくした。正岡子規の弟子で、子規に句の選をしてもらつてゐる。雑誌ホトトギスは第一巻第一号から持つてゐる。書物は倉に満ち遂にネダが折れたといふ。翁の唯一の財産はこの書物であつた。買つたものは必ず読んだ。新聞など明治四十年の頃からのものが一枚もかゝさずにとつてあるといふ」〔宮本 一九四三c：二一八頁〕。

田中は、地域社会の指導者としてだけではなく、地域の文人知識人でもあった。こうして、宮本は田中を賞讃し、すでに述べたように、『村里を行く』の最後を『粒々辛苦・流汗一滴』のうちの「粒々辛苦」を引用ししめくくった。

地域社会にどっかりと腰をおろし、自立した経営を行ない、知識人として地域社会のリーダーである人物。小作米売却による蓄積資金を企業へ資本投下する不在地主ではなく、自身の経営のみならず地域社会全体の自立的経営をリードし、いっぽうで、教養人でもある、田中梅治からはそうした人物像がつたわってくる。

もうひとり、宮本が理想化した人物を紹介しよう。田中が『忘れられた日本人』の「文字をもつ伝承者」の（一）であれば、その（二）で紹介された福島県の高木《たかぎ》誠一《せいいち》である。宮本が高木とはじめて会ったのは、一九四〇年（昭和一五）一二月、東北地方のフィールドワークの帰途、宮本が福島県磐城郡草野村（現いわき市）北神谷《かべや》に住む高木を訪ねたのが最初であった。アジア太平洋戦争中でも、高木が所用で上京すると宮本のもとを訪ね、また、敗戦後の一九四六年（昭和二一）八月に宮本は高木を再訪したという。相知った翌年には死去した田中梅治とは異なり、宮本の方が高木から二〇歳年下でありながら、初対面から数年間交流が続いた［宮本 一九六〇a：二三六－二五二頁］。そして、宮本は高木を「どうしたら増産ができ、百姓の生活が安楽になれるかを真剣に考えていた」「たくましい老農」［宮本 一九六〇a：二三八頁］であるという。これらは、高木訪問時ではなくその没後に記され、高木自身が民俗学徒であったこともあり、高木を「たくましい老農」というよりも、主に民俗学徒として紹介している。そのために、田中のような、地域社会のリーダーとしての部分は前面に出ていないが、他地域からの農業視察者が高木のもとを数多く訪れたこと、アジア太平洋戦争敗戦前後の三年間村助役をつとめたことなどを記している。

実際に、『日本民俗学大系 第七巻』（一九五九）の「物故者紹介」欄、岩崎敏夫「高木誠一略伝」では、農業に従事するようになってからは、「各種農事関係の講習会に出席することおよそ二〇回、ことに山崎延吉氏の指導などは再度にわたってうけ」「篤農家としての名もしだいに高く、その農業経営の実際を見学する者が踵を接した」という。そして、横井時敬に師事して農事改良を、小野武夫に師事して農業経済史を学び、「各種博覧会・品評会などに出品して褒賞を受けること前後八七回に及んだ」。さらに、地域社会でつとめた公職(および半官半民的職務)は、「農業補習学校・青年学校などに教授嘱託として三五年間、また郡農会議員・草野村助役など」であった〔岩崎 一九五九:三三四―三三五頁〕。当時の高木誠一家の経営面積は不明であるが、地主ではなく自作農上層であろう。また、こうした農業経営方法や公職の歴任をみても、島根県の田中と同じく村助役までつとめ、また、知識を外に求め、いっぽうで、他地域からも農業視察が訪れるほどの教養人でもあった。

宮本には、地域社会で地に足をつけて生き、みずからの経営・生活を自立させているだけではなく、私心のないリーダーとして地域社会をリードしていく人物が理想とされていた。彼らは、自己の利潤を追求するだけの不在地主・資本家ではなく、いっぽうで、小作層や流浪する下層庶民ではない。宮本が庶民的世界に接し彼らをえがいたことと、自作農上層のなかに地域社会のリーダーを理想化したこととは次元が異なる。対象として調査・叙述したことと、理想化したことはかならずしも一致しない。

だから、たとえば、アジア太平洋戦争敗戦後になってからも、農地改革を肯定しつつも、その肯定は社会変革としてではなく、自作農の自立的経営の進展としてであり、農地改革が地域社会の秩序を混乱させることに対しては否定的であった。アジア太平洋戦争敗戦から約一〇年後、農民の変化が二つあるとして、次のように述べる。

ひとつは「農地解放《(マヽ)》による農民の眼のかがやき」であり、「農民全体がそれぞれ農業経営を考えるようになつて来た。そしていい指導者のある所ではグングン技術の向上が見られ、健実《(マヽ)》な組合経営がのびて行つた」〔宮本 一九五五b:一頁〕として、自作農創設が自立的な農業経営を推進しているといい、農地改革を高く評価する。しかしいっぽうで、革新勢力の農民層への浸透には否定的である。

「いわゆる進歩的とさわがれた村が案外のびなかった。新聞や雑誌でさわがれた村を訪れた事も多かつたが、表面は進歩的であるようでも、新しい権力支配者が出て来ていろいろアジつている場合が多かつた。そして人々がそのアジにのるためには何らかの反対給付のあつたことは見のがせなかつた。私の農村指導は昭和二十一年初から二十四年の末までつづいたのであるが、新聞雑誌で見たり、或は村の中をあるいて新勢力の代弁者たちのはなしている事と私の目で見る村の現実にはかなりひらきがあるように思えた」［宮本 一九五五b：二頁］。

ここでいう「進歩的」「新しい権力者」「新勢力の代弁者」とは、共産主義者あるいは社会主義者と考えて間違いなかろう。宮本は彼らを、地域社会を混乱させる無責任なデマゴークとして認識する。さらに続ける。

「多くの大衆はだまつては居るが何かしつかりしたものを持つて自分のしなければならない事をぐんぐんやつていた。すると、そういう人たちを今度は進歩的と称する仲間が富農層とか富農化とか言つて、もとの地主のように憎しみの言葉をなげかけはじめた」［宮本 一九五五b：二頁］。

実際に農民への無責任なデマゴークもいたことであろうが、そうしたデマゴークを突出させて表現した、おだやかな反共主義といってもいいかもしれない。

そして、宮本が見たもうひとつの農民の変化は旧家の没落であった。「当然没落していいような家も多かつたが、中には村のバツクボーンになつている家も少なくなかつた。そういう家の古文書が滔滔と散佚してゆくのもいたましかつた」［宮本 一九五五b：二頁］という。地域社会の中心的旧家の没落を惜しんでいる。これには、古文書の散逸など研究上の障碍についても言及されているが、地域社会の中心的農民が敗戦と農地改革により没落していくことがいたたまれなかったのであろう。

宮本が地域社会に求める理想像を単純化すれば、中農自立論とでもいうべき主張であろう。ただしそれは、こうした農地改革後の革新勢力批判におけるように、結果的には、一九八〇年代半ばまで保守政治、自民党政権の政治基盤であった地域の自作農民層支持と重なり合う。社会変革については否定的であり、現状の修正による地域社会の自立、その中心に自作農上層を位置させる、それが宮本の地域社会に求めた理想像であった。いくぶんか美化しつつ、みずからをも「周防大島の百姓」とくりかえし、みずからも篤農たらんとしていた宮本であったから、その対象としての視線は下層農民・漂泊者までにも及んだとしても、地域社会に求める理想は、アジア太平洋戦争敗戦以前も以後も、一貫して自作農上層中心の保守的世界であった。

こうした地域社会の体制維持を求める保守的思想は、単なる保守主義にとどまっていたのではない。アジア太平洋戦争敗戦までは、その保守主義は、大日本帝国と庶民を癒着させる機能をも果たしていた。しかし、敗戦後はそうではない。その視点をいっそう地域社会に集中させているがゆえに、その体制維持が動揺させられるとき、あるいは、その存立基盤がおびやかされるとき、その保守主義を通して、政治・社会に対する怒りと批判があらわれてくることにもなる。地域社会に視線を集中しているがゆえに、そこでの存立基盤と秩序がおびやかされたとき、宮本の保守主義は、性根のすわった政治・社会批判としてあらわれてくるということもできるかもしれない。

第Ⅲ章　創造的人文科学者の誕生

一　社会経済史学者としての再出発

1　宮本常一の敗戦

一九四五年（昭和二〇）七月一〇日、宮本は堺市爆撃により自宅を焼失する［毎日新聞社編 二〇〇五a：一〇〇頁］。その再建作業中の八月一五日正午、天皇の敗戦「詔勅」のラジオ放送を聴く。日記は次のように記す。

「暑い日。今日も家をつくるのに朝から精出す。昼までに大体土をつみあげる。午后から屋根をつけることにする。昼まへ重要放送があるから正午のラヂオをきけといふので待つてゐると、天皇の勅語あつて遂に無条件降伏発表」［毎日新聞社編 二〇〇五a：一〇二頁］。

焼失した家の再建は一九日にいちおう完成する。「とに角独力で家をたて、見た。それは面白いことであつた。雨もりがしなければよいが…」［毎日新聞社編 二〇〇五a：一〇二頁］。宮本の八月一五日とは焼失した家を妻・弟・親戚などとともに再建する真っ最中であった。八月一五日の段階では、すでに宮本の再スタートがはじまっている。

宮本にとっての実質的な敗戦は、七月一〇日の爆撃による自宅の焼失であったのではないか。そのとき、それまでの調査資料・原稿をも焼失した。それまで五〇冊の「民俗誌」作成を目的としてフィールドワークを重ねてきた営為は中断、というよりも、挫折させられた。『民俗学の旅』は次のように語る。

「私の家は堺が空襲に逢うた夜に焼けた。郊外にあるのであるいは無事に戦災をまぬかれるのではないかと思ったが、書物以外に調査ノートや原稿などもすべて焼いた。（中略）今になってみると、再び調査することのできない資料が大半であった。その当時は他の大勢の人も多くを失ったのだから、私のものが焼けたのも当然のように思えたが、それは失ったものを取戻すことができた場合の話である」［宮本 一九七八ａ：一三二頁］。

淡々とした口調であるが、晩年の宮本が、この爆撃による焼失を、回復不可能な過去としてとらえていることがわかる。宮本の絶望感にこれ以上立ち入ることは控えよう。ただ、事実として確実にいえることは、この焼失のあと、宮本は「民俗誌」作成を目的としたフィールドワークを実践しなくなることである。すでに述べたように、焼け残った原稿をのちに『越前石徹白民俗誌』『大隅半島民俗採訪録』『宝島民俗誌』『中国山地民俗採訪録』として刊行しても、アジア太平洋戦争敗戦前に刊行した『出雲八束郡片句浦民俗聞書』『吉野西奥民俗採訪録』『屋久島民俗誌』のような「民俗誌」のためのフィールドワークをあらためて行ない、また、それを「民俗誌」としてまとめることもなかった。五〇冊を目的とした「民俗誌」作成のためのフィールドワークは、この焼失によって永久に中断したままとなった。

宮本は一九〇七年（明治四〇）八月一日生まれであるから、一九四五年（昭和二〇）八月一五日の敗戦のとき満年齢では三八歳である。一九八一年（昭和五六）一月三〇日、満七三歳で死去する宮本にとって、ちょうど人生の中間地点を通り過ぎたところであった。

結果的にみれば、この挫折は、宮本をして固定型の民俗学から飛翔させるよい機会であった。このあと、宮本は「民俗誌」作成のためではないフィールドワークを続ける。手さぐりの模索であったかもしれないが。

宮本を飛翔させる実質的な第一歩はアジア太平洋戦争敗戦前にはじめられていた。敗戦四ヶ月前の一九四五年（昭和二〇）四月二二日、それまで勤めていた奈良県立郡山中学校嘱託教員の辞表を出し、翌二三日、大阪府農務課嘱託の辞令をうけ［毎日新聞社編 二〇〇五a：九六頁］、五月一日から大阪府庁に出勤する［毎日新聞社編 二〇〇五a：九七頁］。戦争末期、混乱する食料事情打開のために、大阪府から依頼され生鮮食料対策を立案するためであった。周防大島の百姓の家に生まれ小学校卒業後百姓をした経験があり、大阪府の小学校教員、アチックミューゼアム所員、郡山中学校嘱託教員であった宮本は、それまで、農業に近い地点にいるとはいえ、農業そのものにはほとんど関係はなかった。その宮本が、農業そのもの、また、生産・経営にかかわる職務に就くことになったのである。

この大阪府農務課嘱託としての勤務は篤農協会とかかわりがあった。篤農協会は、一九三三年（昭和八）一月、斎藤実《さいとうまこと》内閣の農林大臣であった内務官僚出身の政治家後藤文夫《ごとうふみお》の主唱により、伯爵・貴族院議員酒井忠正《さかいただまさ》を理事長として設立された政治・思想団体である。一九四三年（昭和一八）時点で会員数九〇〇〇人を数え、「広く天下に有志を結びて、日本農村の特質を闡明し、国家弥栄、民族永安の根基として農村の振興を計る」ことを目的とし、「一、篤農思想の究明　二、農村風教及家風振興の研究　三、農村政策の基礎的研究　四、講習会、研究会等の開催、又は講師の派遣　五、郷塾の普及とその経営指導　六、篤農家及農村各方面の指導者育成　七、農村開発偉人の慰霊祭挙行　八、農村経営諸般の研究助成及指導」などを主な活動とし、機関誌『篤農』を刊行している。具体的な活動としては、たとえば、一九四〇年（昭和一五）八月「埼玉県農士学校に於て東亜農道振興大会を主催、東亜各国代表の篤農家を召集して農道による各民族の提携を計」り、一九四一年度（昭和一六）事業として、地方講習会・講演会を六四回、地方篤農懇談会を一三一回、農村護強協議会を東京で開催し地方の「中堅指導者五十名を召集」「時局下に於ける農村振興の方針に就き研究協議」を行なっている［新井恒易編 一九四三：七三－七四頁］。篤農協会とは、戦時体制を農村社会の基底から支えるために、地域社会の中心的農民、中農以上の篤農を組織した半官半民団体であった。敗戦後は、一九四五年（昭和二〇）一一月三日、新自治協会に再編成されている。

宮本によれば、郡山中学校に土井実という英語教師がおり、その勧誘で一九四五年（昭和二〇）に入ってから篤農協会が主催する地主調査を行なうようになり、その地主調査を通じて、篤農協会関西本部米山久蔵と相識り、彼の推薦で大阪府へ紹介され農務課へ勤務することになったという［宮本一九七八a：一二五－一二六頁／田村 二〇〇六：三七一－三七三頁］。最初の調査は四月一四日に日帰りで奈良県橿原市耳成におもむいている［毎日新聞社編 二〇〇五a：九二頁、九六頁］。アジア太平洋戦争敗戦後、篤農協会を再組織した新自治協会での宮本の地主調査に連続するものであったと推測される。これについて、さなだゆきたか『宮本常一の伝説』は、宮本が篤農協会内部の農村文化研究会と一九四二年（昭和一七）ごろから関係があり、翌年ごろからは篤農協会嘱託であったのではないかと推測している［さなだ 二〇〇二：二二九－二三三頁］。さなだの推測通りであるとすれば、すでに郡山中学校嘱託教員在職中、あるいは、それ以前のアチックミューゼアムにいた時期から篤農協会との関係があったとも考えられる。そして、この篤農協会関西本部米山久蔵の推薦で、大阪府農務課への勤務が実現していた。

この大阪府農務課嘱託は、退職したのが年末の一二月二七日であったから［田村 二〇〇六：三七一－三七三頁］[30]、一九四五年（昭和二〇）八月一五日の敗戦をはさんで、約八ヶ月間の勤務であった。大阪府下の農村から都市への生鮮食料供給体制を整備するための実態調査などがその職務で、大阪府下農村を巡回し、供出と闇、軍隊の買いつけによる混乱、いっぽうで、肥料不足と苗・種供給のアンバランスを調査・報告している〔宮本 一九七八a：一二八－一二九頁〕。

それでは宮本は、敗戦直前の大阪府下農村で、大阪府農務課嘱託として何をみたのであろう。当時、宮本の作成した書類が近年刊行されたので、それによって概観してみよう。

たとえば、五月二二日「大阪府知事安井英二」宛に「復命書」の形式で「農務課嘱託宮本常一」が提出した「春夏作付綜合割当実施状況視察報告」という文書がある。「用務地」つまりは調査地を「池田市、三島郡安威村、北河内郡枚方町・水本村、中河内郡高安村、南河内郡富田林町、泉北郡和泉町・取石村、泉南郡佐野町」とした農村実態調査報告である。まずは調査地の農業生産組織とその指導者を概観し、割当作物が農地と不適合になっていると指摘する。一例をあげると、「全く未経験の作物を割当られて変更を余儀なくされた所が少なくない。水本村打上方面では胡瓜の割当が最も大きかったが、これは全部、南瓜に変更された。この地は、かつて府の指導によって胡瓜を作ったことがあったが、秋胡瓜だというのを作ったところ、種子のまちがいから、夏胡瓜であって全く失敗した。しかもこの損失は全く補償せられなかった。このため、本年も部落こぞって胡瓜を希望せず、南瓜に変更した。しかしてこのため胡瓜の次に割当てられていた菜豆《いんげん》の播付は中止せざるをえなくなった。高安村では人参の割当が多かった。種子も受けつつかかる栽培は未経験で、播付はいずれも躊躇している。おそらく、割当の五割も実施せられないであろうという。しかして、その代わりに甘藷を作りたいとの意向がつよい」〔宮本 二〇〇六：一七頁〕という。また、軍需工場用地として農地接収が行なわれるため農地不足であるとして、「綜合作付実施の障碍となるものは耕作地の減少である。これは今日のところ佐野町、安威村、水本町、枚方町、箕面村などに見られる。すなわち多くは軍部および軍需工場敷地となっていきつつある。しかも軍部方面にあっては全く村の計画予想せざるに来たって工事を起こすので障碍を起こすことははなはだしいのである」という〔宮本 二〇〇六：二〇頁〕。

そして、宮本が指摘するのは、戦時下大阪府下農村の肥料不足である。それも化学肥料ではなく、大阪市街地などの屎尿利用についてである。大阪府下農村では、屎尿を肥料として利用してきたにもかかわらず、貯留槽への割当計画が不充分で、また、戦時下にはトラック輸送に困難があり、そのために、肥料不足が起きているという。さらには、供出の不徹底と〝闇〟の横行については、経営規模の安定した中農は供出を守っているが、小作・貧農層に闇売買が多いと指摘する。もっとも、次のようにもいう。「時局をわきまえざるものは、多くは小作人にして必ずしも上等の生活をしているものでないということも考えさせられることで、村内の指導者はこれをにくみつつも供出価格をもってしてのみでは生活のたたないことを認めている」〔宮本 二〇〇六：二五頁〕。戦時下の小作・貧農層は、公定価格による供出・配給では生活が困窮するので、闇の売買を行なわなければならない状態になっているというのである。大阪府庁の職務でありながら、杓子定規ではなく、実態を的確に把握している。

また、大阪府知事宛に提出した別の「復命書」では、農産物の盗難についても言及する。六月二三日付「食料供出事情視察報告」という文書でも、闇売買の実態を報告しつつ、しかも、農産物の盗難が絶えないという。「供出に伴う問題として最近、野荒しが非常に殖えた」「土地によってはジャガイモを三分の一も掘られたというのがある。箕面村新稲では、ある夕方、土盛かごにいっぱいの玉葱を一荷かついでやって来たものがあり、誰何すると荷をすてて逃げ出した。（中略）枚方町茄子作では、甘藷の苗床の苗がぬすまれて困った。そのため床の周囲に垣をしなければならなくなった。津田町では風呂敷部隊に物を売らないと芋床が消えて困るとのことである。泉大津市では警防団が夜警しているが、夜盗は刃物をもって野荒しに来るということもきいた。（中略）こういうところから供出に、今後、破綻を生じはしないかということを恐れる」［宮本 二〇〇六：五四頁］。アジア太平洋戦争末期、社会経済と生活が混乱・荒廃している様子を伝える。

それまでの宮本のフィールドワークは、「民俗誌」作成のためであってさえも、そこからの逸脱を含み、生活そのものを把握し叙述する志向のなかにあった。しかし、この大阪府下農村巡回は、さらに目的を変え、食料政策のための現状把握にあった。職務とはいえ、宮本のフィールドワークを大きく変質させている。農村の社会経済的現実、農業と政策との関係、従来の宮本にはなかった調査がそこに生まれてきている。

このように、宮本は、大阪府農務課嘱託として府下農村を調査し生鮮食料供給体制整備の職務を続けているとき、七月一〇日の堺市爆撃により自宅と調査資料・原稿を焼失した。日付は不明であるが、敗戦の八月一五日直後であろう、篤農協会関西本部米山久蔵宛に次のような手紙をしたためている。

「扨戦が思はぬ形式で終りしばらく呆然といたしましたがまた元気をとり戻しつゝあります。住居も焼跡に五坪ほどのものを造りました。併し一方役所は課長もかはり、いさゝか仕事の張合もぬけて来ましたので、都合によればやめて、故郷の母に孝行もしたく大阪と故郷を往復するやうな生活でもはじめようかと思ってゐます。但しまだ確定もして居りません。しばらく足を向けなかった農村へも出向いて見たいし、例の精農家の会合もこの交通地獄がやゝおちついたら何とか実行したいとも思ひます」［日本観光文化研究所編 一九八五：五四頁］。

私信であるから本音であろう。自宅・調査資料・原稿を焼失しつつも、敗戦ショックからの立ち直りは、早かったといえるかもしれない。しかし、実際の宮本の行動は、この手紙にもあるように、大阪府農務課嘱託にやる気を失ない周防大島への帰郷を考えている。自宅・調査資料・原稿焼失、敗戦ショックから立ち上がろうとしつつも、どこか休養を欲する宮本の気分も見え隠れする。すでに述べたように、実際に年末には辞職し翌一九四六年（昭和二一）一月帰郷する。また、ここでいう「農村へも出向いて見たい」が、「民俗誌」作成を目的としていたかつてのフィールドワークなのか、大阪府農務課嘱託のような農業経営にかかわる巡回なのかはっきりはしない。それを考えつつも、帰郷する、それが敗戦後の宮本であった。

敗戦後も、宮本は社会秩序の混乱に向き合っていた。同じく篤農協会関西本部米山久蔵宛の九月二三日付手紙で、敗戦後の世相について次のようにいう。

「之から二、三年はみんな真剣に勉強すべき時だと思ってゐます。私自身も出来る丈さういふ機会をつくりたいと思ってゐます。この二、三年こそ大きく混乱することと思ひますが、その時我々は静かに自らを養ひ、この嵐にさからふ事なく時期を待って大いに世の役にもたちたいと思ひます」。

「農村社会については特に心をいためてゐます。村の人々の気持は日々ゆるみ且ばらばらになってゆきつつあります。敗戦も大きい原因でせうが、もう一つには諸団体の解体も原因してゐると思ひます。とに角事務的な町内会や実行組合の外に青少年婦人その他を結合せしめる様な方法をとらないと今に大きな混乱と悪くすると国家の解体が来るのではないかと思ひます。村を歩いて見て全く暗然とします。さうして自覚なき人々は自らを苦悩のるつぼにおとしてゆく事に気付かず、日々眼前の安易を追うてゆく事を甚ださびしく思ってゐる次第です」〔日本観光文化研究所編 一九八五：五七頁〕。

農村秩序の混乱に心を痛め、そこからの回復、秩序の維持を期待する宮本であった。そのために、静かに実力をたくわえ、「世の役にもたちたい」という。その胸底には自宅・調査資料・原稿の焼失からくる挫折があり、大阪府下の農村巡回で実見した社会経済的混乱、さらには、一〇月から一一月にかけて大阪府下被災者を北海道移民に引率した際の経験が活かされることもあろう。空理空論ではなく、現場から社会経済的秩序の回復のための尽力が決意されている。しかし民俗学は遠のいている。

このように、アジア太平洋戦争敗戦の一九四五年（昭和二〇）、宮本は戦時体制を農村社会の基底からささえる篤農協会にかかわり、大阪府農務課嘱託として勤務した。農村と職務に忠実に、それらに寄り添おうとしているかのようである。

そのような意味では、同じく民俗学者のなかでも、フィールドワークをほとんど行なわず、柳田民俗学に追従し机上の柳田系民俗学を展開していた民俗学徒の方が、ファナティックで時局迎合的発言をしているかもしれない。

たとえば、雑誌『民間伝承』第一〇巻第三号（一九四四年三月）は「生死観特輯号」であるが、倉田一郎の巻頭言「生死観と民俗学」は次のような内容である。

「去る秋、大東亜戦争美術展を観せて頂いて、多くの感激すべく、また襟を正すべき作品に接したのであるが、かの九軍人とその生家をゑがいた大作の前に立つた時、その殆と悉くが萱葺又は質素な瓦葺の家であることに私は注意を惹かれた。皇国軍人精神の精華とも謂ふべき滅私殉国の若桜が、かやうな田舎の質朴な家とその背景をなす郷党生活の裡に育まれたといふことは、そこに田舎がもつ偉大な精神力の存在を暗示するものと言はねばならない。そこには埴輪以前から流れてゐる民族的死生観の底流があり、この際振返つて観察すべき多くの伝承と問題とが横たはつてゐるものと考へられる。かゝる生死観の由来を究めるためには、民俗学の如きは残されたる殆と唯一の方法を示すものと謂はねばならぬのであつて、民族生活の随所に分布伝承されてゐる信仰と習俗とは、依つて以てこの方法の下に比較究明されて始めて、遠き父祖たちの生き方を知り、その生死観を学び、ひいては将来あるべき幾多の葬制をめぐる諸問題に対して、妥当なる示唆を与へることが出来るのである」〔倉田 一九四四b：一一―一二頁〕。
「皇国軍人精神」が田舎の質素な生活のなかから育まれ、そうした生死観の解明は、唯一民俗学によって適切に行なわれるというのである。民俗事象に基づいての主張ではなく、また、民俗事象が「皇国軍人精神」生成の源泉であると論証されたことなどないにもかかわらず、こうした主張が行なわれている。しかし、それは非論理的で現実を根拠としない空理空論であるがゆえに、逆に、字面では時局に迎合しつつも、「大日本帝国」と根底から癒着するにはあまりにお粗末で無意味であった。

また、さなだゆきたか『宮本常一の伝説』によれば宮本も関係していたという篤農協会内部の農村文化研究会で、橋浦泰雄が行なった発表も、必要以上に皇室中心主義的である。「農と日本文化」として機関誌の『篤農』第一二七号（一九四三年一〇月）に掲載されているが、西洋文化・都市文化を皮相的と説明し、その上で、農本主義こそ日本文化であり、その中心に皇室・天皇があるという。「有史以来農本主義を以って発展して来たのが我国の歴史の実際である。この農の文化には民族が頼ってきた中心がある。申す迄もなく　皇室であつて　天子様は宇宙の意志を体して居られるものとして国初から現代にまで及んで居る」〔橋浦 一九四三：四頁〕（闕字は原文）。そして、氏神信仰・祖霊信仰を天皇・皇室に連続させつつ次のようにいう。「上古の氏族と云ふものは祖霊を中心にした集団で外国に多くみられる如き物体或ひは自然崇拝ではない。天照大神は単なる自然崇拝の対照（ママ）ではない。この祖霊と共に生きて行くと言ふのが、民族生活に於て一貫してきた道である」〔橋浦 一九四三：四頁〕。この橋浦の主張も、論証抜きで断定的に、農民文化の中心に天皇・皇室があるというものであった。[31]
橋浦は、明治末年からの社会主義者・プロレタリア芸術運動家でもあり、社会主義者の堺利彦《さかいとしひこ》（一八七一―一九三三）から薦められ柳田國男を訪ね民俗学者となり〔橋浦 一九七三：一〇三―一〇四頁〕、アジア太平洋戦争下には民間伝承の会の中心メンバーでもあった。アジア太平洋戦争敗戦後は日本共産党へも入党している。その橋浦が篤農協会機関誌の『篤農』にこのような寄稿をしていた。戦時下とはいえ、あえて必要のない、また、ドレイの言葉とも思われない、内容空疎な言辞をつらねた「大日本帝国」への迎合であった。

時局迎合的な倉田や橋浦のようではない、現実に即した農村の社会経済的秩序を維持しようとする宮本の言動と思想の方が、根深い次元からの保守主義であるといってよいだろう。内容空疎でないがゆえに、宮本の農村の現実を根拠とした発言は、「大日本帝国」と保守思想を根底から支える原動力となり得るのである。

2 社会経済的保守主義――地主調査

一九四五年（昭和二〇）一二月二二日に辞表を出し大阪府農務課嘱託を退職した宮本は、年明けの一九四六年（昭和二一）一月一四日、すでに子供たちをあずけていた周防大島の実家へ、妻とともに帰郷した［毎日新聞社編 二〇〇五a：一〇六頁、一〇八頁］。しかし、「大島に帰り、百姓をすることにするも、農閑には農林省委嘱による地主調査のため各地の篤農を訪ねる旅をする」［田村 二〇〇四：五六四頁］ようになる。地主調査とは、敗戦後の一九四五年（昭和二〇）一一月三日、篤農協会を再編成した新自治協会がその内部に農村研究室を設置し、その主任となった宮本が主導して行なった、農業経営を中心とした農村調査のことである。宮本は、一九四六年（昭和二一）三月一五日この新自治協会の中央理事となり［毎日新聞社編 二〇〇五a：一一〇頁］、地主調査のフィールドワークと講演・講習旅行をはじめ、機関誌『新自治』（→『新農村』）にもくりかえし寄稿する。さなだゆきたか『宮本常一の伝説』によれば、この新自治協会には、その設立時から深くかかわり、発起人のひとりとでもいうべき役まわりでもあり［さなだ 二〇〇二：二三六―二三九頁］、また、宮本が主任をつとめた農村研究室は「宮本研究所というべきもの」でもあったという〔遠藤 一九八一：一二〇頁〕。しかし、宮本は新自治協会の分裂により翌一九四七年（昭和二二）七月に退職〔田村 二〇〇四：五六五頁〕、その後は新組織である全国農村自治連盟に所属する。宮本の日本常民文化研究所への復帰は一九四九年（昭和二四）一〇月である。

敗戦のあと、翌一九四六年（昭和二一）から一九四九年（昭和二四）までの約四年間は、故郷周防大島を拠点としつつも、新自治協会特にそのなかの農村研究室主任として、また、全国農村自治連盟により、地主調査のフィールドワークと講演・講習旅行を行なう、それが宮本の生活であった。

それでは、宮本の地主調査とはどのようなものであったのだろう。ひと言でいえば、それは、敗戦後、GHQが主導する戦後改革のひとつとしての農地改革、それを射程に入れての農村調査であった。調査費は農林省から出ていたという〔谷内・田村・高松 一九八五：三九頁〕。一九四五年（昭和二〇）一二月九日、GHQが「農地改革に関する覚書」によって農地改革の指示を行ない、第一次農地改革が一二月二九日、農地調整法改正公布（一九四六年二月一日一部施行、四月一日全面施行）により、第二次農地改革が一九四六年（昭和二一）一〇月二一日農地調整法再改正公布（一一月二二日施行）・自作農創設特別措置法（一二月二九日施行）により、展開されるようになっていた。このような寄生地主制の政治的解体の時期、宮本はその解体されつつある地主および寄生地主制を研究対象とした農村調査を行なっていた。

一九四九年（昭和二四）までには完成されていたと考えられるこの地主調査の報告書は〔田村 一九八六a：三九三―三九四頁〕、宮本以外の調査地も含めて、宮本執筆部分が地域別調査報告書として刊行されている[32]。内容的には、地域によって濃淡が激しく、地主・小作関係だけではなく、民俗事象全般にまで及ぶものもある。

宮本は、その「序」において、まず次のようにいう。「日本の農村の多くが、中世末及び近世初期に発するものが多く（中略）、開村当時の事情が一村の今日の形成に大きな影響を与えていることが少なくない」。その上で、宮本は、農村はその生産・生活維持のために、もともとは、「有機的な結合体」として存続してきたとして、次のように続ける。

「本来村落は一つの有機的な結合体として存在する。有機的な結合体として存在するためには、先ず外部に対して一つの安定を得ようとする作用を持つ。それが結合体を有機的に鞏固なものにしようとする。また有機的に結合するためには、内部においても、その結合体を構成する個々がバランスをとろうとする活動を持つ。故に内部の結合関係が有機的であればあるほど、この平均化安定作用は強くはたらくものであって、一概に階級分化が無限に発展してゆくということはないのである」〔宮本 一九八六ａ：七－八頁〕。

もともと、日本の農村、村落社会は「有機的な結合体」であって、階級対立はなかったというのである。しかし、その「有機的な結合体」が資本主義化していったのであり、この地主調査・報告の目的は、「それぞれ素朴なる生活共同体として出発した村が、貨幣流入あるいは資本主義社会の影響によって、どのように変って来つつあるかをみてゆくこと」にあるという〔宮本 一九八六ａ：八頁〕。

村落社会を「有機的な結合体」とする宮本の思想は、クロポトキン『相互扶助論』受容以来、一貫しているといってもよいだろう。たとえば、この地主調査で、もっともよく整理された熊本県菊池郡西合志《ごうし》村黒松（現合志市）の調査報告には、そうした宮本の思想がもっとも典型的にあらわれている。

地主調査時点で、黒松は総戸数三二軒の熊本市郊外の農村であり、一八九二年（明治二五）創立の合志義塾という民間教育機関を存続させていた。たとえば、開発地主でもありこの合志義塾創立者でもある家を中心に構成した報告のなかで、宝暦年間以降この開発地主が質屋業を経営していたことにふれて、「そこには村の開発者として村民全体の安全と幸福を念頭においての経営がみられたのはいうまでもないことであり、代々の人の言行を誌したものの中にも貧しい者の生活を支えるために色々の便宜をはかるように示した言葉や行為が見えている」といい、次のように続ける。

「耕地などもこれを無制限に集めてはならない、一家の生活をたてるに足るならば、それ以上はできるだけ集めることを控えよといっている。これは自らの家をきりはなされた一個として考えていたものでなく、全く自らの家が村全体の一細胞をなし、有機体としての村を考えていたからに外ならぬ」〔宮本 一九八六a：四〇－四一頁〕。

開発地主の質屋業営業をも村落社会を「有機的な結合体」として存続させていくための有効な手段として肯定し、その中心に在村の開発地主が位置するとされている。宮本は、その後も、『民衆の知恵を訪ねて』（一九六三）・『私の日本地図一一 阿蘇・球磨』（一九七二）などで、この黒松の開発地主と合志義塾についてくりかえし語っているので、宮本のえがく理想的農村像がここにあったということもできよう。『私の日本地図一一 阿蘇・球磨』では、黒松の開発地主と合志義塾にふれつつ次のようにいう。

「戦時中、この戦争を支えてきていた精神的な支柱になっているものは何だろうと考えさせられることが多かった。日本の農村のどこを歩いてみても意外なほど落着いていて、ある自信に似たものを持って生きていた。しかも村民全体の思想的な統一のよくとれているところが多かった。戦後のいろいろの学説や評価は日本の庶民が官憲の圧迫のために言いたいことも言えず、暗くじめじめした中で周囲を気にしながら生きてきたように説くものが多かったけれども、現実に見る農民は腰も土性骨もすわっていて、みなよく働いた。そうした中にあってとくに活気に満ちた村にはたいていすぐれた指導者がおり、指導者は中小の地主が多く、しかもその多くは開墾地主であった」［宮本 一九七二b：一八頁］。

宮本は在村地主を地域社会の中心に置いている。これについては、地主調査に言及して田村善次郎も指摘しているが［田村 一九八六b：四一三頁］、一九四六年（昭和二一）時点の地主調査について、高木誠一の甥にあたる福島県の和田《わだ》文夫《ふみお》も次のように回想している。宮本が和田に向かって次のように言ったという。「今度新自治協会という新しい組織を或る人たちとつくった。これからの日本を考える仕事をしようとしている。今その仕事で村々を歩いている。先ずムラのなかでの地主について、もっと明らかにしなければならない要素がいくつかあるので、改めて細かい調査を進めている、調査に協力してほしいということであった」［和田 一九八一：一〇一頁］。

宮本の地主調査の事例をもうひとつだけあげてみよう。本家分家関係・親方子方関係が強く、開発地主中心の村落構造が顕著な東北地方の事例である。たとえば、秋田県平賀郡浅舞町（現横手市）では、大地主はなく約二〇町歩の在村地主で、地主であるだけではなく染物屋・呉服商などを兼ねているばあいもあるという。そして、その開発地主にふれて、「この草分の家は大半明らかである。なぜならそれらの家は時には地主小作の関係のないものもあるけれども、今も村の中心勢力になっているからである。そういう家をオヤカタとよんでいる」という［宮本 一九八六b：三二四―三二五頁］。そして、このオヤカタと小作との関係は、もともとは奉公人分家であったとして、次のように続ける。

「もと小作人は親方の家に奉公していた者が、長年勤めたことによって独立する時、田をわけてもらったのを主体としていたようである。この場合小さい家をたててやることもあった。このように財産を分けて独立させることを別家とはいわなかった。むしろただ子方と言っていた。この場合地主の家を親方とよび、子方を出入とも呼んだ。出入は親方の忙しい時には手伝いにもゆき給金をもらった。また親方の冠婚葬祭の時も手伝いにいった。そういう時には別に給与はうけない。しかし親方は後で何かお礼をしたものである」〔宮本 一九八六b：三二六頁〕。この地域では、地主小作関係とはもともと親方子方関係でもあり、開発地主から出た奉公人分家が子方となり、それが小作として成立していったとされる。

しかし、こうした奉公人分家としての小作の形成が、徐々に変化していったという。「このような小作人で固められていたのであるが、親方の土地兼併によって出入関係を持たぬ小作――すなわち小作料を納めるのみの小作人が多くなってきた。それでも、そういう小作人に対しても正月には招いてご馳走し、小作の多い家では三〇〇人も客をしたことがあると伝えられている」〔宮本 一九八六b：三二七頁〕。奉公人分家から形成された地主小作関係が、そうではない、小作地の貸借のみを媒介とした地主小作関係として変化していったというのである。

このように、宮本の地主調査とは、在村地主でもある開発地主を中心としてその地域社会を明らかにしていた。そのような意味では、自作農上層の島根県の田中梅治・福島県の高木誠一を地域社会の理想的指導者としたアジア太平洋戦争以前から、宮本が地域社会に求めていた理想像は一貫していた。寄生地主制が解体されていく農地改革と同時期、なおもそれまでの村落社会の指導者を中心とする思想を変えていなかった。村落社会に対して社会経済的保守主義とでもいえる思想が継続しているのであり、クロポトキンの『相互扶助論』を受容し、社会を矛盾ではなく調和と共同としてとらえる宮本の思想が、このような保守主義として展開していると考えることもできる。もちろんそれは、地主小作関係を階級対立、支配と被支配の矛盾に置き換える概念操作とも無縁であった。

しかし、宮本が農地改革進行中においてさえこうした自作農上層と開発地主を中心とした地域社会像をえがき、それの実態調査に従事したことは、それまでにはなかった地域社会への認識方法を獲得させることにもなっていた。敗戦をはさんで大阪府農務課嘱託として大阪府農村の実態調査を行なったこともその背景にあろう。それは、『周防大島を中心としたる海の生活誌』（一九三六）に見られたような労働と生産に注目した「生活誌」とも、「民俗誌」作成のためのフィールドワークとも、明らかに異なっていた。宮本の地域社会への視線に、農業経営と農業技術が加わったのである。

たとえば、『農村倶楽部 村』第四二号〜第六七号（一九五〇年七月〜一九五二年八月）に連載した「農業経営私見」[33]という文章は、宮本にしては珍しく断定的な口調、「日本がアメリカの占領下にある限り、また、たとえ講和条約が結ばれたとしても、その経済勢力圏内にある限り、一応、資本主義体制をとらなければならないものであることを、われわれはまず考慮しなければならない」［宮本 二〇〇六：一五五頁］と、資本主義経済を肯定する強い語調ではじまる。サンフランシスコ講和条約・日米安全保障条約調印が一九五一年（昭和二六）九月八日（一九五二年四月二八日発効）であるから、その約一年二ヶ月前のことであった。次のように続ける。「資本主義の矛盾はマルクス以来しばしば論じられているけれども、そして世界は大きく二つに割れてきているけれども、現実の問題としては、この体制の中でどう生きるかを忘れてはならない。と同時に、われわれはきわめて安易に資本主義の矛盾なるものを口にするが、はたしてわれわれが本当の資本主義体制の中を生きてきた経験を持つであろうかどうか。少なくも農村社会には純正な意味でそういうものは存在しなかったと言っていい。早い話が、今日までのところ、自家労力を生産費の中の重要な位置をしめるものとして考えたことがあるだろうか」［宮本 二〇〇六：一五五頁］。おだやかな反共主義というべきか、資本主義体制を肯定しつつ、しかし、いっぽうで、農村と農民がその資本主義経済のもとで生産・生活をしている自覚を持ってきたのかどうか、疑問を投げかける。

宮本の問題提起は資本主義経済のもとでの農業経営意識であった。

「少なくも今日までの日本の農業には、厳密な意味での農業経営は何ほども考えられていなかったと言っていい」。

「資本主義下にあってはどこまでも経営が問題になってくる。いかにすれば経営が成立するかが考えられなければならぬ」〔宮本 二〇〇六：一五六頁〕。

農業経営には、資本が必要であり、それによって農産物販売による収益が獲得されるが、いっぽうで、生産費と税金を計算する必要があると論じる。そして、共同・集団化、農道整備、機械化、さらには、農業経営のための企画性や政治力が必要であり、農村でくりかえし提唱された生活改善にふれて、むしろ必要なことは経営改善であり、それによっておのずと生活改善も実行されるという。「台所の改善、竈の改善は口にしても、共同炊事や農村食堂の問題はいまだほとんど口にするものがない。生活改善の根本問題は、低い作業能率を高め、かつ生活を合理的にすることにある。台所を改善するのも、女の低い作業能率をより高くしようとすることにある」〔宮本 二〇〇六：二三八頁〕。

宮本は、農業を資本主義経済のもとでの経営としてとらえ、その自覚のもとでの合理化を行なうこと、そうした提唱をするまでになっている。敗戦前の宮本にはなかった、新たな地域社会への視線が獲得されてきているのである。逸脱の民俗学者は、固定型の民俗学からさらに逸脱し、農業経営改革論者にまで到達している。

それはまた、宮本の研究を大きく広げるきっかけでもあった。単なる農業経営改革論者になっていたわけではなかった。

こうした仕事は実際の農業指導をも含んでいた。宮本みずからがその体験を記した最初の発表誌が全国離島振興協議会の『しま』であり、しかもそれが新自治協会と全国農村自治連盟の仕事であったことを明言していないためにほとんど気づかれてはないが、「私は国民服を着、兵隊靴をはき、リュックサックを負い、知人をたよって村をあるき、農業技術・農業経営について講じ」ていたという

〔宮本 一九六〇b：五五頁〕。これは正確にいえば、『しま』第九号（一九五六年三月）に「青年会議に寄せて――よき明日への期待」と題して発表され、のちに『日本の離島』（一九六〇）に「離島青年会議に寄せて」と改題され所収された、離島青年会議についての文章であるが、それが敗戦後の農業指導の回想からはじめられている。実際に、一九四六年（昭和二一）から一九四八年（昭和二三）にかけてはこうした講演旅行とでもいうべき旅行が多い〔毎日新聞社編 二〇〇五a：一〇七－一六一頁〕。また、宮本は新自治協会を退職してからであるが、全国農村自治連盟によるものと思われる、農閑期大学を一九四八年（昭和二三）[34]二月全国の農業青年を集め横浜で開催、合計九日間講師をつとめ、全国の青年が帰郷するに際して別れがたく最後の青年とは講習後一〇日間も行動をともにしたという。また、同年夏には秋田県での一週間の農閑期大学の講師としても出かけている〔宮本 一九六〇b：五五－五六頁〕。新自治協会の中央理事になった一九四六年（昭和二一）三月から一九四九年（昭和二四）一〇月、日本常民文化研究所に復帰するまで、敗戦後の宮本のフィールドワークは、民俗学とも「民俗誌」からも距離をおいた農業および農業経営のためのそれに大きく変容をとげていたのである。

3 農業技術経営史――「大阪府農業技術経営史」「泉佐野における産業の展開過程の概要」

地主調査を継続している時期、一九四八年（昭和二三）一〇月二九日、宮本は大阪府農地部農業協同組合課嘱託となる〔田村 二〇〇四：五六五頁〕。大阪府農地部からの懇請によるもので、農地改革・開拓地の農業指導・農業協同組合育成がその仕事であった。ただし、これには給与などはなく、宮本がフィールドワークの途中に立ち寄るという条件であった〔宮本 一九七八a：一五九－一六〇頁〕。退職時期は明確ではないが、翌一九四九年（昭和二四）一〇月、日本常民文化研究所に復帰するまで、約一年間はその職務に就いていたのではないかと推測される。宮本は、この大阪府農地部農業協同組合課嘱託のとき、府庁の職員のために、「大阪府農業技術経営史」という原稿を執筆する。脱稿は一九四九年（昭和二四）六月二二日、本来のタイトルは「大阪府農業技術経営小史」であった〔毎日新聞社編二〇〇五ａ：一七〇頁〕。これは当時活字になることはなかったが、みずからが『宮本常一著作集　一九』（一九七五）に所収し知られることになった。

　アジア太平洋戦争末期に大阪府農務課嘱託として、敗戦後は新自治協会の農村研究室主任として、農業生産と経営の実態調査を続けるなかで、その成果は地主調査報告書や農業経営改善論の主張としてのみあらわれてきたのではなかった。一般的には普及することはなかったが、農業技術経営史とでもいうべき研究としてそれは完成してきている。「大阪府農業技術経営史」は、村落の開発から説き起こし、用水・肥料・労働力・栽培作物を概観しつつ大阪府の農業技術と農業経営の歴史を明らかにした歴史研究であるとともに、その上で、農地改革後の農業経営のありようを展望した作品である。

　この「大阪府農業技術経営史」は、戸谷《とや》敏之《としゆき》（一九一二－四五）の『徳川時代に於ける農業経営の諸類型』（一九四二）に即して、大阪府の農業を「東北日本型」ではなく「西南日本型」と位置づけるところからはじめる。宮本が他者の論考・著作を引用することは少ないが、珍しくその冒頭から長文を引用し、その理論によって議論をはじめる。「大阪府農業技術経営史」は、戸谷敏之の村落類型論を基本的方法としているといってよいだろう。

　宮本が引用した戸谷の文章は、正確にいえば、一九四一年（昭和一六）四月発行（アチツクミユーゼアム）の『アチツクミユーゼアムノート第一八　徳川時代に於ける農業経営の諸類型』（一九四一）であり、その「序論」冒頭の次のようなパラグラフ全体であった。

「我国現在の農業経営は東北日本と西南日本とで際立ちたる差違を持つて居る。両者の差異は、第一労働集約の程度、第二貨幣経済の深浅、第三生産技術の高低をメルクマールとする場合紛ふ方なく明白である。換言しよう。東北日本の農業経営は、商業作物や飼育の比重小にして、耕作も粗放であり、一戸当り耕地面積稍広く、生産技術が極めて低い。か丶る事情に対応して、大地主の数多く、而も一面名子制度のごときものを残存させてゐる。けだし、小作農として独立の経営を持つことさへ出来ない弱者の存在は大農経営の恰好な存立地盤を提供し、また主従の関係に依り労働を直接支配する賦役制度をも生み出す。西南日本の農業経営は貨幣経済の相貌を著しく帯び、労働集約の度合も亦高く耕地面積狭少にして生産技術が相当発達してゐる。か丶る事情に対応して自作農の土地喪失と小作関係の拡大が起り、その反面所に依つては農民の富裕化も見られる。西南日本の農業経営は、貨幣経済の侵蝕のため分解し、貧窮になるけれども、特殊の地域では経営内容の充実が結果し、又一般に東北と比較する場合生産技術が高い」〔戸谷 一九四一：一頁〕[35]。

戸谷は、日本の農業経営を、①労働集約の程度、②貨幣経済の深浅、③生産技術の高低を指標《メルクマール》として、「東北日本型」と「西南日本型」とに類型化する。労働集約度が高く、貨幣経済の浸透が深く、生産技術が高いのが「西南日本型」であり、その対極を「東北日本型」とする。農業経営の先進地帯として「西南日本型」を考え、後進地帯として「東北日本型」を設定している。宮本は、この戸谷の類型論に基づき、その研究対象である大阪府が「西南日本型」であると位置づけるところから、この「大阪府農業技術経営史」をはじめている。

『資本論』を読み込みマルクス主義経済学に造詣の深かった戸谷は〔宇佐美 一九四九：五二七頁／宇佐美 一九五一：一二六頁〕、この類型論を発展段階論として展望する。「今若し東北日本型と西南日本型の農業経営の差別が労働集約の程度、貨幣経済の深浅、生産技術の高低にありとするなら、労働の粗放は労働の集約へ、自然経済は貨幣経済へ、また生産技術は低きより高きに推転する以上、此の両タイプの関係は発展段階の前後であると考へられる」〔戸谷 一九四一：三頁〕。「東北日本型」から「西南日本型」への発展である。戸谷はこれらのうち「西南日本型」については、さらに二類型化できるとして、「工業発達地の附近に位置し貢租負担が軽く幾分でも内容の充実を観取しうる農業経営を『摂津型』と呼び、貢租負担重く分解の暗い面のみしか有しない農業経営を『阿波型』と名付け、両者を離して分析」している〔戸谷 一九四一：四頁〕。農業経営が先進的とされる「西南日本型」であってさえも、先進的であるがゆえに農民が困窮するばあいを『阿波型』とし、富農となる可能性を持つばあいを『摂津型』としたのである。

宮本の「大阪府農業技術経営史」は、この戸谷の類型によって、その研究対象を「西南日本型」と断定するところからはじめている。そして、その「西南日本型」のなかの『摂津型』と『阿波型』については、大阪府はいうまでもなく『摂津型』となる。

宮本が「大阪府農業技術経営史」の基調においた『徳川時代に於ける農業経営の諸類型』の著者戸谷敏之は、一九一二年（明治四五・大正一）生まれ、一九〇七年（明治四〇）生まれの宮本からすれば五歳下であった。一九三三年（昭和八）東京帝国大学経済学部に合格していたが、思想問題によって第一高等学校卒業を取り消されたため大学入学を取り消され、のちに法政大学経済学部に入学、一九三九年（昭和一四）三月卒業し、同年四月からアチックミューゼアム所員となっていた。一九四四年（昭和一九）三月再出征し、一九四五年（昭和二〇）九月フィリピン山中で敗戦を知らないまま戦死したとされる〔宇佐美 一九四九：五二三－五二八頁〕。法政大学在学中の論考「イギリス・ヨーマンの研究」（一九三八）〔のち『イギリス・ヨーマンの研究』（一九五一）として再版〕、『切支丹農民の経済生活』（一九四三）、死後の刊行であるが出征前に戸谷みずからがまとめていた論文集『近世農業経営史論』（一九四九）などで知られ、綿密な資料収集・分析によった、しかしすぐれて理論的でもあった夭折の経済史学者であった。

宮本がアチックミューゼアム所員となったのが一九三九年（昭和一四）一〇月からであり、戦時下大阪へ戻ったのが一九四三年（昭和一八）一二月末であったから、一九三九年（昭和一四）四月にアチックミューゼアム所員となり一九四四年（昭和一九）三月再出征した戸谷とは、同時期をアチックミューゼアム所員として過ごした。フィールドワークにあけくれていた宮本と、文献学的ではあるが文献調査のフィールドを各地に重ねた戸谷とが、実際にアチックミューゼアムで時間と空間を共有することは少なかったであろうが、研究内容・方法の異なる二人がアチックミューゼアムで、同時期に調査・研究に没頭していた。宮本は、戸谷について、次のような回想も残す。

「昭和一四年であったと思うが、実験民俗学と称して五年後の日本およびわれわれの環境がどうなるかということを予測して、それを五年目にあけてみるということにし、包みにしてアチックの応接室の天井に吊りさげた。昭和一八年の暮れにひらいて見たのであったが、戸谷敏之氏は「日本は日中戦争の処理に窮してしまって多分第二次世界大戦に発展し、凡そ一年半の後、ソ連は日本に向かっても開戦し日本は敗戦に追いつめられているだろう」と推定していた。これが一番適確な予測であった」［宮本 一九七九b：第九面］。

「大日本帝国」からその思想を弾圧され、いっぽうで、戦時下の日本をこのように冷静にみつめていた戸谷であったが、皮肉なことにその戦争で命を奪われた。それでも、徹底した資料収集に基づき、現実の農業に即した農業技術経営史を展開したこの戸谷と同時期にアチックミューゼアム所員であったことは、宮本が戸谷から研究上の影響を受ける絶好の機会であったことであろう。[36] 戸谷はマルクス主義的経済史学者であり、いっぽうの宮本は、戦時下には「大日本帝国」を根の深い次元から支える姿勢を示し、さらには地域社会秩序維持の保守主義者であり、思想的には対極に位置するが、すぐれて資料収集・調査を重視する両者の研究が、その研究の基底において触れあっていたともいえる。たとえば、戸谷編の『日本常民文化研究所ノート第二八　明治前期に於ける肥料技術の発達』（一九四三）をはじめ『徳川時代に於ける農業経営の諸類型』（一九四二）・『近世農業経営史論』（一九四九）で、肥料（堆肥・金肥・屎尿など）を農業技術経営の重要な指標とする分析視角は、宮本の農業技術経営史にも継承されている。それだけではなく、すでに見た、一九四五年（昭和二〇）四月から大阪府農務課嘱託として農村実態調査を行ない、それを大阪府知事に報告した「復命書」でも、肥料を重視している。宮本が戸谷から受けた影響は、農業経営の「東北日本型」「西南日本型」の二類型論だけではなく、この肥料への着眼のように、具体的な分析視角と対象においてもそうであった。

「大阪府農業技術経営史」は、戸谷の類型論に基づき、大阪府の農業経営を「西南日本型」とした上で、村落の開発と用水開鑿からはじめ、集約的農業に必要な豊富な金肥使用を説明する。干鰯《ほしか》だけではなく北海道産の鰊絞粕《しぼりかす》などの魚肥、やがて、中国東北地方産大豆粕・化学肥料も利用されるようになり、また、大阪市街地の屎尿が肥料として利用されているという。この屎尿肥料については、船運による運搬・流通にまで言及している。「大阪平野は下肥を利用するにも便利な地であった。それは河川が発達していたからであって、淀川、寝屋川、大和川及びその分流が平野をいく筋も流れており、これらの川には茶船、上荷、剣先、高瀬などの船が上下していて、その船によって運搬される荷の量は莫大なものであった」［宮本　一九七五：三〇―三一頁］。さらに宮本は、こうした金肥を使っての農業経営のために、安価な労働力を使用してきた実態を説明する。具体的には、和泉地方では和歌山県からの年季奉公人を、大阪平野部では主として淡路島からの女を年季奉公人として、安価な労働力として雇用し、労賃を抑えることによって農業経営を成立させてきたとする。

金肥を多用し安価な労働力による栽培作物は商品作物が多いという。棉・菜種・煙草・サツマイモ・ミカン・梅などの商品作物が栽培されているというが、いっぽうで、それらは多角経営ではなく、単一作物栽培、モノカルチュア化が進行しているともいう。

「農村への貨幣資本の流入と農業の企業化は、栽培作物を単純化し、また農家の自給経営を破壊する。農家そのものの中からは非農業的な自給作業を次第に放逐して、必要とする品物は金によって購入することとし、一方では多くの金銭収入ある作物をえらぶ。しかしながら一地方に主要な換金作物を二種以上も作ることは少なかった。北河内で菜種を作れば、それ以外の換金作物は少なく、中河内が木綿を多く作り、和泉山手は甘蔗、平坦地は木綿が多かった。木綿甘蔗は表作であり、菜種は裏作なので、両者併存する例もあるが、一地方において木綿甘蔗の併存せられなかったのは都市の商人および資本との関係によることが多い。大阪府全体としては農業が複雑な様相を示しつつ、一村一部落をとりあげて見ると単純化されていた」〔宮本 一九七五：五七 - 五八頁〕。

商人資本への従属によって、大阪府農業は商品作物を栽培しながらも、モノカルチュア化が進行しているというのである。そして、これら栽培作物それぞれについて、農機具と農業技術の進展について言及し、最後に、大阪府農業の最大の問題点を、高い割合の生産費、特に、金肥にあるという。農家経営の支出と収入を分析し、支出に占める金肥の割合が高く、それが生産費を高くし、赤字経営を余儀なくされるばあいがあるとさえいう。農業の共同化・耕地整理の必要性もいうが、最終的に、宮本は次のようにまとめている。

「過去における農業方式を克服するためには、金肥への依存度を低くしなければならない。そのために知力を高め、品種を改良し、作付を合理化し、かつ耕作の機械化等によって深耕を促さねばならない。かかる経営には一定の経営面積が必要になるから、零細なものの共同耕作も考えられる」〔宮本 一九七五：一四七 - 一四八頁〕。

生産費を高くする金肥の割合を減少させることによって、合理的な農業経営を行ない、利潤率を高めようという主張であった。

また、宮本によれば、同時期、農業指導のためであったという「篤農家の経営」という原稿を執筆している。これも当時活字になることがなく、みずからが『宮本常一著作集　一九』に収録することによって発表された〔宮本　一九七五：三五二―三五三頁〕。この「篤農家の経営」も、耕作地の集団化と農作業の共同化を前提として、農業が経営であることを指摘しつつ、その合理化を説いたものであった。

さらに、二年後の一九五一年（昭和二六）、大阪府泉佐野市から依頼されて「泉佐野における産業の展開過程の概要」という原稿を執筆する。この「泉佐野における産業の展開過程の概要」の脱稿は一一月一七日であったから〔毎日新聞社編　二〇〇五a：一九四頁〕このあと述べる、対馬調査の初年度一九五〇年（昭和二五）七月～八月と、二年度一九五一年（昭和二六）七月～八月の間の執筆であり、対馬調査の整理と対馬調査以降積極的となる文献調査を含む瀬戸内海調査のあいまの執筆であった。これは当時活字化されたということであるが、これもみずからが『宮本常一著作集　一二』（一九七六）に収録したことによって知られることになった。宮本によれば、これらは「私の大阪府産業史研究の一環をなすもので、かなり尨大な計画で書きためていこうとしていたものの一部」であった〔宮本　一九七六b：三六七頁〕。「大阪府農業技術経営史」「篤農家の経営」が合理的農業経営のための指導を目的とし、そのための農業技術経営史であったのに対して、この「泉佐野における産業の展開過程の概要」は泉佐野市をフィールドとした社会経済史じたいに目的があった。泉佐野では、近世までの漁業・廻船業者の利益が、海運業などだけではなく、新田開発としても投下され、その「新田開発によって換金作物――ことに棉、甘蔗の栽培が盛んになってからは木綿織、砂糖くりの業が盛んになって行った。そういう産業の組みたてから市場的な色彩から地方農村を相手にする小商人の多い商工業都市に変わって行ったのではないか」〔宮本 一九七六b：一五一頁〕という。そして、明治期後半には外国産原料棉の輸入によって泉佐野でも棉花栽培が壊滅し、それにつれて、甘蔗栽培がいっそう盛んになったとする。いっぽうで、棉花栽培で収益をあげていた商人資本が、紡績産業などの産業資本として転化していったと指摘している。

漁業・海運業が盛んであった泉佐野の地域的特質をベースに、紡績産業の発達までをもえがいているのである。一九四五年（昭和二〇）四月、大阪府農務課嘱託となり、いったんは退職したものの、一九四八年（昭和二三）一〇月、再び大阪府農地部農業協同組合課嘱託となっていた。こうした職務と、その間の新自治協会における地主調査の経験もあろう、農地改革後の農業経営改善を視野に入れ、農業技術経営史とでもいうべき著作を完成させるまでに、その調査・研究が拡大するようになっていた。

宮本における民俗学からのますますの逸脱である。しかし、宮本にとっては、その研究領域・視点・調査方法のさらなる拡大でもあり、社会経済史学者としての宮本の誕生でもあった。

もちろん、宮本をこのような社会経済史に向けさせたのは、漁業史を社会経済史学として構成しようとする渋沢敬三とアチックミューゼアムの研究方針でもあったことであろう。「アチックミューゼアム彙報第二〇・二四・三三・四二」として全四冊で刊行された『豆州内浦漁民史料』（一九三七－三九）の編纂にみられるように、文献学と編年《クロノジー》を軽視せず、徹底的な資料収集による社会経済史学の環境のなかに宮本もいたのである。アジア太平洋戦争中、渋沢は向坂逸郎《さきさかいつろう》（一八九七－一九八五）・大内兵衛《おおうちひょうえ》（一八八八－一九八〇）のような一九三八年（昭和一三）の第二次人民戦線事件で思想的弾圧を受けた経済学者を庇護しており[37]、アチックミューゼアムは戸谷のようなマルクス主義的社会経済史学の一部を受け止めてさえいた。

もっとも、弾圧をうけたとはいえ、正規なキャリアにより、高等・大学研究機関のなかでマルクス主義経済学を学習してきた彼ら、たとえば、戸谷と、それを学習してきていない宮本との間には、決定的な差違があった。宮本が戸谷の「東北日本型」「西南日本型」の二類型論をベースにしてその「大阪府農業技術経営史」を展開したとしても、「大阪府農業技術経営史」だけではなく「泉佐野における産業の展開過程の概要」においても、その研究対象が地域的に大阪府に限定されているためもあろう、「東北日本型」への言及はなく、さらには、戸谷が指摘したような後進地帯の「東北日本型」から先進地帯の「西南日本型」への発展段階論として把握する社会構成史的方法をとることはない。というよりも、戸谷は、言及していないものの、山田盛太郎《やまだもりたろう》(一八九七‐一九八〇)が『日本資本主義分析』(一九三四)で行なった農業構造・寄生地主制についての「東北型」と「近畿型」の二類型論〔山田 一九三四:一九七‐一九八頁〕を継承していると考えられるが、それに対して、地域限定的研究対象ということもあろう、宮本の社会経済史はこうしたマルクス主義的なアカデミックな社会経済史学とは似て非なる研究内容となっている。また、山田の二類型論が、その後、寄生地主制研究においても「東北型」「近畿型」「養蚕型」の三類型論に拡大し、精緻な社会経済史として発展していくのに対して〔中村 一九七五:二三‐五五頁/清水 一九八五:三三二‐三四二頁/清水 一九八七:二七六‐二八九頁〕、宮本はそうした社会経済史的類型論による比較研究ではなく、生活・文化を事例としてかかげる東西文化比較論に終始するようになる。その宮本の議論は、東日本と西日本の差違を主張する一種の日本文化論でもあるが、その日本文化論に社会経済史的な発展段階論をみることができないことはいうまでもない。[38] またこの時期、農村社会学が、有賀喜左衛門『アチックミューゼアム彙報第四三 南部二戸郡石神村に於ける大家族制度と名子制度』(一九三九)・『日本家族制度と小作制度』(一九四三)における家・同族団研究、および、鈴木栄太郎『日本農村社会学原理』(一九四三)における村落構造研究を展開させ、福武直『日本農村の社会的性格』（一九四九）が農村の民主化を課題としつつ「同族結合」と「講組結合」を分析基準として前者中心の「東北型農村」と後者中心の「西南型農村」の二類型論を提出したが〔福武 一九四九：三－四八頁、六九－一一五頁〕、この時点での宮本には、こうした村落類型論的視点も弱い。[39]

むしろ、宮本が戸谷から継承していたのは、そこにおける具体的分析方法、農業労働の合理性・集約性を分析視点とした、たとえば、肥料への着眼のような具体的手法にあった。そのためもあろう、宮本のその社会経済史は、具体的レベルからの農業改善方法の提言としての性格も持っていた。たとえば、「大阪府農業技術経営史」は、「農村を前進させるためには近代性を付与しなければならない。それにはまず農業環境を整備しなければならない」として、将来への展望をいくつか述べて終わっている。「経営それ自体の中に含まれた問題について見てゆくと、零細経営化の防止」と農業の副業化防止によって、経営規模を確保する必要性である。次に、機械化、そして、農業の共同化・集団化が必要であり、「生産全体を組織化立体化して、集団全体の生産力をも高めなければならない」という。また、生産費を抑えるために、金肥への依存度を低くしなければならないともいう〔宮本 一九七五：一四五－一四九頁〕。

地主調査と並行しつつ、一九四五年（昭和二〇）の大阪府農務課嘱託および一九四八年（昭和二三）の大阪府農地部農業協同組合課嘱託によって、それが行政職による職務であったこともあり、具体的レベルでの農業経営改善を目的とする、社会経済史学者としての宮本の誕生があったのである。

4 漁業社会経済史――『対馬漁業史』

宮本の社会経済史はその調査・分析対象が農村だけではなかった。それは渋沢とアチックミューゼアムの方針でもあった漁業社会経済史へと拡大する。一九五〇年（昭和二五）と翌一九五一年（昭和二六）の九学会連合（一九五〇年は八学会連合）による対馬調査である。対馬調査は、その後、能登調査（一九五三－五四年）・奄美大島調査（一九五五－五七年）・佐渡調査（一九五九－六一年）と続く、島嶼社会を対象とした九学会連合による最初の共同調査であり、アジア太平洋戦争後はじめての分野の垣根をこえた人文・社会科学の領域横断的な総合調査でもあった。そして、宮本の対馬調査というと、『忘れられた日本人』（一九六〇）の最初に「対馬にて」があり、そのなかの寄り合いや歌合戦によって有名になっているために、その調査はあたかもそれが中心であったと思われているが、実はそれらは対馬調査の周辺にすぎず調査目的ではなかった。「対馬にて」でも宮本が古文書の閲覧を希望しているように、対馬調査の中心目的は文献資料の渉猟と、豊富なフィールドワークによる対馬漁業史の再構成にあった。宮本が対馬調査をエネルギッシュにこなしたのは、『忘れられた日本人』における「対馬にて」のようなエッセイを書くためではなかった。

そして、この対馬調査はアジア太平洋戦争敗戦後、新自治協会・全国農村自治連盟により、地主調査と講演・講習旅行にあけくれていた宮本をして、そこで獲得した社会経済史的分析力を有効に活かしつつ、本格的な研究者に揺り戻すことになる。初年度一九五〇年（昭和二五）の対馬調査に出発する直前七月四日の日記に宮本は次のように記す。「私はできるだけ仕事をしたいと思う。それのみが道をひらいてくれるであろう」［毎日新聞社編 二〇〇五a：一八五頁］。対馬調査にかける意気込みはなみなみならぬものであったと思われる。そして、対馬調査以降は、新自治協会・全国農村自治連盟で行なっていたような講演・講習旅行、農業実地講師とでもいうべき仕事に従事することもなく、農閑期には文献資料の渉猟を含めた研究のためのフィールドワークにエネルギーをそそぐようになる。アジア太平洋戦争敗戦後、模索を続けてきた宮本の学問が急速に自転をはじめたのである。

宮本は九学会連合のこの対馬調査に、日本民俗学会からではなく、日本民族学協会渋沢（敬三）班として参加している。そのテーマは「対馬の漁法漁撈の研究」であった［小堀 一九五一：九頁］。初年度一九五〇年（昭和二五）の調査概要の七月二三日に次のような記録がある。「宮本（常）は、今日は鹿見《シシミ》－伊那《イナ》のコースらしい。殆んど陸行で、漁村毎に丹念に古文書を記録し、魚貝や漁法の現状をも摑む仕事だから、なかなか一通りや二通りの苦労ではない」［小堀 一九五一：一五頁］。対馬漁業史のために古文書の渉猟、およびそれをめぐるタフなフィールドワーク、それらが宮本の対馬調査である。ただ、初年度の一九五〇年（昭和二五）は、その調査開始の直前六月二五日に朝鮮戦争がはじまり、アメリカ軍が釜山に上陸したのが七月一日であったため、調査団全体が戦争を気にかけながらの調査であった。

宮本の対馬調査は滞在期間も長い。調査日程は、一九五〇年（昭和二五）は七月九日厳原《いづはら》着、一一日から調査開始八月一九日離島、約四〇日間におよび、翌一九五一年（昭和二六）は七月六日厳原着、九日から調査開始八月一一日離島、約三〇日間余である。二年合わせて対馬全域にわたり合計約七〇日間の集中的な調査であった［田村 一九八三：三七八－三八〇頁／毎日新聞社編 二〇〇五a：一八五－一八六頁、一九九－二〇〇頁］。そして、研究テーマ「対馬の漁法漁撈の研究」による実際の調査内容は次のようなものであった。九学会連合は、対馬調査の初年度一九五〇年（昭和二五）を終え、二年度め一九五一年（昭和二六）の調査に入る前に、中間報告書として日本人文科学会編『人文』第一巻第一号（一九五一年五月）の特集「対馬調査」を刊行し、そのなかで調査概要と参加各学会の調査内容を紹介するが、そこでは石田英一郎《いしだえいいちろう》（一九〇三－六八）の「対馬の文化」が日本民族学協会渋沢班の宮本の調査内容を紹介する。

「漁業に関しては、宮本常一氏が全島の海岸二十一個村を踏査、漁具漁法の調査から始めて、一つ一つの漁法がどのような制度のもとに各浦に落着いているか、またいかなる新しい漁法が入込みつつあるかを、古文書の渉猟をもふくめた社会経済史的な観点から調査検討した」〔石田 一九五一：一四八頁〕。

宮本の対馬調査は「社会経済史的な観点」による漁村・漁法研究であった。

具体的には、対馬では農民が地先の採藻権を持ち採藻による肥料確保が海洋資源利用の中心であったために、対馬の人たち自身が漁業を発展させることはなかったという。これに対して、豊富な海洋資源の利用、漁場としての開発は、他地方から入り込む漁民、入込漁民によって行なわれ、しかも、入込漁民には定住権を許可しなかったために、漁法が対馬の人たちに伝わることもなかった。そのために、「最近の入込漁民は大資本を擁して、大敷・アグリ・烏賊釣りなどに従っているが、漁期だけ滞在して引揚げて行くので、土地にもたらす利益は殆んどなく、且その漁法の技術が高く資本が大きいために、地元にはこれを受け容れるだけの力がない。従って島民とは遊離したものになっている」〔石田 一九五一：一四九頁〕と指摘する。宮本は、対馬が豊富な漁場にかこまれていながら、その漁場開発と利潤は対馬島民のものとはならず、外部資本によっているというのである。

これについては、田村善次郎も指摘するように〔田村 一九八三：三八三頁〕、二年度めの一九五一年（昭和二六）の対馬調査のあとでも、宮本のその基本的理解が変化することはなかった。宮本が、調査終了の翌一九五二年（昭和二七）、九学会連合編『漁民と対馬』（一九五二）に発表した「対馬の漁業制度」では、漁業権を持つのは農業をいとなむ「本戸」で、この「本戸」が採藻権を持ち、海藻採取によりそれを肥料として重視するという。

「対馬の地質はその大部分が中生層に属して耕地は礫質壌土から成つて居り、水もちがきわめて悪く、耕地二五三四丁歩中、水田は僅かに六五四丁歩で大半が畑になつて居る。畑は麦と芋の作付を以て主とする。従つて海藻を多く用いても塩害の起る事は少い。ここに海藻が肥料として重要視される所以があり、耕地を持つものは何れも海藻採取に多くの労力を割いた」〔宮本 一九五二b：一一二頁〕。

対馬調査の最終報告書、九学会連合対馬共同調査委員会編『対馬の自然と文化』（一九五四）に宮本が発表した「対馬の漁業展開」も同様である。「元来この地の百姓漁師は、海藻をとる事を目的として出発したものと言っていい」といいつつ、総論として次のようにいう。

「対馬の漁業は対馬島民によつてなされる原始的な漁業と、他地方から入込んで行われる企業的な漁業からなりたつて居るが、その比重は後者の方がはるかに大きい。即ちこの島に於ける厖大な水産物の大半は他地方の島々によつて水揚され、従つてそれによつて直接島民のうるおう所はきわめて少ないのである」〔宮本 一九五四：二一八頁〕。

対馬漁業の展開が他地域からの入込漁民によることを再論している。そして主な入込漁民として、鐘埼海士（福岡県。享保年間から定住）、和泉佐野鰯網船（大阪府。棉作の肥料。未定住）、長門大敷網・鰤《ぶり》建網（山口県。建網は対馬漁民へも伝播）、壱岐鯨組（長崎県）、安芸延縄・一本釣（広島県。幕末から定住）をとりあげる。いっぽう、こうした入込漁民の刺激もあり、明治以降は「本戸」のような採藻権を持たない分家のなかから地先漁場を中心とする漁民も生まれてきたとして、「専業漁民の外に、明治以来地元も専業漁民を生みはじめた。（中略）二・三男への土地分割は極力さけられた。ここに二・三男は漁船を持つて生計をたてる者が少なくなかつた」〔宮本 一九五四：二二四頁〕ともいう。

対馬調査の漁業社会経済史は、調査後に刊行されたこれらの論考だけではなかった。刊行は宮本の死後、『宮本常一著作集 二八』（一九八三）に収録されることによってではあったが、対馬調査直後にまとめられたと推測される大部の作品『対馬漁業史』があった。著作集に収録した田村善次郎によれば、二五〇字詰原稿用紙一〇七五枚で、この原稿のほかに『対馬古文書集』昭和二五年分六冊・昭和二六年分一冊も残されているという〔田村 一九八三：三七五頁、三八一頁〕。この『対馬漁業史』こそが、宮本の対馬調査の目的であり、また、最大の成果であった。対馬調査の初年度、一九五〇年（昭和二五）八月一七日、この年の調査の終盤、対馬豆酘《つつ》からの書簡で渋沢敬三に次のようにいう。「私自身の長い調査生活から申しますと、宝島以来の感激であり収穫であると言えます。之を以て再び純粋に学問の世界へ戻りたいものです。対馬の調査はそれ自体が学問の方法をうちたてる上に重要であり、又実績も上がると思います」〔田村編 二〇一二：七一二頁〕。『対馬漁業史』はアジア太平洋戦争敗戦後の宮本社会経済史のひとつの到達点であると同時に、おそらくはその後の研究の起点でもあった。

『対馬漁業史』は四章構成である。第一章「中世における対馬の社会と経済」における宗氏の対馬領有にはじまり、第二章「近世における対馬の漁業」へと続く。ここでは、「対馬の漁業制度」「対馬の漁業展開」でも整理しているような、入込漁民の展開と対馬島民の地先利用がより詳細に展開される。そして、第三章「近代化の過程」は入込漁民による網漁・釣漁のいっそうの大規模化と地元漁民の展開を、第四章「漁村の現状」は一「曲浦」・二「浅藻」・三「伊奈」・四「木坂」・五「久原、鹿見」の地区別に漁業・漁村を概観する。特に、近代以降現代までを扱う第三章・第四章は、活字化された「対馬の漁業制度」「対馬の漁業展開」には含まれない内容が多く、対馬調査直前の一九四九年（昭和二四）の統計を利用しつつ、歴史的経過をふまえつつ、対馬漁業および産業構造を整理する。対馬の農業戸数・就業人口は四〇三七戸（三四・八九％）・一万四五三八人（五三・六一％）、水産業戸数・就業人口は二三七九戸（二〇・五六％）・四七七七人（一七・六一％）であり、就業戸数・人口では農業が水産業をうわまわっているが、いっぽう生産額をみると水産業の方が圧倒的に農業をうわまわると指摘する。農業生産額は九三六〇万円（一三・三五％）に対して、水産業生産額は三億六〇二九万円（五一・三八％）であった。

「漁業がトップをきり、全生産額の五一・三八％にのぼっている。ただしこの数字は必ずしも正しくない。なおこの中には他県より出漁する漁船の年間五〇〇万貫六億五〇〇〇万円の漁獲は含まれていない。以上によって見られる如く、この島の農業がいかに生産力の低いものであるかを知るとともに、この島民の経済が漁業によって支えられていることを知る。（中略）ただしそれは島民について言うところであって入漁者の水産額を加算するならば、水産額は島の全生産額の八〇％にものぼることになる。これによって知る如く、島民の生産体勢はその全能力を発揮し得る組織を持つことなお甚だ遠いといって過言ではない」［宮本 一九八三：二六二頁］。

豊富な海洋資源を間近に持ちながら、対馬島民はそれを利用できていないという指摘でもあった。社会経済史的過程をふまえた上での現状把握をしているがためであろう、第三章「近代化の過程」の最後は、次のような今後に向けての提言で終わっている。

「戦後漸く港湾の施設をよくし、入漁者を迎え入れることによって土地を繁栄させようとする地元民の意欲が動き、豆酘《つつ》・鴨居瀬がいずれも漁港修築にのり出し、あるいはこのようなことが新しい生産体勢を生み出す基盤になるのではないかと考えられる」［宮本 一九八三：二六七頁］。

宮本の農業技術経営史研究がその分析に基づき、経営改善の提言を行なうにいたっていたように、その漁業社会経済史も地域社会の展開のために、漁業経営のための基盤整備の提言を行なうにまでいたっている。宮本の漁業社会経済史は歴史的分析ではあったが、それは現代の地域社会と密接に連続していた。あるいは、その現状をふまえての歴史的分析であった。そのためであろう、おだやかではあるが、その文章の結末がこうした今後へ向けての提言としてスムーズに移行できている。対馬調査によってこうした漁業社会経済史を展開した宮本は、やがて、全国離島振興協議会事務局長として、島嶼社会の問題点を整理し、また、改善策を提言するようになる。対馬調査は、農村・農業から出発した宮本の社会経済史の到達点であると同時に、やがてはじまる島嶼社会からの視点の出発点にも位置している。宮本の社会経済史は、歴史的展開を重視しつつも、そこからさらに踏みだし、現状把握と批判、未来に向けての提言になる。対馬調査はその大きな飛躍台であった。

宮本の対馬調査とはこのようなものであり、あらためていえば、『忘れられた日本人』の冒頭「対馬にて」がその中心課題ではなかった。調査の周辺を豊かにえがきだしたのが「対馬にて」であった。したがって、『忘れられた日本人』のなかのもうひとつの対馬の話、「梶田富五郎翁」も『対馬漁業史』の周辺、あるいは、『対馬漁業史』と同じ資料を使いながら、叙述の視点と叙述形態をかえた作品であった。

『対馬漁業史』では、梶田富五郎翁は第四章「漁村の現状」のなかの二「浅藻」に登場する。浅藻は、宮本の故郷山口県周防大島町久賀《くか》の漁民が対馬に出漁し、明治以降、彼らのなかから定住者が出て集落形成が行なわれた歴史的経過があった。宮本は、最初は久賀漁民の出稼ぎ漁撈組織を、さらには、定住後の納屋制度による漁撈組織を詳細に述べる。その出稼ぎ時代の漁撈組織を概観するところで梶田富五郎翁が紹介される。

「船一艘への乗組は五－六人程度であり、それに大抵五－六歳の子供を一人のせていた。メシモライと言った。船頭か船方の子供であることもあったが孤児であることも少くなかった。この話の話者の一人梶田富五郎翁もメシモライの一人で、翁は七歳で初めて船にのった。三歳で父に死なれ、兄弟も皆早く死んだ。そのため叔母になる人にひきとられ、後に政村治三郎という人に子がなくてそこで養われた。そして七歳にして初めて対馬行の船にのせてもらったのである。明治九年すなわち浅藻へはじめて久賀の者が家をたてた年である」［宮本 一九八三：三〇三頁］。

『対馬漁業史』の第四章「漁村の現状」二「浅藻」は、続けて、同じ周防大島の属島沖家室《おきかむろ》漁民の対馬への出漁と定住化を紹介する。浅藻が周防大島の久賀・沖家室漁民の出漁と定住化の中心であったという。さらに加えて、山林であった奥浅藻《おくあさも》も主に九州出身者による開拓により製炭・農耕の農業集落として形成され、浅藻の漁村部分は山口県大島郡久賀・沖家室、内陸の奥浅藻が福岡県など九州出身者によって開発されたといい、地域社会形成史を社会経済的要因によってえがく。

集落の展開も社会経済的側面によってえがかれる。

「浅藻へはじめて納屋の出来たのは明治九年だったが、ついで五島新助（商業）、川口和助（商業）、河本由助（物品販売）、小泉（商業）が家をたてた。いずれも漁民を相手に商業を営むためであった。そしてそれらはまた次第に納屋（問屋）を営むようになって来た。そして明治二〇年頃にはこれらの納屋を含めて一〇戸ほどになっていた。それからここに家をたてる者が相つぎ、明治三〇年には一〇〇戸に達した。それらの大半は漁民であり、他は納屋を兼ねた商店であった」〔宮本 一九八三：二二四頁〕。

しかし、『忘れられた日本人』の「梶田富五郎翁」は、浅藻形成の物語でもありながら、彼の久賀からの移住を含めた文字を持たない彼のライフヒストリーでもある。たとえば、浅藻へ定住するころの彼の回想として次のようなものがある。

「わしはまだ若かったので、久賀と浅藻の間を行き来していたが、その頃久賀じゃァハワイへいくことがはやっての…。（中略）しかしわしらは漁師で、もう一生魚をとって暮らそうと決心していたから気は変らだった。それほどまた魚もよう釣れたもんじゃ。まァ一日にタイの二、三十貫も釣ってみなされ、指も腕も痛うなるけぇ。それがまた大けな奴ばっかりじゃけえのう。ありゃァ、かかったぞォ、と思うて引こうとするとあがって来やァせん。岩へでもひっかけたのかと思うと糸をひいていく。それを、あしらいまわして機嫌をとって船ばたまで引きあげるなァ、容易なことじゃァごいせん。きらわれた女子《おなご》をくどくようなもので、あの手この手で、のばしたりちぢめたり、下手をしたら糸をきるけぇのう。そのかわり引きあげたときのうれしさちうたら——、あったもんじゃァない」〔宮本 一九六〇ａ：一五六－一五七頁〕。

周防大島の久賀出身でありながら、対馬の浅藻へとその漁師としての生活を移し、定着していく姿が豊かに語られる。『対馬漁業史』は客観的な叙述スタイルであるが、『忘れられた日本人』の「梶田富五郎翁」は一人称による語りの叙述スタイルである。よく知られた「土佐源氏」も一人称の語りによる叙述スタイルでありそれと同じであった。このように、俗な表現を使えば、ネタは同じでありながら、調理方法をかえたのが、『対馬漁業史』の「浅藻」と、『忘れられた日本人』のなかの「梶田富五郎翁」であった。

二　保守主義者のかなしみ・疑問・批判

1　紙の墓碑銘——『愛情は子供と共に』

一九四六年（昭和二一）一月、周防大島へ妻とともに帰郷した宮本は、実家で農業をいとなむとともに、これまで述べてきたような、新自治協会の農村研究室のなかで地主調査と全国農村自治連盟の講演・農業指導、一九四八年（昭和二三）からは大阪府農地部農業協同組合課嘱託としての職務にしたがっていたが、一九四九年（昭和二四）一〇月二三日、日本常民文化研究所に復帰する。そしてその翌年にはいま述べたような対馬調査を行なう。もっとも、渋沢敬三は公職追放され、日本常民文化研究所もアジア太平洋戦争敗戦前に比べて組織・活動が縮小しており、宮本が故郷周防大島を拠点としつつ、フィールドワークにあけくれる生活には大きな変化はなかったと思われる。

それでは、周防大島では、宮本はどのような生活をいとなんでいたのであろう。一九四九年（昭和二四）四月一日、民間伝承の会が日本民俗学会と改称・再編したために、民間伝承の会からの発行号としては最後となった『民間伝承』第一三巻第三号（一九四九年三月発行）に、宮本は「収穫日記」という周防大島での生活を紹介する「生活誌」風エッセイを寄稿する。前置きとして、「近頃家の都合で故里で百姓をしている時間が多くなつた。幼少時代をこうして百姓し、また長ずるに及んでも年二三回は帰郷し、故里とはそのえにしを絶つことなく、今日に至つている」からはじまる。

「十一月十日　曇後晴、新聞の天気予報によると天気はくずれて来るという。未だ堂免のモチ（稲）が刈つてないので、朝のうちに刈る事にする。どこの家も稲刈は八日ごろまでにすんでしまつた。十月二十日から刈りはじめて約二十日間に刈つてしまつたわけ。今から三十年ほど前に比して稲刈が十日ほど早くなつている。麦を早くまく事がすすめられるようになつて以来の事である。今年は私の家がしんがりであつた。午前中に刈つてたばにしてイナキにかける。二握りで一把にする。一握り四株だから八株で一把になる」［宮本 一九四九b：二〇頁］。

みずからの稲刈を伝え、その時期が麦作との関係で早められるようになった経緯を紹介している。そして、稲束の乾燥については、周防大島ではイナキと呼ばれる稲架にかけるようになったという。しかし、宮本によれば、「もと、このあたりでは地干しが殆どで」「近頃はイナキを用いる場合が多く」「私の家も十年前からイナキにした」といい、もともとは稲束の乾燥のために稲架を利用することはなく、その導入がつい一〇年ほど前からであったとさりげなく語る［宮本 一九四九b：二〇頁］。稲刈時期の若干の変更、稲架利用の開始、そういったアジア太平洋戦争をはさんでの、稲作における微妙な変化を伝えてくれる。

また、宮本がその分析的研究対象ともしていた、収穫祭としての亥《い》の子についても次のように語る。

「十年ばかり前までは、イノコにはモチをついたものである。それを百姓していない親戚や知人の家へ配つた。本家筋やていねいな家ではお客もしたという。(中略)私の家でも祖父母の生きている間はそういう事はていねいにする方であつたから、午后は早く仕事を終えて、餅をついて祖母の里、母の里をはじめ私のならつている先生の家へ重箱に入れて配つたものであつた。(中略)戦争がはじまつてからそういう事も止んでしまつた。併し今年はモチ米もあり、あずきはないけれどもえんどうがあるので、それをあんにしてオハギモチをつくる事にした。無論くばる程もない」〔宮本 一九四九b:二二一―二二二頁〕。

亥の子には儀礼食として餅をつき配ったというのである。しかし、そうした儀礼食が戦争で中断したことを語っている。

『民間伝承』への寄稿であるので、このような民俗事象についての文章になったのであろうが、ふつうの「民俗誌」とは、その個別性、さらには、民俗事象の変化の叙述という点でも異なっている。また、みずからの体験でもあるので、このような具体的な叙述が可能になったのであろうが、「民俗誌」というよりも、その「生活誌」をエッセイ風にえがいた情景描写であった。

地主調査や大阪府農地部農業協同組合課嘱託としてフィールドワークをこなすいっぽうで、宮本の生活は、みずからくりかえし語った、このような「周防大島の百姓」であった。この「収穫日記」を寄稿した『民間伝承』には、すでに表6でもみたように、その創刊直後から宮本は原稿を寄せているが、アジア太平洋戦争敗戦後も、そのほとんどが事例報告ながらこの「収穫日記」を含めて一〇本を掲載する。また、一九五〇年(昭和二五)『ふるさとの生活』を刊行した際には、その序文に柳田國男「旅と文章と人生」を置く。柳田民俗学および柳田系民俗学とは大きく異なる研究と実践とをくりかえしながらも、その関係を完全に絶っていたわけではなかった。上京した際には成城学園の柳田私邸をたびたび訪ね、[40] 一九五一年(昭和二六)一〇月一三日・一四日の柳田國男喜寿記念会兼日本民俗学会第三回年会(於:國學院大学)にも出席している[毎日新聞社編 二〇〇五a:二〇一頁]。

しかし、宮本は、もはやアジア太平洋戦争敗戦前のような「民俗誌」を書くことはない。それにかわって、宮本が敗戦後最初に発表していった作品群が、子供を研究対象とした、あるいは、その子供を読者対象とした「生活誌」あるいは「生活誌」史とでもいうべき著作群であった。生活費補塡の意味もあったとも思われるが、平易なエッセイのスタイルで小著を発表していく。

その最初が、一九四八年(昭和二三)の『愛情は子供と共に』であった。のちに、宮本は、この『愛情は子供と共に』を回想して、「(昭和)二一年一〇月に私は子供をなくした。その子についての思い出を「萩の花」と題して書いた。(中略)生れて何にもしないで死んだ子にかわって、この子が生れたという事実と意義をかすかでものこしておきたいと思ってこの書をかいた」という[宮本 一九六七a:二八九頁]。一九四六年(昭和二一)八月二五日に生まれた次男三千夫を、わずか五〇日あまりののち、一〇月一五日に亡くしている。五〇日ばかりの生存で、写真一枚すらもなかったその次男に手向けた紙の墓碑銘が、この『愛情は子供と共に』であった。宮本はその死には間に合わず大阪で受け取った電報で知る。ただちに帰省し一七日荼毘にふすが、その翌日一八日からこの紙の墓碑銘を書きはじめ二五日には脱稿する[毎日新聞社編 二〇〇五a:二二〇頁]。四六判一六四頁の小著であるが、それをわずか一週間で書き上げている。そして約二年後の七月に加筆・修正を加え刊行している[毎日新聞社編 二〇〇五a:二五六頁]。

最初の章「母の悲願」では、次のようにいう。

「私には私の他に五人の兄弟があり、父にも五人の弟妹があつたという。父の場合はその中の二人が幼少の折死に、私の場合には三人が死んでいる。そうして共にその親のなげきを長からしめているのである。一体生まれた子の何人が育つものであろうか。この事について私は村々を訪れるたびにきいて見るが、明治時代までは少なくもその半が早く世を去つているように思う」［宮本 一九四八：三四頁］。

さらに、次のように続ける。

「私の外祖母も五人の子を育てて五人とも成長せしめ、人々にうらやまれた人であつた。祖母の誇の一つは子がすくよかに育つたことである。併し、今日既にその三人はなき人である。一人は日露役にて満洲の野に死し、次は布哇からの帰還の船中で逝き、第三の子は今度の戦に南方で散華した。三人とも内地では死ななかつたのであるが、かくばかり人はその天命を全うする事の難いものである」［宮本 一九四八：三四頁］。

みずからとその父、外祖母にことよせて、いかに子供がふつうに成長することができなかったか。実質的に、半数しか成長し得ていない、とその現実を語る。だからこそ、子供をふつうに成長させることがいかにたいせつで幸福であるのか、平凡でありながら、平凡であるがゆえの重要性を語る。「親たちが誰への遠慮もしないで産んだ子を思うままに育てることのできた日が一番幸福であり希望にみちたものであつた」［宮本 一九四八：三五頁］。

続いて、「子守歌」「子供の世界」「地蔵さま」、最後は次男の死をえがいた「萩の花」である。もっとも、『愛情は子供と共に』は、子を亡くした親のかなしさをただよわせつつも、子供の成長を社会化過程としてとらえた作品でもあった。基本的方法は、戦時下の『家郷《かきよう》の訓《おしえ》』と同じであり、その延長線上にあったといえよう。たとえば、「子守歌」のなかで、多様な人生儀礼にふれて、「それらの行事は逆に見れば現世への認定式であつた。一つ一つ完成への認定がなされ、その事によつて予祝されるのである。すなわち「子やらい」であつた。やらうは追うと同じような意味であつて、社会人としてこの世へ追い込んで行くのである」〔宮本 一九四八：四四―四五頁〕といい、柳田國男「誕生と成年式」（一九四二）・大藤ゆき『児やらひ』（一九四四）などと同じ認識方法によって、子供の成長を単なる動物的成長としてだけではなく、社会的存在としての成長として説明している。

ただし、『家郷の訓』（一九四三）が母性礼讃的であったのに対して、敗戦をはさんで、それから五年後のこの『愛情は子供と共に』にはそうした傾向はなく、子供を亡くすことへの親のかなしさを基本に、子供の成長を喜びとして語っている。戦時下、多くの父母がその成長した子たちを戦場などで亡くした。そのかなしさに想いをはせることはなかっただろうか。

次男三千夫の誕生からその死と葬儀までをえがいた最後の「萩の花」の冒頭だけ紹介しておこう。

「十月十七日は村の秋祭であつた。この二三日前から如何にもよく晴れたよい秋日和で祭の人出も殊のほか多かつた。みんな美しく着飾つて、人々は社を中心にあたりにみち〳〵ていた。幼い日から何回も見て来た祭であつたが、ここ十五年ばかり村の祭にも接する折がなかつたのを、今年は偶然の事から村祭に出逢つたのである。併し家の者たちの心は空しかつた。祭の日の朝、家の者たちは村の丘にある火葬場へ幼い者の骨を拾いに行き、墓地に葬つて来たばかりである。子が生きていたら、この祭はどんなにたのしいものであろうと、家の者たちは口に出しても言い、また心の底に深く思つたのでもある」〔宮本 一九四八：一三二頁〕。

淡々とした口調に澄んだ静けさがただよう。すぐれたエッセイであった。民俗学を援用しつつも、その叙述も含めて、そこからの逸脱が自然に行なわれている。

師範学校を卒業しかつて小学校教員をつとめ、社会科教育の先駆ともいえる生活作文教育を実践し、また、戦時下に『家郷の訓』を発表していたこともあろう、もともと子供の世界には関心が深かった宮本であった。そのような意味では、『愛情は子供と共に』は、その次男三千夫の紙の墓碑銘であると同時に、それによった子供論でもあった。子供が研究対象となっているのである。

すこしあとになるが、『写真でみる日本人の生活全集』全一〇巻の第九巻に、宮本は『日本の子供達』（一九五七）を書く。全一〇巻の企画じたいが「写真でみる」とあるように、写真をふんだんに利用して子供とその世界をまとめたものである。「子供の世界」「幼稚園と学校生活」「誕生から元服まで」「まつりと子供」「子供組からボーイスカウトへ」「子供を守るもの」「親はなくとも」の全七章で構成され、学校教育・社会教育の現場まで含めており、これまた民俗的世界だけで構成されているのではなく、子供の生活世界全体をあつかった内容である。

そこにはそれまでの宮本がさほど比重を置かなかった、社会的に疎外されている子供たちを世上に訴えかける叙述さえも見られるようになる。たとえば、最初の章「子供の世界」の最後に「働く子供」という節がある。はじめは民俗学的に子供が農業・漁業労働を習得していく様子をえがいているが、途中からそれを貧困と連続させる。子供の労働は家計補助のためであるというのである。

たとえば、一四歳以下で労働している子供は一万人いて、そのうちの八〇〇〇人が新聞配達であるという。「新聞配達をしている者は、その大半が片親がないものである。そしてその労賃が生計のために、大きなささえになっている」「このほか、人にやとわれないで街頭にはたらいている子供は多い。靴みがきは、その中でもっとも多く、その九割までは戦災孤児であり、両親のない者が多く、両親、または片親ある者でも家計の中心者になっているものが半数にのぼっている」。農村・漁村については、次のようにいう。「農漁村では子供のやとわれ仕事がしだいにふえつつある。（中略）たとえばその中でも北海道の津軽海峡に面したところでは、イカ釣りの手もとにやとわれてゆく子供が戦後急にふえた。釣りあげたイカを始末するのが、おもな仕事だが昭和二五年に渡島支庁でしらべてあきらかになった数だけでも五〇〇〇人にのぼっている。これは八月から一〇月までの仕事で夜間が多く、小学五年生から中学生までの間の子供で、この手伝のために、学校へきても居眠が多く、また欠席するものも少くないのである。その上酒をのんだり、たばこをすったり、性的な話をおぼえて生活のみだれるものが多かった」［宮本 一九五七：二九－三〇頁］。民俗学では美化される傾向の強い子供の労働を、そうではない現代の社会的疎外として叙述している。

また、最後の章「親はなくとも」は孤児の話からはじまる。たとえば、そこで紹介されるのは、かつて日本列島で各地に存在した「もらい子」であった。宮本は、それを貧困に対する「素朴な救助の方法」とするが、各地の例をとりあげつつ、東北地方の「もらい子」として紹介した事例は次のようなものである。「山形県最上地方は、ことに窮迫のはなはだしいところで、まずしい家々では、年期をきって子を売る風があった。これを買うのは福島南部や、茨城・栃木など、関東平野の農村の人たちであった。この子供たちを、最上子といった。人売の男や老婆が、子供を縄でくくって、珠数つなぎにして、南へ南へとあるいていったという。牛や馬を売るのと、大差なかったのである。このような風は、明治の中頃以後、あまり見かけなくなったというが、一人二人をつれて、売りにく《マヽ》風は、昭和のはじめまで続いていた」「出羽の庄内地方などでも、育てるのにこまった六～七才の子供を、沖にある飛島へやる風があった。人びとに知られないように、南京袋にいれて、島までつれてきたから、南京小僧といったというが、島ではこうした子供や、その成長した人びとの労力によって、漁業にはげむことができた。（中略）そして昭和のはじめ頃には、まだそうした子供が、この島に八〇人もいたということである」［宮本 一九五七：一四三－一四四頁］。「もらい子」については、漁業民俗研究のなかでは労働力確保としてふれられてきた民俗事象でもあるが、それをそうした視点からだけではなく、貧困と子供の社会的疎外の事例としてもとりあげている。

無意識であったかもしれないが、次男の死をきっかけに、宮本は、子供への視線をより強く、しかも、それは柳田民俗学および柳田系民俗学の一般的な視点、子供の社会化による視点を超えて、死亡した乳幼児を含めて、社会的に疎外された子供たちを視野に入れた子供論として完成させていたと考えてもよいかもしれない。

2 子供向け「生活誌」史――『ふるさとの生活』『日本の村』

『愛情は子供と共に』は、亡くした幼児への紙の墓碑銘でもあり、『日本の子供達』は子供研究書でもあり、それぞれ子供とその世界を研究対象としていたが、一九五〇年（昭和二五）朝日新聞社から刊行した『ふるさとの生活』は、その子供たちを読者対象とした小著であった。小学生・中学生向けの「生活誌」あるいは「生活誌」史的作品の典型例といってよいだろう。その副題を「少年少女の社会科」としているので、社会科教育発足を視野に入れた出版物でもあった。すでに述べたように、この『ふるさとの生活』は冒頭に柳田國男「旅と文章と人生」という序文を置き、一「滅びた村」・二「人々の移動」・三「今の村のおこり」・四「村のなりたち」・五「くらしのたて方」・六「休みの日」・七「ひらけゆく村」の全七章で構成し、「です・ます」調の平易な表現により村落の歴史と生活をえがく。村落の開発と共同労働にはじまり、生業形態と年中行事、そして、衣食住を概観し、全体としては、平易な民俗学概論とでもいうべき作品でもある。ところが、個々の叙述を読んでいくと、ここでも民俗学概論を逸脱して、村落「生活誌」あるいは村落「生活誌」史に拡大してしまっている。

そもそも最初が一「滅びた村」という廃村を訪ねた紀行文調エッセイからはじまる。一九四一年（昭和一六）夏、岐阜県・滋賀県境の八草《はっそう》峠付近の廃村を訪ねたという。その地域は、焼畑のための枝村が多く、そのために季節的な集落移動さえあった。あいにく雨天で、八草にたどりつくまでに、ある家で雨宿りをかねて休息させてもらいながら、ひとりのおばあさんからこんな話を聞いたという。

「わかい時、大垣まで出たことがあるきりで、七十年の間どこへも出たことがなく、夏は焼畑作り、冬は雪の中で、ひっそりと生きて来たということでした」〔宮本 一九五〇：三頁〕。この家をあとにして、また八草峠に向けて歩きはじめる。

「谷の奥になるにつれて道はせまくなるし、草も刈ってないので、服もズボンもぼとぼとにぬれます。仕方がないので、道ばたの小さい小屋の中に入ってまた休みました。こもがあったので、土の上にそれをしいて、あうむきになると、ねむくなってそのままねてしまいました。手足がかゆいので目をさまして見ると、ブト（ブヨ）にくわれてはれあがっています。ここはブトの多いところなのでしょう。思い出すと来る途中、ヒエ畑をうっていた女の人がブトくすべを腰につるしていました。ブトくすべというのは、わらや草や古い布ぎれなどをいっしょにして、これをはりがねなどでかたくまき、その一方のはしに火をつけてくゆらせたもので、その煙でブトがよって来ないのです」〔宮本 一九五〇：四頁〕。

雨中、廃村を目ざして歩きだしたがひどく衣服が濡れ、道ばたの小屋に入って休息したところ、寝入ってしまい、ブト（ブヨ）に食われて目を覚ましたというのである。ブトは、初夏から盛夏にかけて、草むらに多く、草刈りのあとなどには大量発生する。足もとから入り皮膚を刺すことが多いが、刺されると腫れ上がりひどいかゆみをともなう。そのブトに食われたという話である。ふつうの「民俗誌」でははぶかれるような体験的なできごとが生のままで語られている。

再び、廃村を目ざして歩きはじめた宮本は、次のような光景を目にする。

「もと村のあったと思われるあたりまで来ると、草はせたけほどにのび、その上に、雨が白々として向こうが見えないほどに降って、すまいのあとなどさがして見ることもできません。それでもしばらくは、村のあったと思われる方へ草をおしわけてすすんでゆきましたが、こういう山の中では、家がかたまってあったわけではありません。あちらに一軒、こちらに一軒とあったのですから、すまいのあと一つをさがしあてるにもたやすいことではありません。草の中ではかさもさせなくなって、あたまからずぶぬれになり、とうとうどうすることもできなくて、引っかえして峠道をのぼってゆきました。見おろす谷は一面の草です。私は何かしら涙の出て来るのをおぼえました」〔宮本 一九五〇：五頁〕。

結局、目ざした廃村と推定される場所にたどりついたものの、草に埋もれて確定できず、雨中、帰りを急いだという。涙を流した宮本自身の感性までもが語られてしまっている。

また、三「今の村のおこり」・四「村のなりたち」は、村落開発史を中心とした村落構造概観であるが、村落開発の起点である開墾については、それが神からの土地の分譲を意味するとして、次のような事例を紹介する。

「奈良県吉野郡天の川村できいたことですが、ある土地をひらこうとする時、一年前に、その土地の四すみに杭をうってシメを張りました。それを「ヂモライ」といいましたが、これで山の神が土地をくれたことになるのだ、といっています。また福井県の石徹白という白山の南の村では、たきものをとったり、焼畑をひらいたりしようとする場合に、たとえそれが自分の持っている土地であっても、三年以前に、叉になった木をそのあたりの立木の枝にかけておきました。これを「カギヲカケル」といいました。（中略）こうすれば、他人は鎌を入れなかったのです。これはただ、ほかの人に示すだけの目的ではなかったと思います」〔宮本 一九五〇：七九－八〇頁〕。

村落開発史の起点は、開墾がその起点にくるのはふつうだが、そこからはじめるのではなく、神からの土地の分譲儀礼とでもいうべき作法から語る。他の研究者によってはほとんど指摘されていない、また、気づかれていない民俗事象であり、こうした土地分譲儀礼から村落開発史をはじめていることじたい、平易な民俗学概論でありながら、それが通常の民俗学概論よりも広角的視野のもとにえがかれていることを物語る。

『ふるさとの生活』とともに、「中学生全集 九〇」（筑摩書房）として刊行した子供向けの小著『日本の村』（一九五三）も、『ふるさとの生活』と同じように「です・ます調」による平易な表現により、宮本独自の方法論によってえがかれた民俗学概論であった。宮本によれば、『日本の村』は、もともとは、一九四八年（昭和二三）に『村の社会科』というタイトルで昭和書院という出版社から刊行されたが、この出版社が出版を停止したためにほとんど頒布されなかった。ところが、近世史学者の林《はやし》基《もとい》（一九一四－二〇一〇）がこの本を古書店で購入し読み、筑摩書房へ相談して、『日本の村』と改題の上、「中学生全集」に収めることにより再版されることになった〔宮本 一九六八ａ：二九八頁／毎日新聞社編 二〇〇五ａ：二二三頁〕。

『日本の村』は、「みなさんは汽車にのって旅をしたことがありますか」という問いかけ〔宮本 一九五三：七頁〕、「車窓の民俗学」からはじまる。観察することの重要性を、みずからの多くのスケッチとともに説くのである。最初は屋根である。屋根を見ると、ひとつの屋敷内に二棟が並んでいる家があるという。「汽車をおりて、そうした家をたずねていって見ると、大きい家のほうは座敷になっており、小さい家のほうは、カマドがあって、煮たきするようになったのが多いのです。そして大きいほうをオモテ・大家・上の家などといっており、小さいほうをカマヤ・下の家などといっております。大きい家のほうでは、ねたり、おきたり、お客をむかえたり、神仏をまつったりしていますが、下の家のほうではごはんをたいたり、食事をしたりするのがおもです」〔宮本 一九五三：一三頁〕。一軒であるにもかかわらず二棟ある、その家について、大きい一棟が主家で、「主家のほうはもと神さまをまつる所だったと思うのです。その神さまも先祖の神々さまであった」とし、小さいもう一棟については、「カマヤのほうは火をたく所であり、また日常生活する所だった」というのである〔宮本 一九五三：一八－一九頁〕。

このように、村落社会を説明するにあたり、もっとも観察しやすい、屋根から導入し、その屋根から家屋・間取り、さらにその地域差・歴史的変遷をも説明する。いわば家を中心とした身近な生活空間が『日本の村』の説き起こしであった。続いては、家・耕地を観察することによる、村落開発と同族団の説明である。

「汽車で福知山線や山陰線をゆく人は、山すそのあちらこちらに家が五戸十戸くらいずつかたまっているのをよく見かけます。多いものになると、三十戸以上あるものもあります。そうした村は、たいてい一族の者が集まってできた村なのです。このあたりでは、このような一族の仲間をカブとか、カブウチとかいっています。カブのなかには、血のつながりのない分家も、ふくまれております。大てい、本家になる家が中心になって墓地なども一ヵ所にあります。なかには、一つの村のうちが、二つか、三つくらいのカブの集まったものであることもあります」〔宮本 一九五三：九三頁〕。

このように、『日本の村』は家の観察から拡大して同族団にまで及び、次に、その家と同族団から墓域と墓地、それに関連させて、石碑にまで言及し、最後は、畑地と水田、そして、村落の農作業、さらには、その農作業との関連で農具をもって終わる。そして、こうした観察からはじまる叙述には、このあと宮本がくりかえす主張も登場する。たとえば、隠岐の畑を説明するにあたり、それが牛の放牧によって、牧畑から定畑の形成があったという指摘である。

「牛にはおもしろい習性があって、傾斜にはなしておくと、等高線にそうて、つまり山の傾斜を横に歩きつつ、草をくってゆくのです。上下にくってのぼったりくだったりすることはすくないのです。（中略）牛はある高さのところを一すじ草をくってゆくと、つぎにその下なり上なりをおなじようにくってゆきます。その足あとで段々ができてくるのです。（中略）すると段々畑は牛が発明したものかもわかりません。そこで牛のたくさんいる地方と段々畑の分布とをくらべてみると、だいたい一致するのです。このようにして牧畑から定畠が生まれてくるのです」［宮本 一九五三：一四八－一五〇頁］。

牛が西日本、馬が東日本に多いというのも宮本の一貫した主張であり、それとの関連で、牛の放牧とその習性から段々畑の耕地形態をとる定畑が形成されたというのである。もうひとつ宮本がくりかえすのは、除草と関連させた日本における鍬の普及である。

「みなさんのお家には、農業を営んでいる人も多いでしょう。ではみなさんの家にどんな農具があるかを一々しらべたことがありますか。そしてそれがどんな時にどんなにつかわれているかも…。牛馬につけて使用するものがいくつか。スコップのように、向うへつく農具がいくつか。鍬のように手前にひく農具がいくつか。そんなにして見てゆくと、鍬のようなのが一番多いはずです。私のしらべたところでは、どこでも鍬が一番多いのです。なぜでしょう。それは日本の国土は雑草がひじょうによくしげることと関係があるようです。（中略）鍬は、耕す目的もあったのですが、むしろ除草のために使用するものだったのでしょう。そしてその数の多いということは、雑草がとてもよくしげったものであることを物語ります。そしてそれを除草と中耕とに兼用するようになったのでしょう。すると耕す深さはあさくなってきます。日本の農業の耕し方がたいへん浅いのですが、これは牛馬の使われることのすくないのと、除草中心の農業がそうさせたといってよいかと思います」［宮本 一九五三：一七〇－一七二頁］。

ここではまだ鎌については言及がないが、このような除草との関連で鍬の普及を論じ、そこでの農作業が「押す」のではなく「引く」動作であるといい、鎌を含めて、やがて宮本は日本文化をして「引く」文化であると主張するようになる。その基本線がここですでに登場してきているのである。

牛の放牧と牧畑から段々畑の耕地形態による定畑の形成、また、このような鍬の普及から発展させた「引く」文化の形成、こうした主張の原点は、この『日本の村』の方法論的基本である観察にあった。いまだ、どの民俗学概論をとりあげてみても、これほど徹底的に具体的な観察から導入して、村落社会の「生活誌」史をトータルにえがいている作品はない。民俗学では観察は基本であるが、それを方法としても叙述としても徹底させて完成させたのが、この『日本の村』であった。子供向けであるために、叙述は平易であるが、方法論としての観察の重要性をおのずと理解させる高《ハイ》レベルな「生活誌」史であった。

3　島嶼からの告発――『日本の離島』『日本の離島　第二集』

アジア太平洋戦争敗戦の一九四五年（昭和二〇）末大阪府農務課嘱託を辞職してからは、宮本はサラリーをもらう定職にはついていない。新自治協会中央理事と全国農村自治連盟の給与については不明だが、一九四八年（昭和二三）に就任した大阪府農地部農業協同組合課嘱託は無給であった。故郷周防大島で農業をいとなんでいたというが、フィールドワークに出ていることの多い宮本の農業には母・妻などの協力も多かったものと思われる。「その頃母が「おまえには定職があるか」と不安気に聞いた」〔宮本　一九七八a：一六〇頁〕というが、一九〇七年（明治四〇）生まれの宮本は一九五〇年（昭和二五）時点で満四三歳の働き盛りである。敗戦前後の社会的混乱がおさまりつつあるなかでも、宮本は定職を持たずにいる。

そうしたなかで、社会経済史また「生活誌」史研究者として、さらには、フィールドワーカーとしての宮本を大きく飛躍させる調査があった。それがすでに述べた一九五〇年（昭和二五）から翌一九五一年（昭和二六）にかけての九学会連合（一九五〇年は八学会連合）による対馬調査であった。宮本の対馬調査は、アジア太平洋戦争敗戦以前のフィールドワークと異なり、その目的は漁業社会経済史であったとしても、敗戦後の宮本を、一九四九年（昭和二四）一〇月の日本常民文化研究所復帰に続いて、学者に戻すきっかけであった。研究者との出会いもあった。たとえば地理学者の山階（浅野）芳正と知り合い交際がはじまる。山階は島嶼社会研究会というグループにより島嶼研究を行なっており、宮本もその会員となる。[41] この島嶼社会研究会は、一九五三年（昭和二八）全国離島振興協議会が発足するとその事務局を引き受け、宮本はこの年の五月に結核が再発し同年六月九日から九月七日まで約三ヶ月間の入院生活をおくり健康状態も良好ではなかったが［田村 二〇〇四：五六六頁／毎日新聞社編 二〇〇五a：二一八－二二二頁］、翌一九五四年（昭和二九）五月事務局長になる（一九五九年まで）。この全国離島振興協議会事務局長も無給であった［宮本 一九七八a：一七五頁、一七九－一八〇頁］。しかし、この全国離島振興協議会とのかかわりあいが、島嶼研究あるいは島嶼論の第一人者として宮本を成長させていくことになる。

全国離島振興協議会は、一九五〇年（昭和二五）国土総合開発法の公布・施行を起点として、徐々に活発になった離島の開発・振興を目的とする活動が、一九五三年（昭和二八）東京都・新潟県・島根県・長崎県・熊本県・鹿児島県の六都県一七九町村によって組織化されたものである。[42] 全国離島振興協議会は、最初は離島振興法制定のための組織であり、制定後は離島の開発・振興のための研究・交流・情報交換など幅広い活動を行ない、一九五三年（昭和二八）一二月には月刊誌『しま』を創刊している。また、島嶼社会研究会との連携により、行政組織と研究者が協力して活動していたことにも特徴があった。離島振興法は、一九五三年（昭和二八）五月一八日開会の特別国会で超党派の議員立法として成立、七月二二日公布（施行も同日）されたものであり、[43]「本土より隔絶せる離島の特殊事情よりくる後進性を除去するための基礎条件の改善並びに産業振興に関する対策を樹立し、これに基く事業を迅速且つ強力に実施することによつて、その経済力の培養、島民の生活の安定及び福祉の向上を図り、あわせて国民経済の発展に寄与することを目的」（第一条）として制定された。ただし、離島振興法は一〇ヶ年の時限立法であり、そのために一〇年ごとに改正をくりかえし、二〇一二年（平成二四）六月二七日公布（施行も同日）で第六次の改正が成立、現在では二〇一三年度から二〇二四年度までの延長が実現している。

　そして、このような離島振興法のもとで、その法案制定にも尽力してきた全国離島振興協議会事務局長としての宮本の仕事がはじまる。その仕事を、月刊誌『しま』に発表した宮本の多様な文章と『民俗学の旅』のなかでの回想から推測すると、その一つは、全国離島振興協議会に所属する町村からの陳情などへの対応とそれをふまえての関係省庁・代議士との折衝であった。官僚・政治家との交渉は心身ともに消耗することも多かったことであろう。しかし、日本社会の現実を知る宮本が、いっぽうで政治の世界をかいま見たことは、マイナスばかりではなく、島嶼だけではなく地域社会を行政的視点をもって把握する、そうした複眼的視点の獲得でもあったと思われる。二つは、全国各地の島嶼を実際にめぐることである。宮本における本格的な島嶼のフィールドワークが展開されるようになったのである。もっとも、それはあくまで全国離島振興協議会の仕事であり、そのフィールドワークの目的じたいは民俗学的ではなく、視察とでもいうべき内容であったと思われる。ただこの視察も、宮本のばあいにはとおりいっぺんの視察ではなく、『日本の離島』（一九六〇）に集大成されていったような歴史的・社会経済的実態をふまえた上での緻密な観察であった。三つは、月刊誌『しま』への寄稿である。宮本は、表9のように、『しま』の創刊号から第一〇四号（一九八一年一月）まで、その死去直前まで連載を各号一本と数えると合計八四本もの文章を寄せている。ほとんど毎号といってよいだろう。これらのなかから『日本の離島』が生まれていくが、こうした執筆の事実からみても、宮本が全国離島振興協議会と『しま』に対してなみなみならぬエネルギーをそそいでいたことがわかる。

こうした全国離島振興協議会事務局長としての仕事のなかで、おそらくはそれ以前からのフィールドワークのなかで徐々に芽ばえていたのであろう、現実社会への疑問の提出が行なわれるようになる。宮本は、戦時中から敗戦後の日本社会の混乱を見るなかで、それでも、秩序の保守と、社会における調和と共同の維持を重視していた。社会経済的混乱と社会秩序の破壊はもっとも忌避すべきであった。地主調査にせよ、社会経済史への傾倒も、対象に社会的矛盾を発見するのではなく、社会経済的安定と社会秩序の保守がその思想的基調にあった。

しかし、島嶼をつぶさに歩くなかで、そこにおける社会経済的安定と社会秩序の保守が困難な状況を見るにつけ、それまでのフィールド体験の蓄積が、一気にはき出される形で、現実社会への疑問の提出としてあらわれる。それが作品として凝縮されたのが『日本の離島』であった。書き下ろしではなく、一九五三年（昭和二八）から一九六〇年（昭和三五）までに『しま』などに発表した合計二四本の短文を収録したものである（初出誌が『しま』のものは半数の一二本）。初版一九六〇年（昭和三五）九月三〇日発行（未來社）で、その約二ヶ月前の七月二〇日に初版発行（未來社）された『忘れられた日本人』とともに、宮本常一を大きく世に知らしめた作品である。名著として知られる『日本の離島』と『忘れられた日本人』とはともに一九六〇年（昭和三五）の刊行であった。時間的事実だけいえば、両著の刊行の一九六〇年（昭和三五）前半は日米安全保障条約改定とそれへの政治的反対運動が展開されたときであり（改定安保発効は六月二三日）、それらが退潮するこの年後半の刊行であった。『日本の離島』は翌一九六一年（昭和三六）第九回日本エッセイストクラブ賞を受賞する。一九六〇年（昭和三五）第八回受賞には中尾佐助『秘境ブータン』（一九五九）、一九五八年（昭和三三）第六回受賞には大牟羅良『ものいわぬ農民』（一九五八）があるので、この時期にはフィールドワークあるいは地域社会ルポルタージュとでもいうべき作品の受賞があった。

宮本が『日本の離島』により提出した疑問は、かつては日本列島の他地域と同じくひとつの地域社会として存在し、あるいは、海の道によって他地域よりも栄えていた島嶼社会が、日本の近代化によって「離島」化したことにあった。もとは「離島」ではなかった島嶼を「辺境」にした日本近代の告発でもある。たとえば、日本近代の交通網の変化にふれて、陸上交通中心の近代化と帆船の衰退とが「離島」化を決定づけたとして次のようにいう。

「五〇年まえまではまだ帆船も多く、沿岸と離島をつなぐ汽船の数も多かった。鹿児島県の種子島には大阪からの船も通っていたこともあったし、対馬には下関・朝鮮間の汽船も寄港していた。大正時代には平戸島田助港などは一〇数隻の定期船の出入があった。その船の起点は下関・博多・釜山・佐世保・長崎・天草等にわたっていた。当時の国全体の交通量から見ると、島通いの船の数は率が高かったわけである。

ところが、陸上交通の発達から、事情は一変して、島は鉄道の終点から結ばれる袋小路になってしまったのだが、さてそのことに気のついた島の人びとが、当時何人あっただろうか。つまり交通体制のあたらしい確立が、封建社会を資本主義社会にきりかえる動力になったのだが、そのたちおくれから離島は資本主義社会への正式な参加がおくれてしまったのである」［宮本 一九六〇b：二三二頁］。

こうした「離島」化は外部資本、本土の資本への従属を余儀なくさせているという。たとえば、仲

No.	号数	年月日	タイトル	備考
1	第1号	1953年（昭和28）12月	島の文化	
2	第2号	1954年（昭和29）4月	（座談会）振興法をめぐって	宮本司会ほか7名の座談会。
3	第2号	1954年（昭和29）4月	農業講座（一）農業のいろは	
4	第3号	1954年（昭和29）7月	農業講座（二）牧畜（一）	
5	第4号	1954年（昭和29）10月	農業講座（三）牧畜（二）	
6	第5号	1955年（昭和30）3月	農業講座（四）牧畜（三）	
7	第6号	1955年（昭和30）4月	農業講座（五）牧畜（四）	
8	第7号	1955年（昭和30）8月	農業講座（六）牧畜（五）	
9	第8号	1955年（昭和30）12月	農業講座（七）農業技術の改良	「島の農業」と改題され『日本の離島』（1960）所収（二二一-二二六頁）。
10	第9号	1956年（昭和31）3月	青年会議に寄せて――よき明日への期待	「離島青年会議に寄せて」と改題され『日本の離島』（1960）所収（五四-七一頁）。
11	第9号	1956年（昭和31）3月	農業講座（八）土枠温床のつくり方	
12	第10号	1956年（昭和31）7月	農業講座（九）イネの肥料の使い方	
13	第11号	1956年（昭和31）9月	農業講座（十）秋まき蔬菜	
14	第13号	1957年（昭和32）12月	島めぐり 伊豆七島（1）	「明治初年の伊豆諸島」と改題され『日本の離島』（1960）所収（七一-八四頁）。
15	第14号	1958年（昭和33）6月	島めぐり 伊豆七島（2）八丈島	「八丈島」と改題され『日本の離島』（1960）所収（八四-九〇頁）。
16	第15号	1958年（昭和33）10月	島めぐり 薩南十島（3）	「薩南十島」と改題され『日本の離島』（1960）所収（二七四-二八〇頁）。
17	第17号	1959年（昭和34）7月	島めぐり（4）「怒りの孤島」に生きる人々――山口県大島郡情島――	「「怒りの孤島」に生きる人々―情島―」と改題され『日本の離島』（1960）所収（二〇八-二二九頁）。
18	第18号	1959年（昭和34）10月	島めぐり（5）佐渡をまわる	「佐渡をまわる」と改題され『日本の離島』（1960）所収（九九-一〇八頁）。

表9　宮本常一『しま』掲載論考

19	第21号	1960年（昭和35）6月	島めぐり（7）長島・天草の素通り	「長島・天草の見聞」と改題され『日本の離島』（1960）所収（二六二―二七二頁）。
20	第22号	1960年（昭和35）10月	島めぐり（8）見島見聞	『日本の離島　第二集』（1966）所収（二〇〇―二一〇頁）。
21	第23号	1960年（昭和35）12月	二つの地方青年会議	『日本の離島　第二集』（1966）所収（一〇四―一一四頁）。
22	第25号	1961年（昭和36）7月	島めぐり（9）上五島をゆく	『日本の離島　第二集』（1966）所収（二七八―二八八頁）。
23	第26号	1961年（昭和36）10月	島めぐり（10）石川県・山口県の小さい島々	『日本の離島　第二集』（1966）所収（一七七―一八八頁）。
24	第27号	1961年（昭和36）12月	島めぐり（11）野母の樺島	『日本の離島　第二集』（1966）所収（二六七―二七七頁）。
25	第29号	1962年（昭和37）6月	これからの離島振興（4）「産業経済」部会	
26	第30号	1962年（昭和37）10月	島めぐり（12）種子島―中種子方式の提唱―	『日本の離島　第二集』（1966）所収（二八九―三〇〇頁）。
27	第31号	1962年（昭和37）12月	島めぐり（13）九州北辺の島々	『日本の離島　第二集』（1966）所収（二四六―二五七頁）。
28	第33号	1963年（昭和38）3月	島めぐり（14）採石業の近代化へ―北木島　馬越儀三郎氏の抱負と実践―	『日本の離島　第二集』（1966）所収（二二二―二三三頁）。
29	第34号	1963年（昭和38）6月	島めぐり（15）佐渡所感	『日本の離島　第二集』（1966）所収（一五六―一七六頁）。
30	第35号	1963年（昭和38）10月	島めぐり（16）姫島	『日本の離島　第二集』（1966）所収（二三四―二四五頁）。
31	第36号	1963年（昭和38）12月	何のお役にもたたなかった九年	
32	第37号	1963年（昭和38）3月	これからの十年	『日本の離島　第二集』（1966）所収（二七―三五頁）。
34	第39号	1964年（昭和39）6月	島めぐり（17）東京都島嶼青年教育研究発表大会に出席して	『日本の離島　第二集』（1966）所収（一一五―一二六頁）。

35	第40号	1964年（昭和39）9月	島めぐり（18）伊豆大島	『日本の離島 第二集』（1966）所収（二一一－二二一頁）。
36	第41号	1964年（昭和39）12月	島めぐり（19）利尻島見聞	『日本の離島 第二集』（1966）所収（一二九－一四一頁）。
37	第43号	1965年（昭和40）3月	島めぐり（20）礼文島	『日本の離島 第二集』（1966）所収（一四一－一五二頁）。
38			農業講座（十九）島の実態をつかもう	安見真三（筆名）名義
39	第44号	1965年（昭和40）7月	島めぐり（21）焼尻・天売島	『日本の離島 第二集』（1966）所収（一五三－一六四頁）。
40			農業講座（二十）瀬戸内海のミカン栽培	安見真三（筆名）名義
41	第45号	1965年（昭和40）10月	島めぐり（22）隠岐一巡	『日本の離島 第二集』（1966）所収（一八九－一九九頁）。
42			農業講座（二十一）瀬戸内海島嶼のミカン栽培（二）	安見真三（筆名）名義
43	第46号	1965年（昭和40）12月	島めぐり（23）気仙大島	
44	第47号	1966年（昭和41）2月	離島振興と青年推進員の使命	
45			農業講座（二十二）広島県島嶼部のミカン生産の構想	安見真三（筆名）名義
46	第48号	1966年（昭和41）3月	島めぐり（24）周防沖家室島	
47	第49号	1966年（昭和41）8月	島めぐり（25）馬毛島	
48	第50号	1966年（昭和41）10月	島めぐり（26）青ヶ島	
49			農業講座（二十三）八珍柿の将来性	安見真三（筆名）名義
50	第51号	1966年（昭和41）12月	島めぐり（27）馬毛島・青ヶ島その後	
51			農業講座（二十四）八珍柿の栽培	安見真三（筆名）名義
52	第52号	1967年（昭和42）2月	離島の基本問題と青年活動の役割	

53	第53号	1967年（昭和42）3月	島めぐり（28）空から見る広島湾の島々	
54	第53号	1967年（昭和42）3月	農業講座（二十五）契約栽培とタバコ	安見真三（筆名）名義
55	第54号	1967年（昭和42）7月	山下さんの思い出	
56	第54号	1967年（昭和42）7月	農業講座（二十六）タバコ栽培の現状	安見真三（筆名）名義
57	第55号	1967年（昭和42）9月	島めぐり（29）生口島	
58	第55号	1967年（昭和42）9月	農業講座（二十七）北松大島と鷹島のタバコ（上）	安見真三（筆名）名義
59	第56号	1967年（昭和42）12月	島めぐり（30）佐久島	
60	第56号	1967年（昭和42）12月	農業講座（二十八）北松大島と鷹島のタバコ（下）	安見真三（筆名）名義
61	第58号	1968年（昭和43）8月	島めぐり（31）ふるさとの島にありて思う	
62	第59号	1968年（昭和43）10月	綱島さんの追憶	
63	第59号	1968年（昭和43）10月	島めぐり（32）隠岐を再び見る	
64	第60号	1968年（昭和43）12月	島めぐり（33）種子島西之表	
65	第61号	1969年（昭和44）4月	離島振興の諸問題（1）	
66	第62号	1969年（昭和44）7月	離島振興の諸問題（2）	
67	第63号	1969年（昭和44）9月	離島振興の諸問題（3）	
68	第64号	1970年（昭和45）2月	離島振興の諸問題（4）沖縄を見る（一）	
69	第65号	1970年（昭和45）5月	離島振興の諸問題（5）沖縄を見る（二）	
70	第67号	1970年（昭和45）11月	離島と観光の問題	

*筆名の「安見真三」については、宮本没後の『しま』第106号（1981年7月）が特集「追悼 宮本常一への道 離島への足跡」で、そのなかに「季刊『しま』宮本常一先生執筆等目録」があり、そこに「安見真三」というペンネームを使用したことが明記されているのでそれにしたがった。

71	第69号	1971年（昭和46）7月	離島振興の諸問題―瀬戸内海の島をめぐって―	
72	第71号	1972年（昭和47）9月	これからの離島振興問題	
73	第90号	1977年（昭和52）8月	切捨のない行政を	
74	第94号	1978年（昭和53）5月	離島の若者たちと産業会議	
75			島と文化伝承（1）島の文化を見直す	
76	第95号	1978年（昭和53）8月	島と文化伝承（2）島と神	
77	第96号	1978年（昭和53）12月	島と文化伝承（3）神の島・死者の島	
78	第97号	1979年（昭和54）2月	島と文化伝承（4）島の縄文文化	
79	第98号	1979年（昭和54）5月	島と文化伝承（5）海境	
80	第99号	1979年（昭和54）8月	島と文化伝承（6）地の島の役割	
81	第100号	1979年（昭和54）12月	離島振興の先達渋沢敬三先生	
82	第102号	1980年（昭和55）6月	島と文化伝承（7）弥生式文化の伝来	
83	第103号	1980年（昭和55）10月	島と文化伝承（8）島の弥生式文化	
84	第104号	1981年（昭和56）1月	島と文化伝承（9）値嘉の島（五島列島）	

買人（中間商人）への従属の例として、西瀬戸内海の姫島をとりあげ、「この島でもその釣りあげた魚は仲買人が買い、運搬船で三津ガ浜・別府・広島、遠くは大阪の市場まで運んだのである。（中略）漁民たちはこれら活船《いけふね》を持つ仲買人にその生活を完全ににぎられていた。彼らの手を経なければ金銭を持つことはできなかったから、彼らのいいなりの値で売り、また彼らから米塩薪炭まで仰がなければ

ばならなかった」〔宮本 一九六〇b：一七頁〕という。姫島のばあいはそれを改善していったというが、五島列島福江島にふれつつ、「中間商人は漁民から安く買ったものを消費地へは有利に売って産をなしていったのである。こうして辺境の島で、しかも市場が遠くはなれているところでは、島民の死命は長く中間商人に制せられて来たのであった」〔宮本 一九六〇b：一八頁〕という。

そして、「離島」化したがゆえの島嶼の本土への社会経済的従属は、島嶼からの自立性の剝奪でもあった。宮本は次のようにいう。「あらゆる不足物資は本土に仰ぎ、あまったものをたえず本土に吐き出すことによって島内生活のバランスをとって来た」「島とは四囲を海にめぐらされて地域的にはある独立性を持ちつつ、社会経済的には本土へ何らかの形で従属的に結びつかねばならない運命を持った世界であった」〔宮本 一九六〇b：一七頁〕。

それでも、宮本はこうした「離島」化のなかで生き抜く庶民をえがき続ける。たとえば、本土資本と観光客によって成功をおさめているようにみえる佐渡をみて、そのそれらの華やかさとのコントラストで、次のようにいう。

「はなやかな観光客でにぎわっているすぐ北の、北狄《きたえびす》の村の川のほとりで、私は大ぜいの女たちがせんたくしているのを見た。田の草とりもすむと、女たちは汚れたものを里へ持ってかえってせんたくするのだそうであるが、その乾されている着物や布団の皮はあまりにもいたんでいる。道ゆく人はこざっぱりした支度をしていても、日常人に見せない生活がどんなに貧しいものであるかは稲架に何十枚となく乾してある布によって知ることができる。また、女たちが薪や草の大きな荷を背負ってあるいているのにも出逢った。観光客とはあまりに差がありすぎる」〔宮本 一九六〇b：一〇一頁〕。

北陸から新潟県にかけて多い洗濯帰りの民俗事象にふれつつ、これを婚姻儀礼の民俗事象として叙述するのではなく、そこに貧困を読み取る。さらに次のように続ける。

「そうした重労働のはて、足が曲っていわゆるO脚になった人がどんなに多いことか、とくに老女に多く見かけるのである」〔宮本 一九六〇b：一〇一頁〕。

いまではほとんど見ることもなくなった。しかし、それほど古い昔ではないかつての日本の農山村ではO《オー》脚で腰の曲がった老人を見ることが多かった。むしろそれがごくふつうの光景で、特別視するとか疑問を持つことさえ少なかった光景である。それがさりげなく語られている。[44] たんたんと叙述しているので、表面的には問題提起また現実の告発とでもいうべき激しさは感じられない。しかしそれは、「離島」化することによって、相対的に弱者に位置づけられた島嶼を起点として、おのずからなる日本の近代社会に対する疑問の提出であった。そのような意味では、『日本の離島』は「生活誌」からもさらに展開し、社会派ルポルタージュといってもよい作品でもある。

島嶼からの視座は、宮本をして政治批判さえも行なわしめる。宮本には、その「生活誌」のなかに、その具体的叙述がその具体的事象それじたいをもってして考えしめる、あるいは、それじたいが疑問の提出とでもいうべきばあいがある。しかし、直接的な政治批判はなかった。ところが、『日本の離島』では政治への言及が行なわれる。全国離島振興協議会事務局長としての仕事が、おのずと政治とかかわらせるようになり、その経験がそうさせるようになったのであろうか。

「離島」化している東京都青ヶ島について語るところがある。「元来資本主義経済をささえているブルジョア民主主義というものは、一般の大衆の声を政治に反映させているように見えるから、きわめて合理的なように思われるが、そのために非能率的なものに対しては非情である。つまり、そういうものは見すてる場合が多い」といい、議会制民主主義における不平等を告発し、次のように続ける。

「東京・大阪間は一日に何十回というほど汽車がかよい、特急なら八時間で行くことができ、飛行機なら一時間半で達することができるが、同じ東京都の一部であり、大阪へゆくよりは近い距離にある青ガ島へは月一回の船さえまともにはかよっていない。青ガ島はけっして遠いところにある島ではないが、これを遠いと思わしめているのは交通の不備である。そしてそのようなことになったのもこの島の利用価値が少ないからである。利用価値の少ないものについては、ブルジョア民主主義はなかなかふりむこうとしない。東京のある代議士のところへ青ガ島のことについて陳情にいったら、秘書が「私の選挙区にはそんな島はありませんので…」とのことだったが、なるほど東京都であるがこの島には昭和三一年まで選挙権がなかった。——すると、この島の票をもらっていなければ、島の政治問題はとりあげなくてもいいという結論さえ出て来る」〔宮本 一九六〇b：三七－三八頁〕。

一九五六年（昭和三一）まで、「離島」青ヶ島には、衆議院議員・参議院議員選挙権、東京都知事・都議会議員選挙権がなかった。それは、公職選挙法第八条に「交通至難の島その他の地において、この法律の規定を適用し難い事項については、政令で特別の定をすることができる」とあり、それをうけた公職選挙法施行令第一四七条が選挙を行なわないことを規定したことによっていた〔榎澤 二〇一一：二二一－二二四頁〕。当時もまた現在でも一般的に知られていないこの事実を知らしめ、近代政治には、法の下での平等をうたいつつも、切り捨てと不平等があることを訴えている。

また、それは陳情政治およびそれと表裏一体の公共事業誘致型政治への疑問ともなる。この青ヶ島の例をとるまでもなく、宮本自身が陳情を経験したなかでの発言である。

「島開発のための予算を拡大することも必要であるが、国会に近い離島振興協議会の事務所にときおり顔を出して、憂鬱になるのは陳情というものをしないと予算が多くとれないという事実である。（中略）陳情しなくてもすむような政治がほしいものである。それには政治の機構を根本から改めなければならないのだろうが、そのまえに困っているものの本質や、わすれられた世界や、あるいは発展させていかなければならぬ問題を、みんなの共通の知識にしておく必要がある」〔宮本 一九六〇b：三〇五頁〕。

島嶼からの視座を徹底させた宮本は、日本近代とその政治手法の批判にまで到達している。

もっとも、こうした批判をもって、宮本が革新的思想に転化したとみなすことは早計であろう。そのフィールド体験のなかから具体的に疑問を提出する宮本であり、島嶼を起点にしたときには、その「離島」化が島嶼社会の自立を破壊していることへの疑問であった。島嶼社会に困難が増加するいっぽうであるために、その保守と持続のための発言であった。

一九六〇年（昭和三五）発表の『日本の離島』（以下便宜的にこの一九六〇年版を「第一集」と記す）にはその続編がある。六年後の一九六六年（昭和四一）一月三〇日初版『日本の離島 第二集』である。これも書き下ろしではなく既発表の文章合計二四本を収録したものであるが（初出誌が『しま』のものは一七本）、そのうちの二三本は最初の『日本の離島』刊行後の一九六〇年（昭和三五）一〇月から一九六五年（昭和四〇）七月までに発表した文章である。『日本の離島 第二集』には第一集を刊行した一九六〇年（昭和三五）以降の宮本の展開が込められる。一九五三年（昭和二八）成立であった時限立法一〇年の離島振興法が第一次を終わり第二次に入り、また、日本社会は高度経済成長期に入り、そのなかで島嶼を起点に発言する宮本がいた。それはおのずと、島嶼にとって高度経済成長とは何なのかの問いかけともなる。

『日本の離島 第二集』は第一集とは明らかに内容が異なる。島嶼が持つ問題群の提出が続くことには変化はない。しかし、第一集が「離島」化した島嶼を起点に、ときには告発とでもいうべき疑問の提出が中心であったのに対して、『日本の離島 第二集』では、それぞれの島嶼の現実に即した、解決策の模索とでもいうべき論調に比重が移る。第一集が問題群提起であったとすれば、社会派ルポルタージュあるいは評論がおおよそそうした段階に終始するのに対して、『日本の離島 第二集』はそれにとどまることなく、一般読者よりもむしろ島嶼に生活する人たちを読者として想定した、島嶼の未来像のための具体的提言であった。「あとがき」で次のようにいう。

「島民ももうすこし目ざめてくれないものかと思いつつ書いたものが、この書物の大半をなしている。そして離島民ばかりでなく、島外の人にもいろいろと考えていただきたいと思っている。批判と称して島民の悲惨な生活や無知なことをのみとりあげたり、あげ足をとるようなことはもうやめて、どうしたらよくなれるのかを、みんなで考える体制がつくられるならどれほどありがたいだろうと思う」［宮本 一九六六b：三二六頁］。

航路の整備・簡易水道敷設・海底送電・架橋、そして、宮本が強く主張したのが島内の道路整備である。それだけではない。もっとも根本的な問題として、宮本は島嶼の自立のために生産（産業）体制の整備を最重要課題とする。公共事業投資は島嶼生活を向上させているように見えるが、それは必須条件ではなく、むしろ生産生活向上のためにそこに従属する条件にすぎず、島嶼における社会経済的自立こそが最重要課題とされる。

たとえば、くりかえし発言した佐渡の例である。観光誘致に成功し外見上は豊かになっているように見える佐渡で、それは外部資本に収益をもたらすだけとして嫌悪感をあらわにしつつ、生産体制の充実を具体的に紹介する。畜産・蔬菜そして柿栽培である。もともと農家の副業であった柿栽培が北海道への出荷をはじめ徐々に生産体制をのばしている現状を紹介し、そこに将来性を感じとる宮本は、その発展のためにさらなる具体案をいう。柿栽培のための栽培地の集合と生産体制の合理化である。

「これらの柿は園地が散在し、さらに高接ぎしたものは柿の木そのものがばらばらにあることになる。そこで集団化するためには、新しく土地をひらいて園地をつくる必要がある。そして農道・消毒・集荷その他の設備をととのえて、労力をはぶき生産をあげ、しかも品質を統一しなければならぬ。つまり経営方針を根本からきりかえて行かねばならぬ」〔宮本 一九六六b：一七三－一七四頁〕。

一般論ではなく、佐渡の現状に即した具体的な提案であった。そして、宮本はそうした生産体制を推進する中心人物を紹介する。柿栽培のばあいはSさんという。

「今日までその指導を黙々として続けてきたのがSさんである。ここまで来るのに三〇年かかった。Sさんは杉の巨木のように欝然として、しかも根を土の中深くおろした人である。農民の眼を米麦作から園芸を主体にするようにきりかえるために苦労して来た。柿がもうかると言っても、すべての人の眼を柿に向けることはできない。土地を持たず、また持っても適地でないものはどうしようもない。そこで人びとに採種園芸の指導もしている」〔宮本 一九六六b：一七四頁／人名はイニシャルにした・引用者〕。

島嶼の自立のために、生産体制の整備を具体的レベルで提言し、また、その推進者を紹介し続ける宮本であった。

しかしいっぽうで、『日本の離島 第二集』は第一集に比べてどこか絶望感もただよう。離島振興法によって大きな島は改善されつつあるが、住民数も少ない小島は衰退の一途であるという。

宮本は、一九六六年（昭和四一）初版の『日本の離島 第二集』を『宮本常一著作集 五』（一九七〇）に収録するにあたり、その冒頭の一節だけを差し替える。初版一九六六年（昭和四一）の『日本の離島 第二集』の冒頭は「島のローカルカラー」であるが、『宮本常一著作集 五』の冒頭は一九七〇年（昭和四五）六月の脱稿年月を記した「離島の現状」である。これは既発表の所収ではなく新たに書き下ろされている。単行本としての『日本の離島 第二集』を一九六六年（昭和四一）に刊行してからさらに五年後の一九七〇年（昭和四五）、高度経済成長が最終段階をむかえ大阪の万国博覧会が開催された年に、宮本の島嶼論の到達点とでもいうべき文章がさりげなく執筆されている。

その「離島の現状」のなかの最初は「ほろびゆく島」である。「離島振興法が施行せられたのは昭和二八年であったからもう一八年ほどになる。一八年の間に島はどんなにかわっただろうかと反省して見ると、心を明るくするよりも暗くするようなことが多いのである」からはじまり、「屋久島、種子島、五島、壱岐、佐渡、瀬戸内海の島々、伊豆諸島など表面から見れば一応すばらしくなったものも多いのであるが、小さい島の場合は逆に衰退の一途をたどっているものが多い」〔宮本 一九七〇b：七－八頁〕という。そして、無人島になった小島を知らしめる。

「東京都八丈小島は無人島になった。ここにも栄光の日はあった。しかしこの島の場合は歴史さえのこさぬようである。力つきて出ていった者にその力はない。（中略）無人島になってゆく小島はいずれも苦闘の歴史をもっている。しかもその苦闘がむくいられなかったのである。すでに無人島になっている広島県宇治島、横島、山口県大水無瀬島、片島、立島、愛媛県御五神島、遠戸島をはじめ、九州にもいくつかの島があるようである」〔宮本 一九七〇b：九頁〕。

続けて次のようにいう。

「その無人化の歴史の中に現在の政治や経済のひずみがそのまま見られるのではないだろうか。経済、文化の発展が多くの誰かを犠牲にしなければすまないものを持っているとするならば、それは深く反省しなければならない」〔宮本 一九七〇b：九頁〕。

高度経済成長のいっぽうで「ほろびゆく島」があった。一九六〇年（昭和三五）刊行の第一集では「離島」化の現実に疑問を提出しつつも、それはそこに希望を込めていた。しかしそれから一〇年後、宮本をしてこのように悲観的に語らしめたことこそ、島嶼社会が根こそぎ破壊されていく、日本近代の進歩に対する総合的批判であった。宮本は政治的には革新的思想を持っていたわけではなく、むしろそれを嫌悪する体制維持の保守主義者であった。しかし、そうした宮本にとって、小宇宙的地域社会の調和と共同のバランスのとれた社会が崩壊していくことは、保守主義者であるがゆえに覚える憤怒でもあり、そうであるがゆえに、現実に即した内在的告発を可能としていたのである。

4 山村からの告発――「歴史的展開過程より見たる国有林と地元との関係」

この問題群の提出は島嶼に限定されたものではなかった。島嶼から拡大させて、日本近代さらには文明の進歩総体にまで適用可能な論理でもあった。

島嶼が海からの問題群提出であったとすれば、宮本は同じ時期、山村の生産体制の分析により山からの問題群提出をも行なっている。宮本が、海の世界、全国離島振興協議会にかかわるようになったのは一九五三年（昭和二八）であったが、翌一九五四年（昭和二九）五月から林野庁の後援により設立された林業金融調査会（－一九六八年）の理事に就任し、山村経済実態調査を行なっている〔田村二〇〇四：五六六頁〕。『民俗学の旅』の回想では、全国離島振興協議会と林業金融調査会の仕事が一対となり「山村と離島」という章にまとめられているので、宮本にとって海＝島嶼と山＝山村とはワンセットの思考であったのかもしれない。

この林業金融調査会でのもっともまとまった成果は、林野庁林政部調査課編『国有林野地元利用状況調査の総括分析』（一九五五）のなかの第一部「歴史的展開過程より見たる国有林と地元との関係」として発表された。これは『宮本常一著作集 一四』（一九七三）に収録されタイトルが「山村と国有林」であるが、原文タイトルは「歴史的展開過程より見たる国有林と地元との関係」である。また、発表誌の『国有林野地元利用状況調査の総括分析』は林野庁林政部調査課編であり、冒頭の「序」を林野庁林政部調査課長が書いており、その調査・研究が林業金融調査会であったとしても、それは林野庁の外郭団体であり、そのためにその調査・研究も国有林野の歴史と利用に比重をおいたものとなっている。宮本が執筆した「歴史的展開過程より見たる国有林と地元との関係」は、林業金融調査会の研究者が全国二七町村を調査対象としたデータを総括的に整理したものであり、町村ごとの整理ではなく、宮本が二七町村すべての調査にかかわったわけではなかった。それでも、宮本は一四町村については実際に行き、六町村については隣村に行ったことがあるという［宮本 一九五五c：一五頁］。そのうえでの山村と林業についての分析であった。

「歴史的展開過程より見たる国有林と地元との関係」は、そのタイトルをみてもわかるように、これも民俗学的ではない。社会経済史的視野に基づいた山村経済分析といっていい内容である。これについては、島嶼に対して以上に、社会経済的視点を基本にしてといってもいいかもしれない。たとえば山村の生産構造にふれて、換金作物・産業によって、宮本は山村を三類型に分類する。一つは、稲作農業村で、それも東北地方のような稲作単一栽培村と裏作が可能な二毛作農村とに分ける。二つは、多角経営型農業村で、稲作以外の農業生産物による収益を目ざす山村、代表例として養蚕による収益のある山村をあげている。もちろんこれは養蚕だけではなく、蔬菜・煙草・果樹・茶などのばあいもあてはまる。三つは、林業村で、古くから用材薪炭材生産を行なってきた山村である。もっとも、この林業村も、もともとは二つめのような多角経営型であったものが社会経済的変動により林業村にかわっていった例もあるという［宮本 一九五五c：一〇〇－一一〇頁］。そして、このような生産構造を持つ山村の生産性がなぜ低いのか、と疑問を投げかける。「地形的に、また交通上の不利な条件から、耕作に動力を導入する事が困難であり、また能率の高い農機具を入れる事がむずかしかった。この事が一定の土地に対して多くの労働力を投下させる事になる」〔宮本 一九五五c：一三五頁〕。これは山村における物理的制約による低生産性の指摘にすぎないが、こうした低生産性こそが山村の生産構造から経営的側面を発生させない原因であるとして、山村の稲作にふれて次のようにいう。

「かかる土地の稲作は全く経営を度外視したものであると言う事が出来る。にもかかわらず、このような農耕をつづけなければならない事は食料を自給するという事が生活を安定させる大きな要素になっているからに外ならぬ。つまり山間に於ける稲作を中心とする農耕は、全く企業経営への道を歩むためのものでなく、自己の生活を最低の段階に於《（ママ）》ても尚安定せしめたいためのものである」〔宮本 一九五五c：一三六頁〕。

山村の低生産性は自給自足的農業に終始させているというのである。さらに続けて次のようにいう。

「しかも農耕のために投下する労力はきわめて大きい。従って人々が貨幣収入に向け得る労力はきわめて少いものになって来る。この事が山間聚落をいやおうなしに貧困の中へおとし入れてしまう。そしてその事が折角養蚕を村に導入しても、更に高度な農業経営の誘い水になって来ない」

〔宮本 一九五五c：一三六頁〕。

展望のない山村の停滞性の指摘であった。そして、このような低生産性のために、山村民が山林労働者になったとき、それに合わせて労賃さえも低位であることが指摘される。

「元来山林労働は重労働なのであるが、それにもかかわらず、労賃は必ずしも高くない。それは土地生産力の低いこと、従って農業労賃が低く格付けされている事と呼応している。（中略）平地以上に労力を投入しつつ、土地生産力のあがらぬ如く、労賃も安いのである」〔宮本 一九五五c：一三九頁〕。

それでも、「歴史的展開過程より見たる国有林と地元との関係」は、それが林野庁材政部調査課編の調査報告書であったために、こうした山村の社会経済的低生産性を指摘するにとどまっている。しかし、こうした山村の現状をふまえて宮本が告発するのが、島嶼のばあいと同じく、そこに潜む日本社会のひずみであった。

宮本が一九五五年（昭和三〇）に「歴史的展開過程より見たる国有林と地元との関係」をまとめた時点は高度経済成長前であった。高度経済成長期になると山村開発もすすむ。しかし、その山村開発がほんとうに地元住民のためになっているのかと疑問を投げかける。たとえば、『日本常民文化研究所ノート第二〇　吉野西奥民俗採訪録』（一九四二）としてまとめたこともある奈良県吉野地方は、アジア太平洋戦争以前からの宮本のフィールドであった。高度経済成長期の十津川村にふれて次のようにいう。

「あの谷筋には沢山の家ができております。店屋ができております。二〇年前に歩いたころから比べると、十津川筋はすっかり変ったと言っていいのですが、さてそれらの店屋とか、あるいはいろいろな事務所などに勤めている人は、十津川の人ではないのです。十津川の在来の人たちは、かえってその土地を捨てているのであります。つまり在来の人たちのために開発されたのではないのです」〔宮本 一九六五b：一八頁〕。

開発されていても、地元住民は、むしろ離村しているという。さらに次のように続ける。

「その土地に住む人たちが、そこに住めなくなって、新たによそからきた人たちがそこに住みつく、そういうことが本当の開発と言えるだろうか。その土地に住む人たちが、本当にその生産を上げられるような態勢を整えることが、真の開発でなければならないと思うのです。山の場合も同様で、山に木があることによって、その土地の人たちが、その土地を捨てなければならないということが、本当の政策であるのかどうか山林行政は存在するけれども、山村行政というものは存在しないという感を深くするのであります」〔宮本 一九六五b：一八頁〕。
「地域開発の根本問題は、その生産の担い手がだれであるか、どこに重点を置くべきか、私はあくまで地元民に主体がおかれるということに、根本問題がなければならないと思うのです」〔宮本 一九六五b：一八－一九頁〕。

島嶼からの発言と同じように、山村からの発言も、山村の自立を重視する地点からであった。より具体的な次のような指摘もある。島嶼においても山村においても、宮本が重視したのは道路整備であった。道路整備が日常生活だけではなく社会経済的にも大きな利便性を持つとくりかえし指摘したが、しかし、その道路整備がかならずしも地元住民のためになっていないばあいがあるという。熊本県五家荘を例として次のようにいう。

「熊本県五家荘は最近まで車も通らぬ僻村であったが、最近林道ができて、人吉から八代への山越えができるようになった。すると雑木がパルプ材として売れ、伐木の事業も多く、今まで考えてみたこともないような金がころがりこんで来た。そしてまず家を建てかえ、墓をりっぱにした。だが同時に山林はどしどし村外に売られ、はだかになりつつある。山がはだかになってすっかり住みにくくなり、山中を捨てつつある例は四国山中にも多い」〔宮本 一九七二c：七〇－七一頁〕。

道路整備が山林開発をうながしたが、山林ははげ山となり、地元住民はかえって離村するようになったというのである。島嶼と同じように、山村も根こそぎ破壊されつつあった。これは『宮本常一著作集 一二』（一九七二）に所収されているものの初出誌が不明とされる「山奥と離島と」というエッセイのなかの一節である。一九六五年（昭和四〇）の山村振興法制定後を意識した発言であるので同年の執筆であると推定できる。次のようにもいう。

「道をよくすることが山村を一変することはよくわかる。しかしそれは、どこまでもそこに年久しく住んだ者のしあわせであるような対策と指導がなされなければならない」〔宮本 一九七二c：七一頁〕。

開発とはあくまで地元住民のためでなければならず、逆にそれが、外部資本による収奪と地域社会の荒廃であってはならないのである。すでに自家薬籠中のものとしていた社会経済史分析を裏打ちとして、実際に地面の上を歩く宮本であったがゆえに、こうした具体的レベルからの山村の自立を提出できたのであろう。それは進行する過疎への単なる疑問の提出ではなかった。宮本にとって、島嶼にせよ山村にせよ、その開発は地域の自立でなければならなかった。

三 総合社会史学としての完成

1 複合的資料利用による総合地域社会史――『瀬戸内海の研究』

一九五〇年代の宮本常一は、いまみたような全国離島振興協議会・林業金融調査会だけではなく、一九五五年（昭和三〇）には、再開された日本常民文化研究所の『絵巻物による日本常民生活絵引』の研究会（－一九六六年八月ごろ）に参加、角川書店から刊行される渋沢敬三編『絵巻物による日本常民生活絵引』全五巻（一九六五－六八）の解説原稿などを手がける。また、一九五五年（昭和三〇）には新生活運動協会の「迷信、ろう習、旧暦を改める委員会」委員にもなっている〔田村 二〇〇四：五六六－五六七頁〕。

いっぽうで、一九五〇年代後半は、宮本を世に知らしめる仕事がはじまる時期でもあった。宮本は、平凡社の谷川健一《たにがわけんいち》（一九二一－）を編集者とする『風土記日本』全七巻の編集委員・執筆者として、大藤時彦・鎌田久子《かまたひさこ》の編集委員とともに、各巻一〇数名におよぶ執筆陣とともにその編集・執筆を行なう。一九五七年（昭和三二）五月第一回配本第一巻の「九州・沖縄篇」をはじめに一九五八年（昭和三三）一二月に第七回配本第七巻の「総記・索引篇」を刊行し全七巻を完成させている。この『風土記日本』全七巻は『日本残酷物語』全七冊とともに宮本の代表作とされ、実際に一九五七年（昭和三二）から翌一九五八年（昭和三三）にかけて宮本が『風土記日本』全七冊の原稿執筆のためにそそいだエネルギーはなみなみならぬものがあったが〔毎日新聞社編 二〇〇五b：九二―一〇二頁、一一二―一二二頁〕、編集者であった谷川が、「宮本さんがいなければ『風土記日本』も『日本残酷物語』もできなかったでしょうね。それははっきりしています。ただ宮本さんだけの力ではないわけで、多くの人が参加しているわけです。それから宮本さんの天才的な企画力というのは認めざるを得ないのですが、ただそのときの構成とかフレームづくりは編集の仕事でもあったし、いろいろな執筆者の仕事でもありましたから、宮本さんだけでできたかというと、けっしてそういうことはないですね」〔谷川・佐野 二〇〇五：六二頁〕と回想しているように、宮本はあくまで編集委員・執筆者のひとりであり、宮本の思考・志向がそのなかに強く含まれていたとしても、『風土記日本』全七巻と『日本残酷物語』全七冊をして宮本単独の代表作とするには難しい。『風土記日本』全七巻については、宮本みずからが、第七回配本第七巻「月報」の「美しき風土を」（一九五八）というエッセイのなかで、「僅か七冊を出すのに、われわれは二ヵ年をかけた。そしてよくチームワークした。（中略）執筆して下さった方々もわれわれの無理な注文をよくきいて下さったし、読者もよくはげまして下さった。めずらしいほど気がよくあって、七冊ができあがったのである」〔宮本 一九五八b：二頁〕ともいう。『風土記日本』全七巻も『日本残酷物語』全七冊も各章・各節は無記名であり、厳密にいえば、どの作品が宮本の執筆であり、宮本の思考・志向の反映がどこにあるのかを検証することはできない。

　もちろん宮本執筆部分を推測することはできる。たとえば、『風土記日本 第二巻 中国・四国篇』（一九五七）のなかの「牛と牛耕」は、宮本執筆と考えて間違いない。牛飼育の歴史にはじまり、牛市そして隠岐の牧畑など、宮本が他でもくりかえした内容である。また、『日本残酷物語 第一部 貧しき人々のむれ』（一九五九）のなかの「山民の盗伐」「土佐檮原の乞食」（「土佐源氏」異稿）も宮本執筆であろう。しかし、それらは全体の構成のなかではじめて活かされうる部分として存在している。

『日本残酷物語』全七冊は、『風土記日本』全七巻と同じく平凡社の谷川健一を編集者として、一九五九年（昭和三四）一一月に第一部「貧しき人々のむれ」を第一回配本として刊行、翌一九六〇年（昭和三五）七月の第五部「近代の暗黒」まで五冊を刊行、そのあと、現代篇一「引き裂かれた時代」・現代篇二「不幸な若者たち」の二冊を一九六二年（昭和三七）三月に刊行し、全七冊を完了している。宮本は、『日本残酷物語』全七冊について、各巻二〇名余におよぶ執筆者のひとりであっただけではなく、山本周五郎《やまもとしゅうごろう》・楫西光速《かじにしみつはや》・山代巴《やましろともえ》とともに監修者となり全体を統轄してもいた。もっとも、編集者の谷川が、「監修者について言うと、宮本さんは実質的に中身にタッチした人ですが、あとの方々は名前だけなんです」〔谷川・佐野 二〇〇五：六〇頁〕と回想するように、実質的な監修者は宮本だけであった。したがって、『風土記日本』全七巻に比べて『日本残酷物語』全七冊の方が宮本の思考・志向が強く含み込まれているということもできる。

『風土記日本』全七巻と『日本残酷物語』全七冊は反響をよんだ。たとえば、『風土記日本 第一巻 九州・沖縄篇』は一九五七年（昭和三二）五月に初版を発行、一年後の翌一九五八年（昭和三三）六月には第五版をかぞえている。『日本残酷物語 第一部 貧しき人々のむれ』は一九五九年（昭和三四）一一月に初版を発行、五年後の一九六四年（昭和三九）一一月には実に第二三版をかぞえる。このように、『風土記日本』全七巻と『日本残酷物語』全七冊は宮本常一の名前を世上に押し上げた。それらには宮本の思考・志向が反映されてもいる。しかし、これらをテクストとしようとしたとき、宮本単独の思考・志向をこれらから抽出するには、これらが共同作業であったという意味で困難がともなう。したがってここでは、『風土記日本』全七巻と『日本残酷物語』全七冊については、宮本常一を出版メディアに知らしめた作品群としてのみ理解しておきたいと思う。

そしてこの時期は、宮本が民話の会にかかわり、一九五八年（昭和三三）一〇月に創刊号を刊行する雑誌『民話』（未來社）の編集委員のひとりとなった時期とも重なる。木下順二（一九一四－二〇〇六）などとともに編集委員をつとめ、一九五八年（昭和三三）一二月発行の第三号に「私の祖父――年よりたち一」を発表したのを皮切りに、のちに『忘れられた日本人』にまとめるエッセイを連載する。その連載の二回目は第五号の「対馬にて――年よりたち二」であった。この「対馬にて――年よりたち二」は、『忘れられた日本人』では冒頭の「対馬にて」として所収され、宮本の代表作品としても知られるが、すでに述べたように、宮本の対馬調査の課題は漁業社会経済史であり、まとめられた作品も『対馬漁業史』が最大の成果であった。「対馬にて」にせよまた「梶田富五郎翁」にせよ、漁業社会経済史研究のための調査における周辺部分の物語、あるいは、視点を変換した叙述であった。俗な表現を使えば、骨格のがっしりした『対馬漁業史』ではなく、肩の力を抜いたエッセイとして「対馬にて」「梶田富五郎翁」を物語ることは、意識する意識せざるにかかわらず、宮本の思考・志向またフィールドワークの蓄積が豊かに表現されたと考えることもできるが、宮本の対馬調査の本体は最初『民話』に発表され『忘れられた日本人』に収録されたエッセイ「対馬にて」「梶田富五郎翁」ではなかった。しかし、宮本の名前を世に知らしめ、その評価を高めたのは、その本体であった『対馬漁業史』などの漁業社会経済史ではなく、周辺部分であったこのエッセイ「対馬にて」「梶田富五郎翁」であった。

一九五〇年代後半から一九六〇年前後にかけて、宮本常一の評価を一気に高くした作品群は、『風土記日本』全七巻と『日本残酷物語』全七冊についていえばテクストとしての扱いが困難であり、一九六〇年（昭和三五）の『忘れられた日本人』についていえばそれは彼のフィールドワークの本体ではなく周辺部分であったと考える必要があろう。

それではこの時期の宮本の本体はどこにあったのであろう。それは宮本の漁村・漁業史研究の集大成というべき学位論文の執筆であった。学位論文「瀬戸内海島嶼の開発とその社会形成――海人の定住を中心に」は一九六一年（昭和三六）東洋大学から博士（文学）を授与されている。[45]その直接のきっかけは一九五八年（昭和三三）九月から一〇月にかけての十二指腸潰瘍による体調不良にあったらしく、[46]その体調不良の宮本に向かって渋沢敬三が次のようにいったという。

「国へ帰すといいが、そうすると又無理をして歩くから、とにかく三年間は東京へ軟禁する」。「ぼつぼつ瀬戸内海の研究でもまとめて見るのだね」［宮本 一九六五c：七一‐六頁］。

渋沢の意見によって学位論文でもある瀬戸内海研究の集大成に向かうことになったのである。直後の一一月三日には執筆のための準備作業をはじめている［毎日新聞社編 二〇〇五b：一二〇頁］。また、学位授与については、一ヶ月後の一二月五日早稲田大学文学部と話がすすみ、翌一九五九年（昭和三四）四月一一日・一三日には早稲田大学に行き文学部長をはじめ教員と面談、五月一二日には受理を決定した報告を受けている［毎日新聞社編 二〇〇五b：一二二頁、一六二頁‐一六三頁］。しかし、結果的にはこの早稲田大学文学部からの学位授与は不調に終わり、[47]あらためて、東洋大学に提出することになった。

執筆については、師範学校専攻科時代からの友人宮本守雄などの協力によりあらためて資料収集を行ない、一九五九年（昭和三四）に執筆し完成している。その経緯については、この学位論文を刊行した『瀬戸内海の研究（一）島嶼の開発とその社会形成――海人の定住を中心に』（一九六五）［『瀬戸内海の研究（一）』は図版のみなので『瀬戸内海の研究（一）』のみを以下『瀬戸内海の研究』と略記してあつかう］

の「あとがき」〔宮本 一九六五c：七一三―七二〇頁〕と『民俗学の旅』のなかの「学位をもらう」〔宮本 一九七八a：一八三―一八七頁〕にあるとおりであろう、体調不良ということもあり、友人などの協力によりその学位論文は完成していた。

私生活でもこの時期の宮本には変化がおとずれている。宮本が学位を取得した一九六一年（昭和三六）一二月の翌年一九六二年（昭和三七）三月母が亡くなり、すでに一九六一年（昭和三六）のうちに東京都府中市に購入した家で、東京での生活を本格的にはじめている。柳田國男の死去が一九六二年（昭和三七）八月、渋沢敬三の死去はその翌年の一九六三年（昭和三八）一〇月であった。アジア太平洋戦争敗戦後、定職に就くことのなかった宮本が就職するのはそのあとである。一九六四年（昭和三九）四月、武蔵野美術大学非常勤教授に、翌一九六五年（昭和四〇）四月、同大学教授に就任する。宮本は一九〇七年（明治四〇）八月生まれであるから、その時点で満五七歳である。

『瀬戸内海の研究』は「結語」「あとがき」を除けば三部構成をとる。第一編「総論」、第二編「島の生産類型と社会的変遷――島の中世的社会」、第三編「近世への展開」である。第一編で瀬戸内海島嶼の類型を、第二編では副題のようにその中世史を、第三編では中世的海民の世界が近世の定着民的な島嶼へと転換していく様相がまとめられる。

まずなんといっても、第一編「総論」における瀬戸内海島嶼の類型の方法に、宮本の独自性が顕著にあらわれる。第一編「総論」は一「生産様式と島の景観」ではじまるが、瀬戸内海島嶼の類型を行なうにあたり、その分類基準を生業形態に求めて次のようにいう。

「多くの島々の開発には最初から農耕を主業としたものと、農耕以外を主業としたものとの二つのタイプがあった。農耕を主業とする場合には、そこに定住する一群が、その生産する農産物によって一応の生活のたてられることが条件になる。（中略）これはさらに二つのタイプにわけられる。

一つは水田耕作を主とするもの、他は畑地耕作を主とするものである、この場合仮に畑地耕作を主とする者も若干の水田耕作をしているのを通常とし、農を専業とするもので水田を持たない畑耕作農民というのはいたって少ない」〔宮本 一九六五c：一一二頁〕。

生業形態によって、瀬戸内海島嶼は、①農業の島々、②非農業の島々の二つに分類することができ、①農業の島々は、さらに（i）畑地耕作農民、（ii）水田耕作農民の二つに分類できるとする。そして、②非農業の島々については次のようにいう。

「非農民のグループのうち、もっとも大きな群は漁民である。古く海人とよばれたものである。海人はその初めにおいては徒歩で磯の魚介海藻をとり、やや深い海ではもぐってとり、またヤスで突き、釣を用い網をひき、漁撈の方法は雑多であったが、その定住する島の海域の状況の差によって漁撈の方法も少しずつ差異を生じたようである。（中略）漁民以外の民衆の需要に応じて製塩を主業とするに至ったものもあり、漁撈から海上交通に転じたものもあり、周囲の社会的要求によって農耕者とはちがってその職業分化が顕著であった」〔宮本 一九六五c：一一二頁〕。

②非農業の島々については、海人として単純化できるのではなく、（i）釣・網漁民、（ii）製塩業者、（iii）海上交通者などに分化しているというのである。これを整理すると次のようになろう。

〈生業形態による分類〉
①農業の島々
（i）畑地耕作農民
（ii）水田耕作農民
②非農業の島々
（i）釣・網漁民

(ⅱ) 製塩業者

(ⅲ) 海上交通者

宮本は瀬戸内海の島嶼を生業形態によってこのように分類するが、いっぽうで、「一つ一つの島の生産条件は決して単純ではない」として、「生産景観を主として島のタイプを分類」する〔宮本 一九六五c:一三頁〕。生業形態とかかわるが、それを深めるために、もうひとつの分類基準を生産景観におき、より詳細な分類を行なうのである。生産景観を基準としたとき七タイプに分類できるという。

第一タイプは水田農耕を主とする島であり代表例は淡路島である。宮本はその水田農耕の景観観察を紹介する。「ここは水田がきわめて見事な発達をしている。低い丘陵の間の谷々はほとんど水田としてひらかれており、これをやしなうために多くの溜池がある。（中略）農家は何れも水田の中か山麓に散在している。自家の周囲の農地を耕作して生計をたてているものの多いことを示す」〔宮本 一九六五c:一三頁〕。

第二タイプは広い畑地とともに水田を持つ島であり、それは畑地耕作から開発された島であり、代表例は倉橋島・越智大島・小豆島などである。これらの島々には、漁民が海岸に定住し製塩などにしたがい、また、なんらかの事情で定住（陸上がり）したばあいが多いという。そして、島の農地開発については、景観観察によって、農業経営のための開発か漁民の定住かを見分けることができるという。農業経営中心の開発のばあいは、「開墾の中心をなす草分けまたは地親的な存在があり、したがって土地の拓き方も地親の指図によるものが多かったと見えて、その拓き方に一定のきまりを見出すことは少ない」と指摘し、いっぽうで、漁民の定住のばあいは、「開墾にあたって土地がほぼ均等に区画せられることが多かった」〔宮本 一九六五c:一五頁〕といい、農業開発と漁民の定住には集落・耕地景観にも違いがあらわれると指摘する。

特に、漁民の定住による島々の開発における土地の均分区画については宮本のくりかえしたところであり、それを航空写真によって示してさえいる。『瀬戸内海の研究』第一編「総論」部分で使われている写真五枚はいずれもこのような土地の均分区画を示す航空写真であり、短冊形の畑地があざやかに展開している様子がうかがえる。たとえば、小豆島の航空写真はそのキャプションで「山林が地割されているのがよくわかる　海人陸上りの典型的な島である。(昭和33.7.6　全日空機より著者撮影)」［宮本　一九六五ｃ：二五頁］といい、能美島の航空写真ではこれもそのキャプションで「海人上りの村と見られる。複雑な地形でも均分開墾のあとがわかる。(昭和34.2.5　全日空機より著者撮影)」［宮本　一九六五ｃ：三〇頁］という。また、農業開発と漁民の定住とは、集落・屋敷などの景観にも違いがあらわれるといい次のようにいう。

「集落のあり方や屋敷内の付属建物の多少などによっても、農民定住と漁民定住の区別は推定せられるものである。一般に専業漁民集落は民家の密集しているものであるが、男漁女耕の集落でもこの現象は共通する。また屋敷内の納屋・牛屋・薪小屋などの付属建物が男漁女耕集落には少ないのである」［宮本　一九六五ｃ：一五頁］。

これら第一・第二のタイプをみるだけでも宮本の分類方法は明確である。瀬戸内海の島々の景観観察により、その島々の生業形態さらにはそれを通しての開発形態を読みとろうとしている。観察できる景観じたいを資料として自覚的にとらえ、しかもそれをもっとも基本的な分類基準としても採用しているのである。

調査者は、フィールドワークのなかで自覚する自覚しないにかかわらず、その対象地域での景観観察を行なっている。それを積極的に利用することは現在でも多くはないが、景観観察はフィールドワークの基本であるといってもよい。民俗学というと「聞き書き」、また、一九八〇年代から九〇年代以降一部で注目されるようになったオーラルヒストリーのように、非文字資料は口承からの獲得が中心のように思われがちであり、また、宮本に即してみても、たとえば、『忘れられた日本人』のなかの「土佐源氏」のように「聞き書き」だけからの再構成がその中心のように思われがちであるが、この『瀬戸内海の研究』はその基本に「聞き書き」からの資料ではなく観察による資料をおいている。

もちろん宮本の観察はこの『瀬戸内海の研究』が最初ではない。むしろその研究の初期から一貫している。たとえば、その単行本の第二作『アチックミューゼアム彙報第一三　河内国瀧畑左近熊太翁旧事談』（一九三七）は左近熊太という老人からの「聞き書き」から構成されているが、その冒頭の「河内瀧畑村入村記」は瀧畑だけではなくその周辺地域をも含めて、宮本が見た景観が気づいたままに語られている。もちろんその「民俗誌」にも景観観察が活かされている。刊行は一九四九年（昭和二四）であったが、その主な調査は一九三七年（昭和一二）三月と一九四二年（昭和一七）一〇月であった『越前石徹白民俗誌』（一九四九）の「衣・食・住」では次のようにいう。

「この村に入つて来て先づ目につくのは一般に家の大きいことである。間口十二三間、奥行七間位の家が少くない。それがゆるやかな傾斜地の田圃の中などに立つてゐるのである。屋根はナガクレの板葺切妻で壁は板壁が多く、二階建になつている。そして平入である。（中略）石徹白の上の四つの在所が板葺になつているのは、この地が古くから木挽を業とする者が多かつたからであろうが、このような民家形式は美濃の郡上の谷にも見られ、北濃から奥、蛭が野牧戸に及んで居り、それから奥の白川村は萱葺になる」〔宮本　一九四九a：五四－五五頁〕。

観察により、屋根の形態を周辺地域や生業との関係から概観している。続けて次のようにもいう。

「どこの家にも大きな主家から四五間もはなれた所に小さい板かべ板葺の小屋を持つていて、クラとかイタグラとよんでいる。食料品を入れてあり、火災をまぬがれるためのものであるという。

こういう風景は山村によく見られるところである」〔宮本 一九四九ａ：五五頁〕。

「付属屋」の観察であった。これらは「衣・食・住」のうちの「住」つまりは家屋と生活との関係を調査・叙述するところであるので、その調査対象からしても、観察が重視されるのは当然ともいえるが、このように、宮本のフィールドワークはその初発から観察をその手法としてとり入れていた。

もっとも、このレベルでの観察ならば、宮本ならずとも実践されてきた調査手法である。『瀬戸内海の研究』の特長は、観察によって獲得された資料が、その研究の基調をつらぬき、分類基準とされていることにあった。

『瀬戸内海の研究』における景観観察による宮本の七タイプ分類に戻ると、第三タイプは、畑地のみの島であり、島が狭隘で水が乏しいために、これらへの定住目的が農耕中心ではなく、漁民の定住による開発であるとして、平群島・柱島・弓削島・家島をはじめ一九の島々を例とする。宮本はこの第三タイプをさらに四つに分類する。（ｉ）製塩（上げ浜製塩）のため、（ii）漁民の商船（廻船）化、（iii）近世の大名領国制の展開にともなう舸子浦の制度の整備による定住、（iv）家船解体をともなう漁民の網子化と女の定住化である。これらのうち、（iv）は男が網子として漁業に従事するいっぽうで、女は島で畑作を行なう「男漁女耕」形態の発生であるという。

第四タイプは、農耕の島に純漁業村落が付属している島であり、このばあいの純漁業村落は家船が継続している島であるとする。しかし、すべての家族を船居住させるのではなく、そうではないタイプもあるという。第五タイプは、船着場として発達した島、第六タイプは採石の島、第七タイプは牧場として発達した島である。

〈生産景観による分類〉

生産景観によったこのような宮本の瀬戸内海島嶼の分類を整理すると次のようになろう。

第一タイプ　水田の島。
第二タイプ　広い畑地と水田の島。漁民定住の島。
第三タイプ　畑地の島。漁民定住の島。
（ⅰ）製塩（上げ浜製塩）。
（ⅱ）漁民の商船（廻船）化。
（ⅲ）網子浦制度のための定住。
（ⅳ）男が網子として漁業に従事するいっぽうで女は畑作農耕にしたがい定住。
第四タイプ　農耕の村落に純漁業村落が付属している島。
第五タイプ　船着場の島。
第六タイプ　採石の島。
第七タイプ　牧場として発達した島。

宮本はその瀬戸内海研究の分類と基準をこのような景観観察においたが、「聞き書き」をも行ない、その上で文献資料を利用する。「実地調査に基づいて、島の人文景観と口頭・技術などの伝承を援用しつつ、できるだけ文献の中に含まれている意味を現地的に理解したいと考えた。そして文献を人文景観のタイプと対照させつつよんで行く方法をとった」［宮本　一九六五ｃ：二一六頁］というのである。いわば、『瀬戸内海の研究』の方法論は、景観観察による資料を基準として、「聞き書き」を行ないつつ、主に文献資料によって、瀬戸内海島嶼を総合的に明らかにしようとしたものであった。資料利用をとってみても、文献資料のみ、あるいは、景観観察のみではなく、このような性格の異なる複数の資料を利用しそれらを組み合わせ歴史的世界の再構成を行なっている。『瀬戸内海の研究』の最大の特長はこのような複合的資料利用にあった。

『瀬戸内海の研究』は、このように第一編「総論」でその研究の基本となる分類基準とそれによる分類を提示し、さらには利用する資料についても紹介している。その上で、第二編「島の生産類型と社会的変遷――島の中世的社会」で瀬戸内海島嶼の中世史を、第三編「近世への展開」でその近世史をえがく。宮本が景観観察と文献資料を接合した叙述例を、彼が『瀬戸内海の研究』で重視した漁民の定住における土地の均分区画からみてみると、たとえば、第一編「総論」で航空写真を示しその典型とした小豆島の例では次のようにいう。

「元来この島に耕地のきわめて少なかったのは海人の島だったからである。その初めは漁業を主とし沿岸に定住し、かたわら塩を焼いて生活をたてていたものであろう。ところがそうした中から廻船業がのびて来るのであるが、島内の食料不足解決のために、開墾も次第に盛んになって来る。延宝五(一六七七)年には新検地高七七五八石一斗六升二合、内三四〇〇石七斗八升七合が田高、四三四七石三斗七升五合が畑高で、農地の開拓が急速にすすんだことがうかがわれる」〔宮本 一九六五c:五六〇頁〕。

小豆島における近世前半の農地開発が畑作中心であったと指摘し、次のように続ける。

「本来ならば農地開拓は最初から農業経営を目的とした人々によってなされるのが普通であるが、小豆島では海人系の陸上がりによるために未墾地を平等割した形跡が耕地の開け方の中にも看取せられる。そしてしかも畑の開発の著しく進んでいったのは「毎度御加子子役相勤申候ニ付畑分斗代、分麦ニ而七十余年之間、御宥免被為成下御上納仕候」とあり、一般に年貢は米または銀に換算せられるのを麦で納められたのは島民にとって有利であった」〔宮本 一九六五c:五六〇―五六一頁〕。

しかし宮本は、こうした漁民の定住化による畑作中心の農地開発は、島の狭隘さと生産性の低位のために、恒常的な出稼型社会を形成させ、島じたいの生産性を発展させる方向には向かわなかったとして次のようにいう。

「島の近世化の早いところは窮迫もまた早く来ており、生活領域と生産領域をほぼ等しくする生活から、生産領域を他郷にもとめて生産領域と生活領域を異にするいわゆる出稼型社会を形成することによって、島の窮迫の解決の方向を見出す。しかし、そのことは島自体の生産を合理化し、向上する力にはなり難い。島に残るものは老人と婦女子が主である。弱小の生産力の中からは農業の積極的な経営を見ることは少ない。かくて島の農業は麦芋作を主とする海人陸上り型の低位生産景観を呈して今日に至るのである」［宮本 一九六五c：五六一頁］。

現代の景観観察を行ない、それと文献資料と接合することにより、土地の均分区画による漁民の定住を指摘し、そこに展開してきた島嶼社会に即した歴史を明らかにしている。しかし宮本の解明はそれにとどまらなかった。このように現代の景観観察を起点として、いっぽうで過去のある時点を示す文献資料を接合することにより、それによる現代まで続く低生産性を、小豆島を例としてその歴史的形成過程に原因を求めつつ内在的問題として提出していた。そこでは歴史は自己完結した存在なのではない。現代がおのずと語られている。こうした複合的資料の利用は、歴史学をして、過去を完結した存在として再構成するのではなく、現代を説明するための方法にもなっている。

もう一例だけ、塩飽《しあく》諸島の本島の例でみてみよう。

「本島東南岸が海人の定住によって開けて行ったことを物語るものに、村落領域の堺の問題がある。寛文九（一六六九）年「塩飽島中納方并配分之覚」には、

一田高七拾三石三斗弐合　　泊浦

甲生浦　三ヶ所入組

笠島浦

一畑高百七拾三石六斗三合　笠島浦分
一同百弐拾壱石五斗八合　泊浦分
一同三拾七石壱斗五升　甲生浦分

とある。畑地には入組地はない。海人が陸上りして海岸集落を営み、まず拓いたのは住居の周囲の畑であった。したがってそこはそれぞれの集落の所有になった。やがて三つの浦の間にある低地を三方から入って水田に拓いたものであろう。そのため入組地になったと見られる」［宮本 一九六五c：五七六頁］。

畑作が水田に優越する浦（漁村）における農地開発を、特に、水田の「入組地」から、漁民の定住過程で畑地の開発が最初であり、水田は後発的であったというのである。続けて次のようにいう。

「農耕を目的とした人々が渡来してきたものならば最初に水田をひらき、次いで畑の開拓にかかったであろう。農民にとってまず問題になるのは水田であった。それがここでは逆になっている。漁民たちは多くの場合低地にはめぐまれないような所に落ち付《（ママ）》いて、食料補給をするために畑耕作をはじめている。魚をもって米麦にかえることができ、それで生活をたて得る場合には漁民は耕作しないのを原則とする。しかし漁場関係で沖の小島へ定住した場合には、魚と穀物の交換は必ずしも円滑には行かない。そうしたことも漁民を耕作に向かわしめることがある」［宮本 一九六五c：五七七頁］。

農業目的の開発と漁民の定住による畑地開発とを明確に区別している。

宮本の学位論文でもあった『瀬戸内海の研究』は、その複合的資料利用とそれによる現代そのものの歴史性を明らかにしたことに特長があった。すでにその刊行から約五〇年が経過したとはいえ、『瀬戸内海の研究』に対する評価はなされたことはない。しかし、『瀬戸内海の研究』の最大の特長はこうした点に認めることができよう。

しかもその内容は『対馬漁業史』のような社会経済史に限定せず、また、資料利用からいっても『対馬漁業史』のように文献資料中心ではなく、内容的には社会経済史と土地制度史をふまえた総合的地域社会史であり、資料利用は景観観察と文献資料の複合であった。このように『瀬戸内海の研究』は、アジア太平洋戦争後は社会経済史に比重を置いてきた宮本の学問が、「生活誌」作成を目的としていたそれ以前からの宮本の学問と一体となり、ひとつの到達点をむかえた成果であった。複合的資料利用という意味でも、またえがいた総合性という意味でも、宮本における社会史のひとつの完成であった。

そしてこの宮本のひとつの到達点をみたとき、フランス社会史アナール学派の第一世代、特に、マルク・ブロックの社会史との類似性さえ指摘することができよう。マルク・ブロックにおいても、『王の奇跡』（一九二四）のような心性史的作品はあるが、その代表作とされる『フランス農村史の基本性格』（一九三一）・『封建社会』（一九三九－四〇）は社会経済史・土地制度史をふまえた全体史である。特に、『フランス農村史の基本性格』では、フランスの土地制度を南部の二圃式と北部の三圃式に分類し、さらにその分類を耕地の形態と対応させる。南部の二圃式は「開放・不規則耕地」型、北部の三圃式は「開放・長形耕地」型に対応し、しかも、南部の「開放・不規則耕地」型では無輪犂が発達、北部の「開放・長形耕地」型では有輪犂が発達したとして、地域性を耕地の形態さらには農具の違いによって特徴づけている［マルク・ブロック（河野健二他訳）一九五九：四九－九一頁］。そして特に耕地の形態を示す際には、豊富な地図（図版）によって論証している。宮本も『瀬戸内海の研究』（一）ではその景観観察において航空写真とともに図版（地図）を多用し（『瀬戸内海の研究』

図版集である）、漁民の定着を指摘したが、そうした論証過程において、宮本とマルク・ブロックは共通する方法をもっていた。

また、マルク・ブロックはこのような耕地の形態の二類型を行なうと同時に、それを農具としての有輪犂と無輪犂に対応させたが、たとえば、それについて次のようにいう。

「農具の主要な二つの型に、異った耕地の二つの型が対応するということについては、もちろん、なんらの不思議はない。有輪犂は、おなじ頭数の連畜によって、無輪犂よりも遥かに深く土地を掘ることのできる驚くべき道具である。しかし、車輪自体は、向きをかえるために、いくらかの面積の土地を必要とした。ひとたび畦がつくられてしまうと、有輪犂の地方では、こうした方向転換は、技術的にも法律的にも、なんと問題だったことだろう。（中略）これと反対に、より軽量な無輪犂は、耕地を正方形に近づけることを促進し、必要とあれば、畦の方向を変えるばかりか、畦を交叉させることもできた」〔マルク・ブロック（河野健二他訳）一九五九：八〇頁〕。

耕地の形態が、使用される犂についても、違いをみせること、また、耕耘において深耕になるか浅耕になるかの違いを生むことを指摘している。

これについても、宮本にとっては後年の指摘になり、『瀬戸内海の研究』においてではないが、宮本の民具論における犂・鍬研究をみるかのようである。『民具学の提唱』（一九七九）のなかで犂と鍬を概観するところで、犂が分布せず、あるいは、犂を使うことのできない耕地における鍬による耕耘について次のようにいう。

まずは湿田で利用される鍬についてである。

「それでは犂の利用できなかった水田——湿田や深田といわれるものはどのようにして耕起したかというと、多くは鍬を用いた。普通打鍬とよばれる床と柄の角度が七〇度から八〇度くらいの鍬が多く、床は木でそのさきに鉄の刀をかぶせたものが多かった。このような鍬を板鍬とも風呂鍬ともいった」［宮本 一九七九ａ：二二五頁］。

次は田起こしなどの耕耘に使われる備中鍬についてである。

「備中鍬というのがあった。二本ないし四本くらいの爪の出たもので、備中地方で多く用いられたのであろう。（中略）これは軽い上に刃先が土にはまりやすい。そこで田起しには盛んに利用されたものと思われる（中略）。この鍬は東北北陸などに分布が少なく、また火山の多い地方にもあまり見かけない。その理由となるものは、鉄の入手のむずかしかったことと、今一つは火山灰土は軽くバラバラしていて鍬の爪の間から土がぬけてしまう」［宮本 一九七九ａ：二二五－二二六頁］。

それでは火山灰地域ではどのような鍬が使われたのかと問い次のようにいう。

「火山灰地帯では鍬は床（風呂）がひろく長く、それに打ち起した土をのせて反転させていくようなものがよい。それには床と柄が鋭角をなしており、作業するにあたってはうつむいて、足を張り、腰を低くして、鍬先を斜に土に打ち込み、腕で持ちあげて、その土を手まえへ反転させていく。このような鍬の用いられているのは九州の熊本、佐賀、長崎などと、関東の武蔵野台地から新潟、山形などの山地地帯である」［宮本 一九七九ａ：二二七頁］。

土質との関係で鍬の形態が異なり、それが地域性ともなってあらわれるという指摘であった。また、犂との関係でいえば、犂を利用していない地域では、耕耘が鍬だけになるために、鍬の種類が多様性を持ち鍬の発達がみられるとして次のようにいう。

「犂耕の発達している西日本では山地地方を除いた平地地帯の鍬は形式が比較的簡単であった。これは土を起すのも砕土するのも犂やマグワを用い、鍬にたよることが少なかったからである。播溝を切ったり、除草をおこなったりするための鍬が主になるからである。ところが、犂を用いることの少ない山中の傾斜地などでは地形と、地質がからみあっているために鍬の形も複雑多様になってくる」〔宮本 一九七九a：一二九頁〕。

耕地の形態と農具との関係、地域性をえがくについては、宮本とマルク・ブロックはその資料利用という点でも同様のものがあった。宮本のばあいは、さらに、それに土質までをも加える。このような総合的な観察に基づく資料操作、それによる社会史の再構成、そのような意味において、宮本常一の社会史とマルク・ブロックのそれとは類似性があるように思われてならないのである。

2 複合社会文化論による総合社会史——『双書・日本民衆史』シリーズ・『生業の推移』『民俗のふるさと』

学位論文でもあった大著『瀬戸内海の研究』を刊行した一九六五年（昭和四〇）前後は、宮本が書き下ろしの作品を量産した時期でもあった。『忘れられた日本人』（一九六〇）は『民話』連載の「年よりたち」を、『日本の離島』（一九六〇）も『しま』などへの既発表エッセイをまとめたものであった。そうした再録による単著ではなく、また、『瀬戸内海の研究』のような大著でもなく、手軽に手にとることのできる、しかし、書き下ろしの作品を次々と発表する。

そのもっとも代表的な著作が、未來社から刊行された『双書・日本民衆史』シリーズ全六冊であった。一九六二年（昭和三七）一〇月の『甘藷の歴史 双書・日本民衆史七』をはじめとして、一九六三年（昭和三八）六月に『開拓の歴史 双書・日本民衆史一』を、翌一九六四年（昭和三九）一月に『山に生きる人びと 双書・日本民衆史二』を、同年八月に『海に生きる人びと 双書・日本民衆史三』を、一九六六年（昭和四一）九月に『村のなりたち 双書・日本民衆史四』を、一九六八年（昭和四三）二月に『町のなりたち 双書・日本民衆史五』を刊行し、この七年間で「双書・日本民衆史」シリーズ全六冊を発表している。もっとも、このシリーズは全七冊で予定されていたが、宮本の生前には『双書・日本民衆史六 生業の歴史』は刊行されないままに終わったために、宮本の死後、このあと紹介する河出書房新社『日本の民俗』シリーズの一冊であった『日本の民俗三 生業の推移』（一九六五）を、田村善次郎編で『生業の歴史 双書・日本民衆史六』（一九九三）として再版し完結している。したがって、『双書・日本民衆史』シリーズは巻数でいえば全七冊であるが、正確にいえば、『生業の歴史 双書・日本民衆史六』は執筆されず、全六冊をもって完結していた。

また、河出書房新社から刊行された『日本の民俗』シリーズ全一一冊に、池田《いけだ》彌《や》三郎《さぶろう》（一九一四－八二）・和歌森太郎とともに編著者となり、一九六四年（昭和三九）七月に『日本の民俗一 民俗のふるさと』を、一九六五年（昭和四〇）二月に『日本の民俗三 生業の推移』を書き下ろす。『日本の民俗一一 民俗学のすすめ』には「常民文化研究のオルガナイザー・渋沢敬三」「民俗事象の捉え方・調べ方 旅行のうちに」「民衆の知恵を求めて」を発表している。

これら一九六〇年代の書き下ろしによる宮本の著作群をみると、学位論文の『瀬戸内海の研究』で完成されてきた、総合社会史とでもいうべきその世界が、より大きく展開されるようになっている。

これらの著作群の最初の作品は、『双書・日本民衆史』シリーズでは七で最終巻に位置するが、刊行は最初であった『甘藷の歴史 双書・日本民衆史七』（一九六二）であった。その「はしがき」は次のようにはじまる。「私は民衆の歴史について書いてみたいと思っている。しかしキチンとした体系あるものを書くにはまだ準備ができていないから、資料のやや集まったものから書いていきたい」「その手はじめに『甘藷の歴史』を書いてみた」〔宮本 一九六二：一頁〕。「民衆史」を書くにあたり、書くことのできるところから、ということでサツマイモの歴史を叙述するというのである。サツマイモを対象とすることは、おのずと日本の畑作農耕文化史のひとこまをあつかうことになるが、宮本のばあいは、もともと外来作物であったサツマイモの伝来と伝播に比重をおくことにより、日本の農耕社会におけるサツマイモの文化的位置づけをも明らかにすることになる。

まずみずからの体験を語る。「私はイモとムギメシによって成長した。しかし、日常これを食べているとき別に屈辱は感じたことはなかった。それによって気持のくらくなることもなかった。コメは食べたかったが、家にすくないのだから、イモを食べるのがあたりまえだと思っていた」「ところが、成長して物心がついてから島外のものから「イモ食い」といってしばしば物笑いせられるようになってから、なぜ笑われなければならぬかにいきどおりをおぼえた」〔宮本 一九六二：三－四頁〕。宮本自身の回想であるが、サツマイモ食が社会文化的に劣位にあるというそのなにげない指摘は、『甘藷の歴史 双書・日本民衆史七』の基調をも貫いている。ここでは、近世の西日本から伝播していったサツマイモの歴史を概観したあと、米との相対的関係性においてサツマイモを社会文化的に次のように位置づける。「甘藷の伝来が食料をゆたかにした。そしてそれが人びとを繁殖させた。が、同時にこれをつくり、これを食べる人びとの生活を低くした。──というよりは貧しいものたちがこれを食べ、そのことによって繁殖力を旺盛にしたともいえる」「甘藷はコメのように第一等の食物ではなかった。コメは日本人にとってもっともすぐれた食物であったばかりでなく、人力生産経済時代にはあらゆるものの経済単位になった。農民はあらゆるものをコメに換算して物価の高低を考えたものである」〔宮本 一九六二：一七六頁〕。単なる食文化論ではなく、それを食べる人間の社会文化論としても拡大される。日本社会では米中心であるために、サツマイモを食べる人間は劣位におかれているというのである。

確かに、米は古代律令国家では租として、近世幕藩体制下では本百姓体制の年貢米として領主経済の中心であり、いっぽうで畑作農耕によるサツマイモは政治体制に組み込まれた農耕文化ではなかった。そうであるがゆえに、逆に、宮本はサツマイモをして政治体制の枠外における民衆の農耕文化であると位置づける。

「対馬のように畑が大半で、水田がほんの少々しかないところでもムギの方は税の対象になっているけれど、甘藷は対象にされていない。まず作りどりといってもよかったのである。（中略）これは対馬に限らなかった。戦後間のないころ、大阪の生駒山西麓の小さい村でこうした隠し畑が一〇〇丁歩も見つかったことがあった。（中略）新聞は村民がいかにも不徳のかたまりのように書いたが、甘藷をつくる畑作地にはきわめてあたりまえのことであった。そしてそういう実例は私も瀬戸内海の島でたびたびぶっつかっている。こうしてまず為政者の気のつかぬところへ耕地をひろげていった」［宮本 一九六二：一八二―一八三頁］。

『甘藷の歴史 双書・日本民衆史七』におけるサツマイモの歴史は、単なる畑作農耕文化論あるいは食文化論ではなく、またいっぽうでは、単なるその伝来と伝播の歴史としてだけではなく、両者を総合的にとらえつつ、その社会文化的位置づけを行なっていたのである。食としてのサツマイモは米に対して劣位にあり、政治体制のなかでもサツマイモは米に対して劣位にあり、それらにより、サツマイモおよびそれを栽培・食する民衆は社会文化的に劣位に位置づけられるという、全体的構造が明らかにされている。

この『甘藷の歴史 双書・日本民衆史七』だけをとってみてもわかるが、シリーズを「日本民衆史」と銘打ち、またみずからもその「はしがき」の冒頭で「私は民衆の歴史について書いてみたいと思っている」といいつつも、その内容は、社会文化論的でありまた総合社会史とでもいうべきものであった。したがって、同じく「民衆史」といいつつも、一九六〇年代から七〇年代にかけて文献史学が牽引した「民衆史」とは、その性格は似て非なるものであった。文献史学の「民衆史」が、国家（あるいは支配者）対民衆の対抗軸により、また、頂点の思想家に対して民衆思想を置き、あるいは、「人民闘争史」的な「民衆運動史」として、おおむね視点の設定として「民衆史」を存在させたのに対して、宮本の「民衆史」とは、社会文化現象と人間存在の実態を社会的関係性のなかで、総合的に明らかにしたものであった。

そしてこうした総合社会史としての畑作農耕文化の把握は、たとえば、柳田國男がそうであったような稲作単一農耕文化論の日本文化論に対して、狩猟・畑作農耕文化を対照的に示すとともに、さらには、農業以外の漂泊民文化、漁業文化をも提示することにより、複合文化論（多元的文化論）としての日本文化論をおのずと提出することにもなっていく。アジア太平洋戦争後に積み重ねたその社会経済史的視点と実績が、宮本におのずと日本社会の生業形態の複合性を気づかせ、複合文化論を展開させることになっていたのかもしれない。特に、稲作単一農耕文化論に対して、狩猟・畑作農耕文化論を提出する際の主張は激しい。

『甘藷の歴史　双書・日本民衆史七』から六年後の一九六八年（昭和四三）三月、宮本は「山と人間」という論文を『民族学研究』第三二巻第四号に発表する。宮本はこれを、『山に生きる人びと　双書・日本民衆史二』の第二版を一九六八年（昭和四三）六月に刊行する際に「附録」として巻末に収録する。これは稲作単一文化論を否定し、山岳民における狩猟・焼畑農耕文化およびそこから展開した畑作農耕文化の独自性を強く主張したものであった。まず山岳民の焼畑・畑作農耕にふれて次のような課題を投げかける。

「焼畑または畑作農民は水田耕作の経験を持っていたであろうか。おそらくは持ったことがなかったと考える。つまりそこに居住したとき以来、畑耕作をおこなっていたものと思われる。つまり水田耕作民がだんだん山中に入って畑耕作のみの生活をたてるようになったのではないと見られるのである」〔宮本　一九六八c：二〇五頁〕。

山岳民における稲作農耕文化からの独立性であり、山岳民から稲作農耕文化を分離させている。宮本において山岳民の焼畑・畑作農耕文化は稲作農耕文化と並列的であった。「山中の民は平地の民とはその生活のたて方がずいぶん大きく違っていたことを知る。しかもそれは山中であるが故に文化的におくれていたのではなく、生活のたて方そのものが違っていたと見るべきである」〔宮本　一九六八c：二一三頁〕。そして宮本のこの山岳狩猟民・畑作農耕文化論は、仮説とはいえ、縄文畑作農耕文化論にまで発展している。

「少しとっぴな想定であるけれども、縄文式文化人がやがて稲作文化をとりいれて弥生式文化を生み出していったとするならば、それはすべての縄文式文化人が稲作文化の洗礼をうけたのではなく、山中に住む者は稲作技術を持たないままに弥生式文化時代にも狩猟を主としつつ、山中または台地の上に生活しつづけて来たと見られるのではないかと思う」。

「この仲間は縄文式文化時代にすでに畑耕作の技術は持っていたのではなかろうか。今日まで縄文式文化人は、稲作技術は持っていなかったように見られている。持たなかったとしても畑耕作はおこなっていたのではなかっただろうか」〔宮本　一九六八c：二二四頁〕。

宮本がこの縄文畑作農耕文化論を提出した時点では、すでに、藤森栄一《ふじもりえいいち》（一九一一－七三）の「日本原始陸耕の諸問題」（一九四九）をはじめとする、長野県の縄文中期の遺跡の集落環境・全体的復原からの縄文農耕論があった。当時それは否定的にとらえられたが、一九六〇年代から七〇年代以降、中尾佐助（一九一六－九三）の『栽培植物と農耕の起源』（一九六六）、佐々木高明（一九二九－二〇一三）の『稲作以前』（一九七一）・『照葉樹林文化の道』（一九八二）・『縄文文化と日本人』（一九八六）などによる照葉樹林文化論も、その農耕複合文化論を縄文農耕論にまで拡大するなど、考古学だけではなく、人文科学全体が徐々に縄文農耕を認知するようになっている。このような宮本の山岳民焼畑・畑作農耕文化論および縄文畑作農耕文化論は、縄文農耕論の先駆としても評価することができよう。

宮本は、このような独立した山岳民の世界が、中世までは自立的に継続していたものの、近世初期に山岳民の一揆が制圧され近世の幕藩体制に従属するようになったともいう。その例として大和の北山一揆・日向の椎原騒動・土佐の本山一揆・阿波の祖谷山一揆などをとりあげ、「中世にあってもっとも活発な武力活動を見た山岳居住地帯は、近世初期あいついで徹底した討伐にあい、その山岳民的エネルギーをそがれてしまっている」〔宮本 一九六八c：二三二頁〕という。しかしなおかつ、山岳民および彼らが伝承してきた独立性を強く主張して「山と人間」を次のようにしめくくる。

「古い縄文期の民族的な文化が焼畑あるいは定畑などを中心にした農耕社会にうけつがれ、一方水田稲作を中心にした農耕文化が天皇制国家を形成して来る。そしてこの二つのものはずっと後々まで併行して存在しかつ対立の形をとったのではなかろうか」〔宮本 一九六八c：二三三－二三四頁〕。

稲作単一文化論に対して、山岳民の狩猟・畑作農耕文化論を並列的に主張し、実質的な日本社会複合文化論の主張として展開していたのである。この「山と人間」を第二版から『山に生きる人びと双書・日本民衆史二』に収録したので、宮本にとってのこうした主張は「民衆史」に含まれるものであったのかもしれないが、その内容をみたときには、生業形態をベースにしているという意味でも、同時期の文献史学における「民衆史」とは大きく異なっており、宮本みずからは「民衆史」とはいうもののそれは総合社会史とでもいうべき内容であった。

また、民俗学では、一九七〇年代末から八〇年代にかけて、坪井洋文（一九二九－八八）の『イモと日本人』（一九七九）・『稲を選んだ日本人』（一九八二）が、稲作単一文化論に対してイモ（里芋）

を中心とする畑作農耕文化論により、実質的な日本社会複合文化論を提示し反響をよんだ。坪井のばあいは、稲作農耕文化を政治支配者の文化としても位置づけ、劣位におかれたイモなどの畑作農耕文化を庶民文化と位置づけつつ、その日本社会複合文化論を単なる多元的文化論としてだけではなく、政治体制論のなかに組み込んだことにも特徴があったが、宮本のこうした山岳民研究はそうした坪井の主張の先駆的意味を持っていた。宮本は、近世初期の領主権力による山岳民の制圧を重視したが、坪井の位置づけたイモ文化はあたかも宮本の説く山岳民の狩猟・畑作農耕文化に対応しているかのようである。

宮本は坪井から『イモと日本人』をおくられている。おくられた宮本は一九八〇年（昭和五五）一月一八日付で坪井に礼状をしたためる。

「私もサトイモには早くから関心を持っていました。戦前方々をあるいていたころ、紀伊山脈、四国山脈、九州山脈の東部、つまり古生層地帯にずっと里芋を常食にしているところがあって、それは中部地方の天竜川流域までのびていることを知りました。その地帯にまたトウモロコシが多いのです。それは何故だろうか、あるいは朝鮮経由の焼畑技術と南島経由の焼畑技術に差があったのではないかと考えましたが、実証する機会もなくて年をとってしまいました」［宮本常一先生追悼文集編集委員会編　一九八一：三二二頁］。

そのフィールドワークのなかから山岳民の狩猟・畑作農耕文化論を提出した宮本の姿が浮かび上がる。その一〇日後の一月二八日から三一日まで国立民族学博物館のシンポジウムで、宮本は同席した坪井に「つきっきりのようにして、イモと日本人をめぐっての多くの考えを話し」、最後に、坪井にむかって次のようにいったという。

「これからも、ええ仕事をしてくれ、学問は地位や名誉ではできんけえのう」［宮本常一先生追悼文集

編集委員会編 一九八一：三二二頁〕。

宮本の死はそれから一年後である。

坪井が逝ったのもそれから八年後の一九八八年（昭和六三）六月であった。

一九六〇年代、稲作単一文化論を大きく越えて、日本社会複合文化論を提出していた宮本は、民俗学のみに即してみても、その学説じたいが、稲作単一文化論・「固有信仰」論の柳田民俗学および柳田系民俗学に対するおのずからなる批判でもあった。正面切って柳田民俗学および柳田系民俗学を批判していたのではなく、そうした作業をあえて行なわなくとも、その提出した学説じたいがそのような意味を持っていた。柳田民俗学および柳田系民俗学批判という意味では、それらが村落社会から資料を抽出するのみで村落社会そのものを解明してこなかったと指摘した桜田勝徳の「地域と社会」「村とは何か」（一九五八）、単一文化論を批判しつつ民族複合による複合文化論を類型論的に設定した岡正雄（一八九八－一九八二）の「日本民族文化の形成」（一九五六）・「日本文化の基礎構造」（一九五八）・「日本民俗学への二、三の提案」（一九五八）などがあった。しかし、それらは総論的であり実態的レベルでの論証は強いとはいえず、分析視点からの批判にすぎなかった。しかし、宮本のばあいは、こうしたレベルを越えて、実態的レベルからの日本社会複合文化論を提出することによる、おのずからなる柳田民俗学および柳田系民俗学批判でもあった。

もっとも、宮本にも直接的な柳田民俗学および柳田系民俗学批判はあった。河出書房新社の『日本の民俗一一　民俗学のすすめ』（一九六五）のなかの「民俗事象の把え方・調べ方　旅行のうちに」は、「民俗誌」批判を通しての実質的な柳田民俗学および柳田系民俗学批判であった。

「今まで沢山出ている民俗誌は資料として皆利用しているが、ほんとに心をうたれて読むことのできるようなものがどれほどあるだろうか。あるいはその中から新しい問題を見つけることができるというようなものがどれほどあるだろうか。生命のかよった生々しさというようなものも少なく、民俗誌を読んでその村の生き生きとした日常生活と、そこにある伝承がその人たちの生活にどのような意味をもっているかをかぎわけることができるまでに構成されたものは少ない。それは民俗採訪を目的として旅をつづけた私自身にも問題があったが、今一つ忘れられていることは、今までの民俗誌は柳田國男に見てもらうために書かれたものが多かったのではなかったか。自分自身のためのもの、自分自身の学問的方法を発見するための民俗誌は少なかったようである」〔宮本 一九六五d：一〇七－一〇八頁〕。

これでもまだぼやかしのある表現であったかもしれない。「民俗誌」が「民俗誌」たりえていない現実を、柳田國男を頂点とするその学閥批判としても展開していたのである。『民俗学の旅』は、こうして抱くようになったみずからの気持ちを次のように回想している。

「実は私は昭和三十年頃から民俗学という学問に一つの疑問を持ちはじめていた。ということは日常生活の中からいわゆる民俗的な事象をひき出してそれを整理してならべることで民俗誌というのは事足りるのだろうか。（中略）民俗誌ではなく、生活誌の方がもっと大事にとりあげられるべきであり、また生活を向上させる梃子になった技術についてはもっとキメこまかにこれを構造的にとらえて見ることが大切ではないかと考えるようになった」〔宮本 一九七八a：一九四－一九五頁〕。人間関係としても柳田民俗学および柳田系民俗学と距離が生じていたのであろう。「学位をもらったのを柳田先生も心から喜んで下さっているということを聞いたけれど、私は先生のところへは挨拶にいかなかった」「そして先生の米寿のお祝のときまで柳田先生にお目にかかることはなかった」〔宮本 一九七八a：一八六頁〕。宮本の学問の総合社会史としての完成は、その学問内容だけではなく派閥・人間関係においても、柳田民俗学および柳田系民俗学からの完全な逸脱と独立でもあった。

このように、一九六〇年代の宮本は、生業形態および社会経済史的把握を前提とした日本社会複合文化論を基本として、その独自の総合社会史を構成するようになっていた。そうしたこの時期の宮本の総合社会史を平易に、しかし、総論風にまとめた著作が、河出書房新社の『日本の民俗』シリーズでもあった『日本の民俗一　民俗のふるさと』（一九六四）・『日本の民俗三　生業の推移』（一九六五）の二著であった。

『日本の民俗三　生業の推移』（河出文庫『生きていく民俗』として再刊）は社会経済史的な職業史とでもいうべき作品であるが、「きらわれる農業」からはじまる。ふつうは好ましい事例から導入するが、ここでは嫌悪される事例からであり、しかもそれを農業とする。新潟県の女の話をとりあげ、農業さらには農村社会を嫌悪する姿をえがく。ひとりの農家の女が次のように語ったという。

「何としても、子供だけはどんな無理をしても高等学校を卒業させたいと思います。高校を出なければよいところへ就職できません。田舎で百姓をさせるのは可哀そうです。農家の女はほんとうにみじめです。働いて働いて、いくら働いても楽になるときがないのです。年がら年中、泥んこになって、あの段々になった田の畦を塗るだけでもたいへんですよ。それからいつも水のたまっている田を、耕したりならしたり。そういう仕事はわたしら一代でやめにして、子供たちにはさせようとは思いません。それでしまいには村が空っぽになるというのですか？なってもしようがありません」［宮本　一九六五e：一二三頁］。

これが農家の「女の本音」であるというのである。そしてこのように農業に対する農民の絶望感を紹介しつつ、その上で宮本がえがく職業史は農業に限定されていない。むしろ非農業民の世界を順番にえがいていく。まずは宮本がフィールドワークで出合った地域社会ごとの「生活誌」である。鹿児島県宝島・青森県下北半島・石川県白山麓・山口県周防大島、東北地方の牛方の物語などが続く。そのなかには定着民としての農民、稲作農耕文化はほとんど登場しない。特定の地域が複数の生業形態の複合によって成立し、また、交易と交通によってくらしがいとなまれる実態である。農業のような定着民の職業よりも、海の漁民と山の木地屋・サンカをはじめ移動して生計をいとなむ職業が積極的に紹介される。たとえば、岩手県遠野の在の牛方の物語はじつにおもしろい。まずは往路である。

「親方からたのまれて、一ハヅナ五頭から七頭の牛に鉄のズクを俵に入れたものをつけて出かける。（中略）郷里を出て北上川流域に出、一ノ関から奥羽山脈の東麓を南下して陸前（宮城県）に入って峠を越えて羽前（山形県）へ出る。途中牛宿があればそこに泊ることもあったが、たいていは野宿した」「野宿しても寒いものではなかった。牛はたいてい地面に横になって寝る。その牛にもたれかかって寝れば、風邪をひくようなこともなかった」「さて山形から米沢へ出、そこから越後（新潟県）へ越えて、こんどは信濃川に沿うてさかのぼる。そして三条（新潟県）のあたりで鉄を売ってしまうこともあれば、信濃（長野県）の飯山あたりまで持っていくこともある」〔宮本 一九六五e：七四－七五頁〕。

新潟県三条市はいまでも地場産業の鉄器生産で知られた地域である。牛方の復路は次のようなものであった。

「牛方は鉄を売り、牛を売った金を持って故郷へ帰っていく。早くて一ヵ月、時には二ヵ月もかかることがあり、一年に二回か三回もやってくることができればたいへんな上出来で、時には一年に一回の旅しかできぬこともあった。出かけるときは何人もいっしょで、にぎやかであったが、途中で分れ分れになり、帰るときはいつも一人であった。金だけ持って荷も何も持たぬ一人旅なので、つい気楽になり、途中で女郎などを買って楽しんでくることが多く、歌も習い覚えて、村へ帰ればまた村の娘たちには憧れの的になったものであるという」〔宮本 一九六五e：七五－七六頁〕。

農業だけではない多様な職業を概観することにより、それはおのずと非農業民を重視することにもなっている。

このようにみずからのフィールドワークにより非農業民を次々と紹介し多様な職業を概観しつつ、さらに、農業以外の職業をくりかえしとりあげる。まずは農村に居住しながらも農業以外の職業である大工・鍛冶屋・渡守・神主・僧侶などである。僧侶については、関西の事例により、葬送にたずさわる彼らのなかに被差別民がいたことをも指摘する。そして漂泊民である。福俵ころがし・門万歳・祭文語り・瞽女《ごぜ》・念仏行者・高野聖など、そして、行商と出稼ぎである。行商については女のそれについても重視している。

そして最後は多様な職種が展開する都市をあつかう。都市で多様な職種の座が成立し、市と常設の店が展開するとともに、商家の組織さらには奉公人を吸収する都市の姿が紹介される。さらに宮本がこの『日本の民俗三　生業の推移』を執筆した時点で現実にあった姿も紹介される。たとえば、関東地方近郊から東京に行商にくる女たちの姿である。

「朝の上野駅で下車すると、大きな風呂敷包を背負った女たちの群に眼を見張る。それはおびただしい数にのぼり、その荷を背負って町の朝霧の中に消えていく。高崎線・常磐線・総武線などにつながる田舎から出て来た人々である。米・野菜・卵・餅など注文すれば何でも持ってきてくれる」「最近こうしたかつぎ屋は中間商人的なものではなく、農家の主婦が多くなった。自分の家でつくったものを一番有利に売ることはこうして他人を間におかないで直接販売することである」〔宮本　一九六五e：一五六頁〕。

また、それまで農家の次男・三男以下といえば、わずかな土地分与をうけて分家できればよいほうで、いわゆるオジ暮らしさえあったのが、徐々に変化してきたとして次のようにいう。

「僅かばかりでも土地をもらい家を建てて分家することのできるのは次三男にとっては幸せというものであった」「それが、村にいて土地はもらわなくても、家だけ建ててもらえば、どうにかやってゆけるようになったのは、村の中に農以外の仕事がふえたり、町やまたは遠くへ働きに出れば働き口があるようになったからである。いや村の中にも働き口はふえてきた」「また方々にいろいろの工場ができてきた。製糸・紡績工場のように女の労力を必要とするものから、鉄工場・醸造工場・マッチ・ガラス・セメント、また陸海軍の工場などができて多くの職工を必要とするようになる。そうしたところへ吸収されていったのは次三男が多かった。大阪の商家が、丁稚を雇うのに次三男ならば農家へ帰ることはないからといって、次三男を雇ったように、工場でも永年勤続してもらうにはそういう人たちがよかった」〔宮本 一九六五e：二四九－二五〇頁〕。

宮本の総合社会史は農業また稲作をかならずしも重視していない。むしろそれ以外の多様な生業形態とそれに従事してきた庶民を総合的にとらえようとしたものであった。また同時に、それは同時代への連続性を意識した叙述でもあった。

『日本の民俗』シリーズにおける宮本のもう一冊の書き下ろし『日本の民俗一　民俗のふるさと』（河出文庫から再刊）も、これは内容的には生業に比重をおいたものではないが、ここでも農業と稲作への言及はほとんどなく、しかも、農村ではなく都市を中心として日本社会を概観している。『日本の民俗一　民俗のふるさと』は「都会の中の田舎」からはじまる。東京などの都会に生活する地方からの出郷者の物語、そしてお盆などにおける出郷者の帰郷である。いっぽう都会にはこうした出郷者がひしめくだけではなく、すでに都会独自の秩序が発生しているという。

「古い伝統を持つ町には、町のモラルがあり、秩序があったものである。東京も江戸といわれたころの下町にはそれがあったという。京都や大阪や堺などには今日もなおそれが見られる。京都の町をあるいていると、今でも町家の軒先に「自身番」の提灯がぶら下がっているのを見かけることがある。町民によって町内を取締っていたときの名残りで、今日でいう自警の当番である。そういう社会ではおたがいの信用を何よりも大切なものにした。信用がなければ長期の取引はできなかったはずである」〔宮本 一九六四d：四七頁〕。

このように、宮本は地方からの出郷者による都市の構成とともに、都市の独自性を説き、さらには、京都の祇園、長崎のオクンチ・精霊流《しょうろう》しなど、町人によって発展させられた都市独自の祭を紹介する。『日本の民俗』シリーズの第一巻でありながら、『日本の民俗一 民俗のふるさと』の最初は、村落社会や稲作農耕文化ではなく、日本の都市とその独自の社会文化を説くところからはじめられていた。

続くのは、「町づくり」である。商人・雑業民・被差別民などによる町の形成を概観しつつ、政治都市としての城下町、近世以降の発達としての宿場町・港町、寺社信仰による門前町など、都市の形成を類型化しつつ整理している。その上で「村と村」によってようやく村落社会が概観される。構成する家が並列的な村落か、それとも村落内の家格に上下がある村落か、村落の形成による村落構造の異相からはじまり、しかし、そうした村落内部の秩序だけを論じるのではなく、村落と村落との連合・対立などの交流にページをさく。婚姻圏、神社・寺院による連合、境界争い・山論などである。宮本は、このように、村落社会を村落内部の自己完結的な秩序としてではなく、視野を広くとってえがき、次の「村の生活」で村落社会における共同体としての生活を、農作業・漁業などによって紹介している。

『日本の民俗一 民俗のふるさと』は都市にはじまり、村落社会をえがき、しかし、最後は再び「村から町へ」として都市に戻っている。出郷し都市生活がふつうになったのが近現代の日本社会であるとして、むしろ、出郷によって活躍することのできるようになったのが庶民であるという。漁師として出郷し成功した例をとりあげつつ次のようにいう。

「ムラの中におれば平凡な一生を送ることを余儀なくされている人が、こうしてムラの外に出ることによって出世の機会をめぐまれる。しかもムラの外に働き口がしだいにふえていった。城下町への奉公だけでなく多くの労力を必要としたのは漁業で、西九州の捕鯨、九州・四国・関東沿岸のイワシ網漁業、北海道のニシン漁業など、藩政時代から明治・大正・昭和へかけてさかんな操業がつづき、経営の才能を持つ者はそれによって大きな財産をつくっていった」〔宮本 一九六四d：二四四頁〕。

稲作農耕文化および村落社会への言及はもちろんある。しかし、『日本の民俗』シリーズでありながら、そこでの宮本の二著、『日本の民俗一 民俗のふるさと』『日本の民俗三 生業の推移』における中心は、畑作農耕文化を含めた複合文化であり、また、漂泊民社会・都市社会と村落社会の複合であった。これらによってえがかれた日本社会はそれまでの民俗学がえがいてきた日本社会とは明らかに異なる。すくなくとも、稲作単一農耕文化中心の柳田民俗学および柳田系民俗学からは完全に逸脱している。

そして、これら『日本の民俗』シリーズ二著の前後、宮本は『双書・日本民衆史』シリーズを積み重ねていく。すでに紹介したように、一九六二年（昭和三七）一〇月『甘藷の歴史 双書・日本民衆史七』を発表したあと、巻数も第一巻に戻り、一九六三年（昭和三八）六月の『開拓の歴史 双書・日本民衆史一』から一九六八年（昭和四三）二月の『町のなりたち 双書・日本民衆史五』まで、五冊の『双書・日本民衆史』シリーズを順番に刊行していくのである。そしてこの五冊を見ると、「民衆史」と銘打ちつつも、たとえば、そのタイトルを見ただけでも、当時の文献史学の「民衆史」とは明らかに異なっている。

1 開拓の歴史
2 山に生きる人びと
3 海に生きる人びと
4 村のなりたち
5 町のなりたち

これらは、庶民が生活をいとなんでいる山・海・村・町など場によって分類し、そこでの生業形態によって「民衆史」を構成する方法である。『日本の民俗』シリーズ二著が多様な生活の場と生業形態を全体像として把握し複合文化論を総論風に提出していたのに対して、『双書・日本民衆史』シリーズはそれらを分割した各論ということができるかもしれない。

『開拓の歴史 日本民衆史一』は村落の性格がその開村の条件に左右されるという。その際、ふつうの村落史や文献史学が開発の歴史を水田開発による稲作農耕文化を中心にえがくのに対して、宮本は畑作さらには採集経済を中心に村落開発史をえがこうとする。

「記録を中心にして書かれた歴史では、採取経済時代から農耕経済時代にはいると、すべての農民が農耕にのみたよって生きているような筆致で書いてあるけれども、本当の民衆の歴史はそういうものではなく、平坦な水田単作地帯をのぞいては、なお採取経済が長くつづいていたのである。そして農民たちは米は税として領主におさめ、自分たちは畑でつくったものや、自然採取したものに大きくたよってきたのが、明治・大正までの姿であるといっていい」〔宮本 一九六三b：一九―二〇頁〕。

宮本はここでも民衆の農耕文化を稲作ではなく畑作においている。これは、かつて一九三〇年代後半から四〇年代にかけて、逸脱しつつもそのフィールドワークが「民俗誌」作成を主な目的としていたために、分析的な論考が少なかった宮本において、唯一分析的であった年中行事研究のなかで、畑作農耕儀礼を重視する発言ともなる。さきに紹介した『民間暦』(一九四二)の年中行事研究は、表面的には柳田民俗学に配慮しつつも、実質的内容はすでにそこから逸脱した儀礼分析であった。とはいっても、『民間暦』と同年に刊行された早川孝太郎『農と祭』が畑作農耕儀礼を重視していたが、宮本はその儀礼内容に、畑作農耕文化を含み込ませてはいなかった。ところが、この『開拓の歴史 双書・日本民衆史一』は畑作農耕文化を重視することにより、年中行事研究においても、それを柳田民俗学のような稲作農耕儀礼としてではなく、畑作農耕儀礼としてとらえようとする。

「七月からさきの重要な行事は畑作を中心にした収穫祭が多く、それはそのまま、日本における古い農耕の姿を物語っている。なぜなら、これらの行事の多くが、朔日におこなわれるのではなく、月の明るい九日から二三日までの間におこなわれており、暦本によって生じた行事というよりも、それ以前からおこなわれたものだと推定せられるからである」〔宮本 一九六三b:二八-二九頁〕。

続く『山に生きる人びと 双書・日本民衆史二』は稲作農耕文化を登場させずに、山民の生業と生活を順番にえがいていく。猟師・サンカ・木地屋・鉄山労働者・炭焼き・木挽などであり、山の場に生きる人びとの物語である。定住民ではなく漂泊民であるが、ここでも彼ら漂泊民の定住にふれてそれを畑作農耕文化との関連で次のようにいう。たとえば木地屋の定住である。「木地屋はその初めは、ただろくろを使用して木地物をつくるだけであったようだが、定住をはじめると多くは焼畑をおこなって食料自給をはかった。(中略)木地屋の定住したところには焼畑が多くみかけられた。焼畑でつくるものはソバ・ヒエ・アワ・ダイズなどであり(中略)、木地挽きによる収入があったから生活は一応安定していたといえる」〔宮本 一九六八c:九五頁〕。木地屋の漂泊から定住への契機は焼畑耕作にあったというのである。そして次の『海に生きる人びと　双書・日本民衆史三』にも稲作農耕文化は登場しない。瀬戸内海・対馬・壱岐・伊勢志摩・能登舳倉島・和泉佐野などの漁民が中心であり、家船《えぶね》による海上漂泊やその定住過程、網漁の発展などもえがかれる。その内容は「泉佐野における産業の展開過程の概要」『対馬漁業史』『瀬戸内海の研究』とほぼ重複するのでここでは省略するが、宮本が「民衆史」としてえがいたその世界は、まず山であり次に海であり、稲作農耕による平地の世界はあとまわしであった。

『双書・日本民衆史』シリーズで稲作農耕文化が登場するのはようやく『村のなりたち　双書・日本民衆史四』においてである。といっても、ここでも採集・漁撈から定着による畑作をえがき、そのあとで水田開発による村落の形成をえがくために、稲作農耕文化が前面に押し出されているわけではない。宮本の村落形成史は、定着を前提とした村落史というよりも、定着以前からの自生的な「群」が農耕のための定着により「村」に変化するとされ、漂泊を村落史以前におく。「村は本来群であり、移動性の強い群が新しい生活の場を見つけて移動していく。その伝統はその後もタタラ師や漁民の仲間にうけつがれていくが、それ以外のものは農耕に転じて定住をはじめる」というのである〔宮本 一九六六d：四一頁〕。宮本の「民衆史」は、山の世界にせよ海の世界にせよ、その原初的形態として漂泊民を前提として、そこからの定着過程を説く論理構造をとっている。それがこの村落史にもあらわれているわけであり、定着を前提とする稲作農耕文化は後発的文化現象の一部としてのみ把握されることになる。

したがって、こうした漂泊する「群」を「村」以前におく宮本の論理は、政治体制以前に共同体としての「群」が存在することを前提とすることにもなる。庶民のなかから自生的に発展した「群」である。『村のなりたち　双書・日本民衆史四』は最後に次のようにいう。「私の言いたかったのは、民衆の村落生活の組織と機能は古い時代からの共同体制をもってきていたということであった。それが政治的な制度によっていろいろの名称でよばれ、また区画せられたことがあったが、その根底においては民衆は自分たちに必要な必然的な生き方をしてきたと思う」〔宮本 一九六六d：二二六頁〕。こうした論理は『町のなりたち 双書・日本民衆史五』にも継承される。たとえば、宮本は政治都市としての城下町を否定的にとらえ、「城下町の町民たちに、町民としての自覚も自主性もあろうはずはない。したがって町民による自治組織も生まれるはずはなかった」という〔宮本 一九六八d：一六〇頁〕。それでは宮本は何をもって「町」とするのかというと、売買のために人々が集まる自然発生的な場が「町」であるという。「店家の集まったところのみが町であり、都の中にそういう町ができたように、村の中にも町ができ、何々村何町というように今日では考えられないような呼称がおこったのであるが、これは日本における町の発達意識から見てごくあたりまえで、地方にあってははじめは村の中に町があるのが自然の姿であった」〔宮本 一九六八d：六〇頁〕。このように「町」の原義を説く宮本は、城下町だけではなく平城京・平安京のような都城さえも「町」ではないとする。こうした都城のなかで人々が集まってきて売買を行なう場こそが「町」を形成させたというのである。

宮本の「民衆史」は、採集・漁撈などから焼畑農耕・畑作による定着過程を概観しつつ、日本社会複合文化論を展開していた。しかし、それは宮本「民衆史」のもっとも重要ではあるが一側面にすぎず、それらと表裏一体であるかのように、民衆が「群」としてそれらを自生的に発達させた共同性あるいはルールを重視している。そのことにより政治システムをできるだけ排除している。とはいっても、こうした自生的な共同性を政治システムと対立的にとらえようとする姿勢はない。漂泊民と畑作農耕文化を重視し日本社会複合文化論を展開したことが、おのずとそれを民衆の社会文化としてとらえることにもなり、それがいっぽうでクロポトキンの『相互扶助論』受容以来宮本の志向する調和と共同性の思想と一体化していたといってもよいかもしれない。

一九六〇年代、宮本は学位論文『瀬戸内海の研究』で資料利用の複合により総合地域社会史とでもいうべきその学問を完成させた。いっぽう、『日本の民俗』シリーズと『双書・日本民衆史』シリーズにより、漂泊民と畑作農耕文化を重視することによる日本社会複合文化論を完成させていた。そしてその分析対象は、民俗学用語をあえて使えば、祭・儀礼・行事などのハレではなく、生産・日常生活によるケの世界であった。ハレ中心の柳田民俗学および柳田系民俗学とは大きく異なるだけではなく、もはや民俗学とか歴史学とか人文科学の一分科科学に収まりきらない独創的な学問体系が、その基底に調和と共同性の思想をひそませつつ、資料利用においても、また、えがかれる対象の内容においても、創造されていたのである。逸脱の民俗学者のひとつの到達点がここにあった。

3 民具学からの逸脱――『日本の民具』

そして宮本のこの総合社会史は、一九六〇年代から晩年まで積極的に展開されるその民具学においてもその性格をあらわすことになる。渋沢敬三とアチックミューゼアムが民具学の先駆者であるだけではなくその牽引者であったことはいうまでもない。しかしそうであったからといって、宮本がその民具研究をリードしていたわけではない。宮本常一というと民具学とイコールのように認識されるばあいもあるが、民具学に積極的になるのは一九六〇年代半ば以降その晩年にすぎない。アジア太平洋戦争敗戦以前を回想して、宮本みずからが「当時民具の研究に真剣にとりくんでいたのは故宮本馨太郎教授一人であったといっていい。私など民具の研究は宮本教授にまかせきっていたような気持であった。ただ渋沢先生の助手として関心を持っているにすぎなかったといっていい」〔宮本 一九七九a：四九頁〕というのが正直なところであろう。関心は持ちつつも積極的ではなかったのが、武蔵野美術大学という芸術系の大学で教鞭をとるようになったことが、宮本をして民具学を積極的に展開させる直接的なきっかけであった。

「美術大学に来る学生は視角が大変発達している。したがって造形物を通して文化を理解する能力をもっている。そういう才能をのばすことこそ重要ではないかと考えて、造形文化の歴史的な変遷と、造形物と人間とのかかわりあいを中心に話をすることが多かった。すると学生たちも自分らの日常生活の中にある造形物に強い関心を示すようになっていった」［宮本 一九七八a：二〇一－二〇二頁］。

それでは、このようにして本格化した宮本の民具学とはどのような性格を持っていたのであろう。それをひと言でいえば、これも、宮本の民具学とは民具そのものの研究ではなく、民具を通して、あるいは、民具を資料とすることによる、社会史ではなかったかということである。これについては、すでに、犂と鍬の発達と土壌・耕地との関係性を説く宮本の議論が、犂と鍬の研究はそれじたいが目的ではなく、それと他の要因との関係性において地域社会の特徴を抽出することにあったことを紹介したが、他の民具を対象とする際でも、特定の民具を通して社会・文化を語ろうとする。たとえば、蚕が上蔟して繭をつくるためのマブシの変遷にふれる。マブシはもともと縄・藤、木の枝などを利用したもので、多くの蚕に繭を作らせることができなかったが、藁を利用した波形マブシの発達が一度に多くの蚕を上蔟させ繭を作らせることを可能にし、また、二匹の蚕が繭をまいてしまう玉繭を減らし、これが日本の養蚕業の発達に大きな影響をあたえたという。輸出産業としての製糸業の発達に言及しつつ、その基盤には、繭生産そのものを増加させるための波形マブシの発達があったというのである。

「明治に入ってからではないかと思うが、波形マブシがおこなわれるようになった。これは各自が作ることができる。簡単な折りたたみの道具で冬の間にマブシをつくっておく。そしてこれに繭をまかせる。このマブシは竹の枝や萩の枝のように空隙に粗密の差が少ない。すると玉繭の数はずっと少なくなる。その上マブシはいくらでも作られるから蚕もたくさん飼うことができるようになった。そして日本の養蚕業は飛躍的にのびていった」〔宮本 一九七九ａ：一六－一七頁〕。

波形マブシもやがて回転マブシにとってかわられるが、宮本はこのような生産用具としてのマブシを対象としつつも、それをマブシじたいの研究にとどめずに、養蚕業・製糸業の発達とも関連させている。さらに宮本は、このような波形マブシによる養蚕業の発達が民家建築をも変えたという。現在でも、関東地方から中部地方にかけてのかつての養蚕地域では二階屋がいちじるしく発達した民家建築を見ることができるが、そうした養蚕のための民家建築の発達を、波形マブシの発達による、大量の上蔟を可能とする民具の発達が原因であったというのである。

「茅屋根で寄棟の天井裏は暗い。そこで家の妻の部分の屋根を切り落して、天井裏へ光がはいるようにするか、家の間口の方の屋根の一部を切って、そこから光がはいるようにした。これをカブト屋根といった。また山梨県では中央部を二階造りにすることもおこなわれ、これをヤグラ造りといっている。このようにして屋根裏を上蔟のとき利用することにして経営を拡大していったのであるが、養蚕の盛んな埼玉、群馬、長野地方では二階建てにし、棟に空気ぬきをつけたものが少なくない。このような造りを蚕室造りといった。波形マブシの普及から大量飼育を盛んにし、やがてはそれが民家の構造をも変えていったのである」〔宮本 一九七九ａ：一七－一九頁〕。

このように、宮本のマブシの民具史は養蚕発達史であるとともに民家史でもあった。その研究はマブシじたいにとどまらずに、それが関係する社会現象全般の変遷におよんでいた。民具学は「生産技術がどのように継承され発展し、民衆全体の生産や生活を高めていったかをさぐりあてる」べきで、

「民具生態学」でなければならないとさえ主張している［宮本 一九七九ａ：一〇一頁］。

そのために、たとえば、その民家研究は単なる民家建築研究にとどまることもない。むしろ、民家が住空間として他の民具を含めてどのように生活の場で利用されてきたのか、生活史としての叙述であるべきという。

「住居を有機的にとらえるというのはその使い方を見てゆかねばならない。部屋を使うということは民具と共に利用することである。たとえば寝るためには蒲団を敷き、食事をするためには飯台を据え、食器をその上にならべなければならない。部屋の中で仕事をするには、仕事に必要な道具を用意する。（中略）そうした道具を日常はどこにしまっておくかということも問題になる。押入れや戸棚の発達に関連するからである。そうしたことが明らかにならねば住むという行為を具体的にとらえることはできない。民家の調査はこのようにして民具の調査へと展開して来た」［宮本 一九七九ａ：一〇四頁］。

民家研究というとふつうは実測図と間取りまでがふつうであり、また、いっぽうでは建築史的研究となるが、宮本の民家研究はそれが実際の生活の場で、他の民具とともに、さらには、生活スタイルのなかでどのように機能しているのかをとらえようとしている。ここでも民家研究は「生活誌」を把握するための方法にほかならなかった。

宮本の民具学とは対象としての民具だけに自己目的化していなかった。民具は手段にすぎず、それを通しての社会史であり、あるいは、生活文化の全体像であった。

これは渋沢敬三の民具学、また、実際の推進者であった宮本馨太郎の民具学とくらべてみても明確であろう。たとえば、宮本が渋沢との出会いのなかで大きな影響をうけたといい、現在でも民具学の最高傑作といってよい、アチツクミユーゼアム編『アチツクミユーゼアム彙報第九 所謂足半《あしなか》に就いて〔予報〕』（一九三六）は、足半の形態研究と文献・絵画資料を駆使した生態的研究により、その歴史と機能の全容を明らかにし、足半というひとつの民具を通しての社会史とでもいうべき作品として完成されている。また、宮本馨太郎の『燈火』（一九六四）・『かぶりもの・きもの・はきもの』（一九六八）・『めし・みそ・はし・わん』（一九七三）も、それぞれの民具を広く渉猟し歴史的変遷を明らかにし、また、形態分類を行なうなどして、着実な成果をあげている。しかし、これらの研究方法は、収集でき得る限りの民具により帰納法的に確実な形態分類を行なうのを常とするが、特定の生活の場において民具が他の社会的・生活的要素とどのように有機的連関のもとで存在しているのかを明らかにするものではなかった。すぐれて着実な帰納法的方法をとりながらも、民具だけが生活の場から抽出されて資料として利用されていた。

たとえば、宮本馨太郎のライフワークのひとつとさえいえる山袴《やまばかま》（もんぺ）の研究をみるだけでもよい。宮本馨太郎は山袴を洋装のズボンに比定し労働着として重視する。「山袴は袴の一種で（中略）、地方農山村などで日常生活のため、また農耕その他の作業のために着用している一群の地方的な袴の総称である。山袴は今次大戦中、都市でも「もんぺ」の名で女子の防空着・作業着として着用され、現在もなお地方の農山村において、タチツケ・モンペ・カルサン・ユキバカマ・サルバカマ・フンゴミなどの名で、日常着ないし作業着として、広く着用されている」〔宮本馨 一九六八：一三三頁〕。しかし、宮本馨太郎がまず明らかにするのはその形態である。山袴には、第一類・二布型（前布独存＝無後布型）、第二類・四布型（前後布併存＝有後布型）、第三類・六布型（前後布・奥布＝有奥布型）、の三つに形態分類できるという。縫い合わせる布の枚数、二布・四布・六布の違いによって分類している。実例もあげており、たとえば、第一類・二布型のひとつとして岩手県雫石《しずくいし》のカタグシと呼ばれる山袴をとりあげる。「カタグシのグシはコシの談語で、片腰の意であるという。カタグシはリョーグシ（両腰）に対するもので、その名の示すように前腰のみで、後腰のない袴である。すなわち前布のみ独存し、まったく後布のない、二布型式の袴である。（中略）材料は麻布で、紺無地であり、もっぱら大工・木挽などの職業の男子が着装して、女子はこれを用いなかった」［宮本馨 一九六八：一三五頁］と説明するが、それが雫石地方で実際に他の生活要素との関連で存在してきたのかについては説明がないままにとどまっている。渋沢の民具学もそうであったが、宮本馨太郎のそれも、民具そのものの形態分類による全容の解明を目的とし、それを現実の社会生活のなかに存在させる方法ではなかったのである。

あえていえば、宮本の民具学は民具を資料として、あるいは、手段とした社会史の解明であり、渋沢敬三と宮本馨太郎の民具学は民具そのものの研究であったといえるかもしれない。現実的には、民具学の主流は宮本ではなく、渋沢や宮本馨太郎の方法によって推進されてきた。民具をその利用の場から分離し実測と形態分類を基礎とした全容の解明である。そのような意味でいえば、宮本の民具学は渋沢敬三の民具学とその主流からも逸脱していたのかもしれない。

すでにして民俗学から逸脱していた宮本の総合社会史は、その民具学の実践においても民具学から逸脱しつつあった。宮本民具学の唯一の単著が『民具学の提唱』であったように、その死により、その民具学は「提唱」のまま中断し完成にはいたらなかった。しかし、一九六〇年代の著作をふまえて、その最晩年の民具学の「提唱」から読みとることのできるものは、民俗学でもない民具学でもない、また、文献史学にも限定されない、複合的資料利用・複眼的視点を総合することによる宮本独創の日本列島総合社会史があったように思われるのである。

むすび

宮本常一は一九六四年（昭和三九）四月一日武蔵野美術大学非常勤教授、翌一九六五年（昭和四〇）四月一日から教授に就任し、一九七七年（昭和五二）三月、退職するまで大学教員として学生たちを育てた。この時代は武蔵野美術大学教授就任と同年の九月に設立された近畿日本ツーリスト日本観光文化研究所（観文研）所長として後進を指導した時代でもあった。観文研は長男の宮本千晴が事務局長をつとめ、一九六七年（昭和四二）三月には雑誌『あるく みる きく』を創刊している。一九七〇年代から八〇年代にかけて、全国の書店でこの雑誌『あるく みる きく』を見たことを覚えている人も多いのではないだろうか。

この時代、宮本は単独で『私の日本地図』というシリーズを刊行している。一九六七年（昭和四二）二月「一 天竜川に沿って」にはじまり、一九七六年（昭和五一）一〇月「一五 壱岐・対馬 紀行」まで、約一〇年間で一五冊もの全国の地域「生活誌」を刊行する。一冊一冊は四六判二〇〇頁～三〇〇頁ほどの小著ではあるが、これらが積み重ねられたとき、そこには厖大な列島「生活誌」が構成されることになった。表10はこの『私の日本地図』シリーズを巻ごとに刊行年月日・タイトル一覧としたものである。瀬戸内海の四冊をはじめ北海道・四国を除いて東北地方から沖縄まで、全国をほぼ網羅する地域別「生活誌」をまとめている。第五巻「五島列島」の巻末には全国をより網羅した合計三〇冊の刊行予定広告もあるので、当初の予定は実際の刊行よりも厖大な計画であったと考えられるが、実際の刊行はこれら一五冊で終わった。もっとも、これだけでもたいへんな量の作品群である。

この『私の日本地図』はエッセイとも紀行ともつかぬスタイルで対象地域の「生活誌」を叙述する。たとえば、第三巻「下北半島」（一九六七年一一月）は、一九四〇年（昭和一五）から一九六六年（昭和四一）まで下北半島に九回旅したとして、それぞれの旅を印象とともに紹介する。一九四〇年（昭和一五）一二月、最初のフィールドワークの記憶である。「初めておとずれたときの下北はいかにも荒涼としていた。きびしい自然の中に人びとが精一ぱい生きている姿をみた。しかも人びとはその自然にしばしば打ちまかされているという感じさえした。人びとは厚く着ぶくれ、女は頰かぶりをし、男はスキー帽か手拭の頰かぶりをし、皆少し猫背であるいていた。それはそのままこの自然に生きている姿のように思えたのである」「ただ大湊だけはちがっていた。沖に灰色の軍艦がとまっており、海岸には巨大な工場があって、それが煙をふいていた。そこではチタンの多い鉄鉱の精錬に成功して、そういう製鉄所も活動をはじめようとしているとのことであった」［宮本 一九六七b：一三―一四頁］。ハワイ真珠湾攻撃からちょうど一年前の下北半島の様子である。そして、その文章とともに、廃墟となったかつての軍需工場の写真が掲載される。「大湊海軍要港時代の工廠址、むつ製鉄はここにできるはずであった。いまこの右方に原子力母船の埠頭ができようとしている」とキャプションをつけている［宮本 一九六七b：一四頁］。「原子力母船」とはこの文章から二年後一九六九年（昭和四四）に竣工した原子力船むつのことであろう。かつてのフィールドの印象を語りつつ、さりげなく同時代をも語っている。

この第三巻「下北半島」では、約三〇年間のあいだに九度も訪れているので語ることが可能なのであろう、田名部《たなぶ》駅前で見たというこれまた写真つきの次のような生活文化史的叙述がある。「その駅まえで私の眼をおどろかしたのはビール瓶の箱の山であった。下北の人はビールをのみ出したのである。昭和一〇年頃の調査を見ると、この半島でビールをのむものはほとんどなかった。昭和一五年にはじめてここへきたときも、四足（獣肉）二足（鳥肉）は食わず、ビールはのまないということを方々できいた。民家で信仰するオシラ神がそれをきらうからだとのことであったが、三〇年あまりたつと、ここもビール愛飲の町になっていた」〔宮本 一九六七b：五七頁〕。宮本は民間信仰的理由をあげているが、経済的理由もあろう、ビールを飲まなかった下北半島の人々がそれを飲むように変化しているというのである。当時はまだ木箱だったビールケースに空き瓶が山積みされた光景が写真によって紹介され、「田名部駅まえにはビール瓶の山がある。戦前はビールはのまないところであったのが、のむと愉快になるのが下北の人である」とキャプションをつけている〔宮本 一九六七b：五六頁〕。

『私の日本地図』全一五冊のうちの一例をあげたにすぎない。確実にいえることは『私の日本地図』はもちろん「民俗誌」ではない。同時代の生活と社会文化を地域に即してその場から自由自在に語る、それが『私の日本地図』の作品群であった。アジア太平洋戦争敗戦以前、宮本は「民俗誌を少なくも五十

巻数	刊行年月日	タイトル
1	1967年2月20日	天竜川に沿って
2	1967年6月20日	上高地付近
3	1967年11月10日	下北半島
4	1968年5月10日	瀬戸内海Ⅰ 広島湾付近
5	1968年12月10日	五島列島
6	1969年6月10日	瀬戸内海Ⅱ 芸予の海
7	1970年2月10日	佐渡
8	1970年7月10日	沖縄
9	1971年3月20日	瀬戸内海Ⅲ 周防大島
10	1971年10月30日	武蔵野・青梅
11	1972年9月20日	阿蘇・球磨
12	1973年6月20日	瀬戸内海Ⅳ 備讃の瀬戸付近
13	1974年5月10日	萩付近
14	1975年4月1日	京都
15	1976年10月10日	壱岐・対馬 紀行

表10 宮本常一『私の日本地図』（同友館）

冊は書きあげたい」と目標を定めた。しかしそれは、堺市爆撃による自宅と調査資料・原稿の焼失とともに挫折した。その挫折ののち、歳月をへて、「民俗誌」ではなく、宮本色による「生活誌」として編もうとしたのがこの『私の日本地図』であったのかもしれない。

観文研所長としての宮本は、一九七三年（昭和四八）六月からほぼ毎月一回のペースで連続講座（講義）をひらく。一九七九年（昭和五四）六月までが「旅人たちの歴史」で、この講座内容は、「旅人たちの歴史」一・二・三として『野田泉光院』（一九八〇）・『菅江真澄』（一九八〇）・『古川古松軒イサベラ・バード』（一九八四）としてまとめられている。それに続いて行なわれた宮本の講座が、その死により遺稿となった「日本文化形成史」であった。一九七九年（昭和五四）七月六日に第一回を行ない、翌一九八〇年（昭和五五）九月四日の第一一回まで行なわれた。この講座はその死後『日本文化の形成』全三冊（一九八一）としてまとめられたが、形になったのは、おそらくは宮本が構想した「日本文化形成史」のはじまりにすぎなかった。

宮本の「日本文化形成史」が重視するのは、日本列島への多方向からの複数の民族・文化の渡来と混淆、雑穀栽培・イモ栽培および狩猟・漁撈を含む多元的な生業文化複合であり、それらによる稲作単一文化論批判であった。それはおのずと、民族・文化の移動と漂泊を重視し、日本列島をこえたアジア的規模で日本民族・文化を考察する内容である。一九六〇年代に到達していた複合社会文化論のさらなる展開であるが、一九六〇年代と異なるのはその視野が日本列島と国境をこえていることである。しかし、あらたなる展開を予想させる萌芽のままで、その死によりこの「日本文化形成史」は中断したままとなった。

「日本文化形成史」の講座に先立ち、また、その講座の最中、宮本は外国に出かけている。はじめは一九七五年（昭和五〇）七月から八月にかけての東アフリカ、ケニア・タンザニアであり、これがもっとも長期間で四〇日間余である。その後、一九七七年（昭和五二）九月韓国済州島、一九七九年（昭和五四）九月台湾、一九八〇年（昭和五五）九月中国もあるが、それぞれ約一〇日間である。台湾では漢民族社会にはほとんど関心を示さず、短期間のうちに少数民族だけをかけぬけている。「日本文化形成史」のための意図的な準備作業であったかどうかは確証できない。ただ最晩年になってはじめて国境をこえたことは、現実のフィールドワークから思考する宮本に、なんらかの影響をも与えていたであろう。

ただその国境をこえた最初が、日本列島に連続する東アジアではなく東アフリカであったこと、そこには推察しなければならない宮本の胸中があるようにも思われる。アフリカから帰国した翌一九七六年（昭和五一）一月の『あるく みる きく』第一〇七号は「近畿日本ツーリスト 日本観光文化研究所 創立一〇周年企画」と銘打ち特集「宮本常一・東アフリカをあるく」である。そのなかの宮本の「東アフリカをあるく」は次のようにはじまる。

「理由はいろいろある。しかし直接の動機は息子から「親父も年をとったから一度は外国へ出てみておくのもいい。死土産にエンマ様にも話ができる」といわれて「それもそうだ」と思った。これまで外国へ出てみる機会は度々ありつつ、一つは外国語が十分話せないことと胃腸の弱いことが気になった」［宮本 一九七六d：四頁］。

日本列島のフィールドワークはこなしつつも国境をこえなかった理由に体調管理をあげているが、確かにそれもあろう。また、観文研の事務局長であった長男千晴がいうように渋沢敬三に対する配慮もあったことであろう［田村 二〇〇一：三三九頁］。宮本は次のように続ける。

「そして行ってみるならアフリカだと思った。アフリカのそれも東アフリカに一番心をひかれたのは、ここには大して大きな戦争のおこなわれたことがなかった。人間が武力や経済の力によって他人を支配したりされることが比較的少なかったこと。そういう社会での人間と人間との関係、人間と土との関係はどういうものであろうか。それについてすでに成長しきっている国よりも、これから国民として成長していく民族の方に多く心をひかれる。そこにはまた学ぶべき多くのものがある」〔宮本 一九七六d：四頁〕。

東アフリカは植民地時代もあり、宮本のいうとおりであったとはいえないかもしれない。しかし、なぜ東アフリカであったのか。それは宮本のイメージするそこが政治的枠組、支配-被支配の関係が少ない社会であり、宮本はそこで人間の社会関係と大地との関係を観察したかったからというのである。近代的国境と国家の枠組からはなれた、自生的発展の可能性を持った人間社会を観察しようとしているのであろうか。また、かつてくりかえし読んだという『相互扶助論』でクロポトキンがえがいた共同と調和によった人間の社会的発展を、現代社会のなかであらためて確認しようとしているのであろうか。

確実にいえることは、最晩年の宮本に国境という政治的枠組をこえた視点が加わったことであった。それがスタートラインについたばかりで未完成となった「日本文化形成史」の基調に組み込まれていた。

ただ考えてみると、宮本学に完成ということはあり得なかったのかもしれない。宮本の学問は、常にひとつひとつの現実を観察するなかから、全体像を帰納しまとめあげる。そこには宮本色だけが色濃く出るばあいもあるが、そこにおける宮本の主体による対象への一体化は、学問の対象を単なる客体とはしない。現実のなかに存在する客体は、そこに限りなく身を寄せようとする自己の向き合い方のなかでのみ存在し、対象の客体化による科学のひとり歩きをまぬがれ得る特長を持つ。ただ宮本は現実追認の無思想者ではなかった。若かりし日に文学青年・映画青年でもあったロマンティスト宮本の理想主義は、秩序を重視し人間を幸せにえがこうとする。そうした基準からの現実の絶えざる観察と把握、そしてその叙述であった。常に現実を起点とする宮本学に、固定的な枠組・分類の形成、完成形はそもそもあり得ないのであろう。それは絶えざる更新によって自転する学問でもあった。

宮本常一は一九八一年(昭和五六)一月三〇日早朝、入院先の東京都立府中病院で亡くなった。満七三歳六ヶ月であった。やがて最期をむかえる病床で、一月一〇日こんな会話があったという。

「文化トイウモノハ後ヘ残サネバナラヌ。大学ノ講義ハ知識ヲ形成スルダケ、背後ガ大事、物ノ見方、考エ方ハソノ人ノ行動ノ中ニハイリコム、河内ノ山中デ左近熊太翁ニ逢ッテ体験。ユスハラノ乞食デモ同ジ(中略)、真価ハ肩書デハナイ、日本ガココ迄コラレタノハ最末端ノ人マデ力一パイ生キテイルコト」[宮本ア 一九八一:五五〇頁]。

註——

1 『民俗学の旅』（一九七八）では同じことが回想されているが、ここでは、「同級生が十三人いたが、村に残ったのは私一人」とある［宮本 一九七八a：三六頁］。一三人と八人とでは実数に違いがあるが、尋常小学校だけの卒業者の可能性もあるので、この五人の差は尋常小学校卒の人数と考えておきたい。この文章の初出は「私の青年時代」『放送農業グループだより』（一九六六年七月）であるが、初出を確認することができなかったため、収録されている『宮本常一著作集一二』（一九七二）から引用した。

2 その後も、病気療養中の一九三一年（昭和六）八月末から九月初めにかけて河上肇を読み感銘をうけ［田村編 二〇一二：四一〇－四一一頁、四二八頁］、翌一九三二年（昭和七）七月一〇日には『日本資本主義発達史講座』（岩波書店）第一回配本（五月二〇日）の風早八十二「財政史」を読み「やゝ偏せりと思ふ所あるもおもしろし」と日記に記している［田村編 二〇一二：四四六頁］。

3 一九二五年（大正一四）－二六年（大正一五・昭和一）に大杉栄全集刊行会から刊行された『大杉栄全集』全九巻・別冊一では、第六巻（一九二六）に『相互扶助論』を、第五巻（一九二五）に『一革命家の思出』を所収している。ここでのタイトルは初版の『革命家の思出』ではなく『一革命家の思出』となり「一」がついているので、宮本が回想するタイトルについては、この『大杉栄全集 第五巻』のタイトルとが対応している。また、『大杉栄全集 第五巻』は一九二五年（大正一四）刊行なので、宮本がこの『大杉栄全集 第五巻』で『一革命家の思出』を読んだ可能性もある。ただここでは、宮本が全集で読んだといっていないので、単行本で読んだものと考えておきたい。また、大杉栄訳の『相互扶助論』は、その後、春陽堂から出された『クロポトキン全集 第七巻』（一九二八）に、『革命家の思出』は『クロポトキン全集 第六巻』（一九二八）に『一革命家の思ひ出』として所収されている。『クロポトキン全集』への所収が一九二八年（昭和三）なので、宮本が読んだのはこの『クロポトキン全集』版ではないと考える。

4 「無性格国家ニッポンの由来」『月刊ペン』（第二巻第三号、一九六九年三月）のなかで、「大杉の訳したファーブルの『昆虫記』の第一巻に実につよい感銘をおぼえ、すぐ第二巻を買って読んだことがある。第二巻は椎名其二の訳したものであったが、これには大杉の訳に見られるような情熱は感ぜられなかった」（二五五頁）とある。日記では、病気療養中の一九三〇年（昭和五）七月二九日から八月二五日にかけて第二巻・第三巻・第四巻を読んでいる［田村編 二〇一二：三五六－三六四頁］。

5 壱岐の妻ガ島の一軒の家の話は、『私の日本地図 一五 壱岐・対馬紀行』（一九七六）にも「妻ガ島」（一六九－一七五頁）として記述があるが、平板な記述で、当主のこのような発言も宮本の疑問も書かれてはいない。ただし、内容的にはほぼ同様の内容を持っている。

6 「我が半生の記録」（一九三五）の一九二七年（昭和二）に次のようにある。「四月、一年現役兵として八連隊に入隊した」「天師（天王寺師範・引用者）出身の、在学当時は疎かった有松佐一郎君と親しくなった。この友によってファブルを知り、柳田國男の名を知った」［宮本 二〇〇二：一三一頁］。

7 現在、『とろし』は近畿民俗学会から宮本常一編『大阪の昔話 夢のしらせ』（一九八一、現代創造社）と『宮本常一著作集 別集1』（一九八二、未來社）として活字化されている。ここでは、『宮本常一著作集 別集1』によった。

8 この「亥の子行事——刈上祭」『民俗学研究』第二輯（一九五一年七月）は、『宮本常一著作集』では第九巻（一九七〇）に所収されているが、その際、宮本自身が記した「後記」には、この原稿はもともと「昭和十九年五月に書いた。これは柳田先生の古稀記念論文集『日本民俗学のために』に寄せるために書いたものであるが、その時には論文集におさめられず、昭和二十六年刊行の『民俗学研究』第二巻《ママ》におさめられた」［宮本　一九七〇a：三三二頁］とある。『日本民俗学のために』は、正確にいえば、民間伝承の会（→日本民俗学会）を発行所とした折口信夫編『柳田國男先生古稀記念文集　日本民俗学のために』第一輯（一九四七年二月）〜第一〇輯（一九五一年一〇月）であり、宮本の記す脱稿年月日からいっても、〆切にも間に合っており、なぜこの論文集に所収されなかったのかは不明である。

9　竹内利美の教育実践については、北村和夫によって、それが民俗調査ではあるものの、主眼は教育であり、児童に村落生活の意識化・自覚化を期待するための教育であったことがすでに指摘されている［北村　一九八九］。

10　正確にいえば、この柳田國男監修・民俗学研究所編『民俗学辞典』（一九五一）以前に、文献学的収集に基づいた、中山太郎編『日本民俗学辞典』（一九三三、梧桐書院）・『補遺　日本民俗学辞典』（一九三五、梧桐書院）がある。

11　柳田國男『日本の社会』は各学年の『学習指導の手引き』とともに、一九八五年（昭和六〇）に第一書房から復刊された。柳田國男の社会科教育論と『日本の社会』に限定したとき、その解題である山中正剛編『柳田國男「日本の社会」別冊解題』（一九八五）をはじめ、庄司和晃『柳田國男と教育』（一九七八）・谷川彰英『柳田國男と社会科教育』（一九八八）・杉本仁「柳田國男と学校教育」（一九八九）など、主に教育学者が、柳田民俗学および柳田系民俗学の社会科教育論・『日本の社会』を高く評価してきている。

12　都丸の教育実践の内容については佐藤雅世の丁寧な整理がある［佐藤　一九八九］。また都丸には『中学生の調べた村の年中行事』（一九五〇）のほかに、回想も含めて、その教育実践を整理した『民俗学と教育』（一九九六）がある。

13　『宮本常一著作集　七』（一九六八）に『日本の村』を所収した際の宮本自身の「新版後記」では、「『日本の村』の方は、はじめ『村の社会科』と題して大阪の昭和書院という本屋から昭和二三年に出版した。（中略）さて昭和書院は本を出版しても大してもうからないと思ったのか、その後間もなく出版はやめてしまい、この本もろくに売れなかったらしく、昭和二六年ごろ、東京神田のゾッキ本屋の店頭に積まれて埃をあびていたそうである。それを歴史学者でいま専修大学の教授をしている林基氏が見つけた。林さんはその一冊を買ってよみ、筑摩書房へもっていって、その頃続刊中であった中学生全集の一冊に加えて見ないかと話して下さった」［宮本　一九六八a：二九八頁］という経緯で筑摩書房の中学生全集として再刊されることになったという。

14　この日付と内容は宮本が中心となり孔版で刊行していた『口承文学』第六号（一九三四年一一月五日）の「彼此録」によったが、宮本の『民俗学の旅』では次のように記されている「昭和九年夏であった。柳田先生からはがきをもらった。この秋京都大学の集中講義にゆく、ついては君にあいたいから京都へ来るようにと京都の宿と京都滞在の日時が記されてあった。そこで九月のある日京都下加茂の宿に柳田先生をおたずねした」［宮本　一九七八a：八五頁］。宮本の回想では九月だが、ここでは「彼此録」によった。なお、鎌田久子が作成した『定本　柳田國男集』別巻第五（一九六四）所収の柳田國男「年譜」では、一九三四年（昭和九）の京都帝国大学での講義は、「十月二十一日、関西へ行く。春につづき、二十二日より五回、京都帝国大学で特別講義。二十七日、帝塚山女子専門学校で、「日本民俗学の話」を講演」［鎌田　一九六四：六四二頁］とあるので、宮本が柳田に会ったのが一〇月二八日とすると、柳田が京都帝国大学での講義と帝塚山女子専門学校での講演を終えた翌日ということになる。

15　大阪民俗談話会が謄写版で発行していた『大阪民俗談話会だより』（第五報から『大阪民俗談話会報』）をみると、第一報を確認することはできなかったが、末尾に「昭和十年一月十日印刷　編輯責任　宮本常一」とある第二報から、末尾に「T・M記」と署名のある「昭和十年十二月八日」の「第十二回例会」記事を記した第一三報までは

(単に「二二」とあったり「第八」とあったりして号数表記は号によって異なる)、宮本による編集・執筆(ガリ切り)・配布であったものと推測される。また、『近畿民俗』創刊が一九三六年(昭和一一)二月なので、それまではこの『大阪民俗談話会だより』(→『大阪民俗談話会報』)が、毎月の例会とともに、大阪民俗談話会の中心的活動であったものと思われる。

16 ただし、『民間伝承』も二年度目が終わった第二巻第一二号(一九三七年八月)の「第二巻索引」、三年度目が終わった第三巻第一二号(一九三八年八月)の「語彙事項索引」からは三分類ごとではなく、単なる五十音順の索引となっている。

17 「日本民俗学講習会記事」『民間伝承』第一号(一九三五年九月一八日)七頁。

18 このときの宝島調査の調査報告書は調査当時未刊行で、『宮本常一著作集 一七』(一九七四)に「宝島民俗誌」として所収されはじめて活字化された。その「あとがき」で、桜田に同行したこのときの調査について、「桜田さんと別々に聞き書をとるのではなく、私は桜田さんのあとをついていって一緒に話をききノートをとり、文献があれば写すことにした」［宮本 一九七四a:三六七頁］とあり、フィールドワークじたいも桜田と同道した調査であったことを回想している。

19 宮本の『民俗学の旅』では渋沢との最初の出会いを「昭和十年三月の会には全く突然渋沢敬三先生が出席した。渋沢先生は当時第一銀行の常務取締役であったが、別にアチック・ミューゼアムを主宰し、多くの若い学徒を養成していた」［宮本 一九七八a:八七頁］と回想し一九三五年(昭和一〇)三月とし、また、「渋沢先生と私の上京」(一九六四)では、近畿民俗談話会の一九三五年(昭和一〇)一月例会とし［宮本 一九六四b:七九頁］、いっぽう、宮本の『日本民俗文化大系三 渋沢敬三』(一九七八)では、「私が渋沢敬三の知遇を得たのは昭和十年四月大阪においてであった。沢田四郎作博士邸で大阪民俗談話会をひらいているところへ電話がかかり、御出席いただいて、足半草履の調査の方法や成果について話を聞き、大きな感銘を受けた」［宮本 一九七八b:三頁］として同年四月としており、回想に食い違いがある。ここでは、田村善次郎「宮本常一略年譜」(二〇〇四)と、『大阪民俗談話会報』第八報(「昭和十年五月十四日」)の大阪民俗談話会第六回例会記録により四月一四日とした。

20 宮本が謄写版を切っていた初期の『大阪民俗談話会だより』(→『大阪民俗談話会報』)には、末尾に「宮本常一」「T・M」などのサインがあるが、この第八報にはない。しかし、謄写版の字体が他号と同じであるので、宮本によると考えてよいと思われる。

21 ただし、当時宮本自身が記した『口承文学』第一一号(一九三五年一〇月)の「日誌抄」ではこの回想と微妙な違いをみせている。講習会二日目の八月一日には「宮本 午后桜田さんのお伴をしてアチックへ行く。ここにて同姓の宮本馨太郎さんを知る」とあり、講習会員全員でアチックミューゼアムへ行ったわけではない。四日に「夜渋沢子に夜おそくまで話を承る」とあるが、これらではアチックミューゼアムに宿泊したとは記されていない。七日だけ「夜アチックにいたり、早川孝太郎氏に初対面。ガッシリしたさすがに旅行家らしい強靭さを感ずる方。岩倉兄とアチックに一泊」とあり、講習会終了(六日)の翌日のみアチックミューゼアムに泊まっている［田村編 二〇一二:五六五―五六六頁］。

22 渋沢雅英・網野善彦他(編)『渋沢敬三著作集 第五巻』(一九九三)所収「年譜」によると、第一銀行取締役就任が一九二六年(大正一五・昭和一)、同銀行常務就任が一九三二年(昭和七)であり、一九四一年(昭和一六)同銀行副頭取に就任している。ただし、翌一九四二年(昭和一七)日本銀行副総裁就任にともない第一銀行をはじめ他の関係会社の役員をすべて辞任している［渋沢雅・網野他編 一九九三:四六七―四七一頁］。

23 宮本常一他編著『日本の民俗一一 民俗学のすすめ』(一九六五)のなかでは、このときの経緯について、森信三の実名を明らかにしてはいないが、次のように語っている。「昭和十四年の春であった。病気でねていると、恩師が見まいに来て書架に、学校教育には関係のないものばかりたくさんならんでいるのを見て、「私はこれから満州建国大学の先生でいくことになっているのだが、君もいってみないか、満州にはこれからこういう学問が必要だと思う」といってくれた。私の頭の中にすぐうかんできたのはクロポトキンの姿で、満州から北朝鮮へかけての諸民族の研究には早くから心をひかれていたので、クロポトキンと同じように荒野や密林の中を調査してあるいてみたいと思った」［宮本他編著　一九六五d：二七一頁］。ここでは、建国大学着任を斡旋した皇室中心主義的倫理学者森信三の実名を伏せ、クロポトキンを出すことにより、この事実を純粋学問的興味として回想している。

24　この日付について、「島根の旅――世は情」は一〇月一四日からとしているが［宮本　一九四〇c：一〇二頁］、これは誤植であろう。

25　『河内国瀧畑左近熊太翁旧事談』によれば、瀧畑訪問が七回、左近熊太からの聞き書きが六回であるが、のちに『忘れられた日本人』（一九六〇）の「世間師（二）」で左近熊太を登場させたときには、「私はこの老翁から前後十三回にわたって、三百頁にして二冊になるほどの話をきいた」［宮本　一九六〇a：一九九頁］とあり、『河内国瀧畑左近熊太翁旧事談』と『忘れられた日本人』の記述は矛盾しているが、ここでは『河内国瀧畑左近熊太翁旧事談』によった。

26　『大隅半島民俗採訪録』の「はしがき」では、焼失した原稿について、「終戦前仕上っていた原稿は、おしらさま採訪記・三河山中民俗採訪録・鵜飼調査資料・淡路沼島民俗誌・西日本魚方言採訪記・周防大島農具調査記録・中国山中民俗採訪録・宝島民俗誌・四国民俗採訪記などが記憶にある。それらの大半は灰になった」［宮本　一九六八b：二頁］とある。これらのうち、「宝島民俗誌」「中国山中民俗採訪録」（『中国山地民俗採訪録』）は著作集所収で刊行されたので、約半数の原稿を焼失したことになる。

27　山川菊栄と柳田國男の対談は『新女苑』第四巻第一一号（一九四〇年一一月）の「主婦の歴史」。

28　山川の自伝『おんな二代の記』（平凡社東洋文庫版一九七二）によると、次のように回想されている。「四種出た私の文集のうち、『村の秋と豚』『婦人と世相』の二種は出版社がつぶれたり不誠意だったりで一銭にもならず、改造社から出た『女性五十講』は発禁。『女は働いている』という一つだけがわずかの収入になりました。太平洋戦争に入ってから、柳田國男先生監修の女性叢書の中に『武家の女性』と『わが住む村』の二種を加えられましたが、情報局の出版許可を得ることが容易でなく、なんども足を運んで下さったそうです。おかげでちょっと息をつきました」［山川　一九七二：三〇六‐三〇七頁］。また、山川の『二十世紀をあゆむ』（一九七八）にも所収された「柳田先生の思い出」（初版一九六三）では、「女性叢書というものを計画され、その中に『武家の女性』と『わが住む村』の二冊を私にわりあてられ、困っていた折柄、助かりましたが、それを機会に、改めて他の部落にも出かけて話を聞き集めたこともいい勉強になりました」［山川　一九七八：二三三頁］。

29　たとえば、初版『児やらひ』の「序説」のなかで、「近年になつては、出産育児の問題が、単なる家々の個人的な問題でなくて、国家の管理指導すべき重大なる厚生問題となつて参りました。乳幼児や母性の保護を講ずる公の機関が設けられ、識者の関心は日に昂まつて居ります」［大藤　一九四四：一‐二頁］、「民族や国家の興亡を決する条件は種々ありますが、人口の多寡といふことは重要なる条件の一つです」［大藤　一九四四：四頁］、また、「結び」では、「一口に子供を生んで育てると申しますが、兎に角一人前の成人まで育て上げる親の苦労はなみ一通りのものではありません。子供を如何に育て上げるかの問題は現代の様に次代の国民に就いて至大の関心が向けられてゐる時局下に於ては今迄にない程の重大な意味を持つてゐます」といった文言がみられる［大藤　一九四四：二一六頁］。

30　宮本の『民俗学の旅』では、「昭和二十年十二月三十日に辞表を出して、三十一日にやめた」［宮本 一九七八a：一四七－一四八頁］とあるが、ここでは、『宮本常一著作集 四六』（二〇〇六）の田村善次郎「編者あとがき」により、一二月二七日辞職とした。
31　橋浦泰雄の自伝『五塵録』（一九八二）は一九二三年（大正一二）ごろまでで終わっており、また、この自伝に所収された竹内道夫「橋浦泰雄年譜」は著作目録も兼ねているが、これには、篤農協会との関係を示す記事はなく、また、『篤農』への寄稿についても記していない。橋浦において、「大日本帝国」と戦時体制への迎合的発言は、敗戦後、隠蔽されているようにも思われる。
32　日記では、一九四六年（昭和二一）七月七日に「農村調査報告書」をまとめた記述があり、同年一二月一九日に「東北を主」に「第二回報告書」を完成させたという記述があるので、調査と並行して調査報告書の執筆を行なっていたものと推測される［毎日新聞社編 二〇〇五a：一一五頁、一二二頁］。
33　『農村倶楽部 村』に連載した「農業経営私見」については初出誌を確認することができなかったため、収録されている『宮本常一著作集 四六』から引用した。
34　この記述について、「青年会議に寄せて――よき明日への期待」では一九四七年（昭和二二）としているが、日記では翌年の一九四八年（昭和二三）であり、こちらの方が正確であろう［毎日新聞社編 二〇〇五a：一五一頁、一五八頁］。
35　この引用は戸谷の『徳川時代に於ける農業経営の諸類型』によった。宮本はカギ括弧をつけて引用しているが、その宮本の引用と原文とを照合すると、意味内容に変更はないが、原文とは異なる部分があり、引用にあたり若干の省略と文意の要約が行なわれている。ここでは戸谷の原文によった。
36　宮本は最晩年に戸谷が実質的な焼畑農耕研究を行なっていたとして、『日本文化の形成 講義一』（一九八一）のなかで次のような回想も残している（一九七九年一一月二日本観光文化研究所での講義）。「戦前の焼畑については小野武夫博士が『日本農業起源論』（一九四二年）という書物を書いております。（中略）これは小野先生が執筆したのではなくて、戸谷敏之といって小野先生の弟子で『徳川時代に於ける農業経営の諸類型』（一九四一年）というたいへん立派な論文を書いた若い学者がいたのですが、その人によって書かれたものなんです。むろん小野先生が一通り目は通したと思いますが、小野先生は焼畑が農業の起源をなすものではないかという推定をたて、それを戸谷君が整理したということになると思います」［宮本 一九八一b：二〇七頁］。宮本がのちに積極的となる焼畑・畑作農耕文化論について、戸谷からの影響もすくなからずあったものと推測される。
37　向坂逸郎は、渋沢が第二高等学校で同窓であった経済史学者土屋《つちや》喬雄《たかお》（一八九六－一九八八）の仲介で、アジア太平洋戦争中、ドイツの第一次大戦後のインフレーション研究を行なうことで経済的援助を受けたという［向坂 一九七八：二頁］。宮本によれば、大内兵衛は渋沢が日銀副総裁就任後その特別調査室に招聘されたというが［宮本 一九七八b：八九－九〇頁］、これについて、大内側からは渋沢との関係を裏づける資料はない。正確にいえば、大内が日銀調査局特別調査室嘱託となったのは、渋沢が日銀副総裁ではなく総裁となっていたアジア太平洋戦争敗戦直前の一九四五年（昭和二〇）六月であり、一九四八年（昭和二三）一一月までであった［大内兵衛著作集編集委員会編 一九七五：七二一－七二二頁］。ただし、大内は、渋沢没後の渋沢への追悼文のなかで、渋沢の日銀総裁・大蔵大臣時代の主に経済政策について言及しているので［大内 一九六三：一四頁］、その特別調査室嘱託就任について、渋沢の尽力があった可能性は高いと思われる。
38　たとえば、林野庁林政部調査課の調査として行なった国有林野の社会経済史的調査の報告書、林野庁編『国有林野地元利用状況調査の総括分析』（一九五五）の第一部「歴史的展開過程より見たる国有林と地元との関係」のなかで、山村の稲作にふれて、それを「東北日本型」と「西南日本型」の二類型に分類して次のようにいう。「米作に主力のおかれる所では、東北日本型と西南日本型の二つに分けられる。前者は水田の多くが一毛作田で、水田の利用度は一年一回であり、他の作物に利用せられる事が少い。従って経営は単純化する」「これに対して西南日本では二毛作田が多く、裏作が可能になる。従ってその面から土地の利用化がすすむ。（中略）農作物の中に換金作物――蔬菜工芸栽培などの栽培面積がふえて来る」［宮本 一九五五c：一〇七頁］。村落類型があくまで経営形態だけにより行なわれている。

39 ただし、ややのちの『忘れられた日本人』（一九六〇）では、村落内の女性の位置を、年齢階梯制からの村落構造論として、東日本と西日本の差違のなかで比較しており、村落類型論的視点がないわけではない。

40 たとえば、アジア太平洋戦争敗戦の翌一九四六年（昭和二一）から対馬調査の一九五〇年（昭和二五）七月までの約五年間でいえば、日記によれば、一九四六年（昭和二一）三月二日、一九四七年（昭和二二）一月二九日・五月二八日・一二月五日、一九四八年（昭和二三）二月二九日・六月八日・九月二日・一二月二八日、一九四九年（昭和二四）七月三〇日・一〇月二六日、一九五〇年（昭和二五）二月一二日・五月三日の合計一二回訪ねている［毎日新聞社編 二〇〇五a：一〇九頁、一二六頁、一三三頁、一四五頁、一五二頁、一五五頁、一五八頁、一六一頁、一七二頁、一七五頁、一八二頁、一八四頁］。

41 山階は柳田國男の私邸を開放していた民俗学研究所に出入りしたほか、島嶼社会研究会には宮本以外の民俗学研究者も会員となっている。こうした事情と宮本と山階との交流については、鈴木勇次「離島振興法に関わる個人力――山階芳正氏の活躍と貢献」（二〇一二）による整理がある。

42 全国離島振興協議会の発足とそれまでの経緯については、全国離島振興協議会編『離島――その現況と対策』（一九六六）の第一部第二篇「離島政策の展開」（山階芳正執筆部分）が詳しい。ここでもそれに拠った。

43 離島振興法制定までの経緯については、松本光之「離島振興法制定の経緯概況報告」（一九五三）に詳細な経過整理がある。

44 こうした農山漁村における重労働が身体に与えた後遺症について、宮本はその母と故郷周防大島についてのところでも語っている。「私の母は八十二歳で亡くなるまで、村のほぼ同年輩の人たちと大師講を組んで、一月に一回ずつ集まっていた。私もその会によく出ては世間話をしたのであるが、それらの老人たち一人一人を見ると、一応健康ではあるが、身体のどこかが正常でなくなっていた。指のまがらぬ者、腕の自由を失ったもの、膝のまがらなくなった者、びっこなどである。それはこの人たちが若い日から今日まで続けて来た労働のはげしさと山坂のけわしさを物語るものであった。若い日は皆申し分のない健康体であった。しかし重い荷を背負って山坂をのぼったり下ったりしたことが足をびっこにしてしまったのである。木を伐り、草を刈り、稲を刈り、穀物を打ちつづけたことが指を十分に曲がらなくしたり、伸びなくしたりしてしまった」［宮本 一九六六c：一四四頁］。

45 学位授与は学位記に記された日付が正式な授与年月日になるが、宮本の学位授与が東洋大学で通過したのが一九六一年（昭和三六）一一月一四日、審査にあたった鈴木栄太郎訪問は一二月二日であった［毎日新聞社編 二〇〇五b：二九五頁］。

46 日記では一〇月一日に癌研で慢性イカタルと診断されたという［毎日新聞社編 二〇〇五b：二一〇頁］。

47 一九六〇年（昭和三五）二月一六日の日記は次のように記す。「学位論文だめであったと言って来る。西岡氏の反対によるとのこと。いささかがっかりする。いさぎよくあきらめることであろう」［毎日新聞社編 二〇〇五b：二二三頁］。「西岡氏」とは、文献史学者・民衆史家として知られる西岡虎之助のことであろうか。

【参考文献】（宮本常一）

＊宮本常一の文献については原則として初出誌によった。『宮本常一著作集』（未來社）所収作品については、［ ］でその所収巻を明記したが、引用文そのものはそれぞれ初出誌によった。『宮本常一著作集』未所収の文献については初出誌のみを記した。

＊『宮本常一著作集』で初出の文献については、それを本文中に記すとともに、『宮本常一著作集』を基本的なテキストとした。

＊『宮本常一著作集』は、その第一巻から第二五巻までは宮本生前の刊行であり自選集ともいえるが、そこに収録されている文章でも初出誌「不明」とされるものがある。また、初出誌が判明していても入手困難な文献もあり、そうした著作については『宮本常一著作集』からの引用とし、本文中・注に明記した。

＊宮本生前刊行の『宮本常一著作集』第一巻から第二五巻までについては、そこへの収録にあたり加筆・修正のある文章があるが、それについては本文中で明記した。

宮本常一　一九三〇「周防大島」『旅と伝説』第三年新年倍大号～第三年七月特別号［『宮本常一著作集　四〇』（一九九七、未來社）所収］。

宮本常一　一九三五「採集者の養成」『民間伝承』第一巻第四号。

宮本常一　一九三六『アチツクミユーゼアム彙報第一一　周防大島を中心としたる海の生活誌』アチツクミユーゼアム［『宮本常一著作集　三八』（一九九四、未來社）所収］。

宮本常一　一九三七ａ『アチツクミユーゼアム彙報第二三　河内国瀧畑左近熊太翁旧事談』アチツクミユーゼアム［『宮本常一著作集　三七』（一九九三、未來社）所収］。

宮本常一　一九三七ｂ「万人合力」『同志同行』第六巻第六号。

宮本常一　一九三八「国語の力二景」『同志同行』第七巻第一号。

宮本常一　一九三九「東北雪の旅日記」『同志同行』第七巻第一二号。

宮本常一　一九四〇ａ「資料のとり方」『民間伝承』第五巻第九号。

宮本常一　一九四〇ｂ「資料の確実性といふこと」『民間伝承』第六巻第二号。

宮本常一　一九四〇ｃ「島根の旅――世は情」『同志同行』第八巻第一二号。

宮本常一　一九四一ａ「ナチスドイツの建設」『同志同行』第一〇巻第六号。

宮本常一　一九四一ｂ「中国山中の旅」『同志同行』第九巻第一〇号。

宮本常一　一九四二ａ『アチツクミユーゼアムノート第二二　出雲八束郡片句浦民俗聞書』アチツクミユーゼアム［『宮本常一著作集　三九』（一九九五、未來社）所収］。

宮本常一　一九四二ｂ『日本常民文化研究所ノート第二〇　吉野西奥民俗採訪録』日本常民文化研究所［『宮本常一著作集　三四』（一九八九、未來社）所収］。

宮本常一　一九四二ｃ『民間暦』六人社［『宮本常一著作集　九』（一九七〇、未來社）所収］。

宮本常一　一九四三ａ『日本常民文化研究所ノート第二六　屋久島民俗誌』日本常民文化研究所［『宮本常一著作集　一六』（一九七四、未來社）所収］。

宮本常一　一九四三ｂ『家郷の訓』三国書房［『宮本常一著作集　六』（一九六七、未來社）所収］。

宮本常一　一九四三ｃ『村里を行く』三国書房［『宮本常一著作集　二五』（一九七七、未來社）所収］。

宮本常一　一九四八『愛情は子供と共に』馬場書店［『宮本常一著作集　六』（一九六七、未來社）所収］。

宮本常一　一九四九ａ『全国民俗誌叢書二　越前石徹白民俗誌』三省堂［『宮本常一著作集　三六』（一九九二、未來社）所収］。

宮本常一　一九四九ｂ「収穫日記」『民間伝承』第一三巻第三号。

宮本常一　一九五〇　『ふるさとの生活』朝日新聞社［『宮本常一著作集 七』（一九六八、未來社）所収］。
宮本常一　一九五一　「亥の子行事」『民俗学研究』第二輯［『宮本常一著作集 九』（一九七〇、未來社）所収］。
宮本常一　一九五二ａ　「村の底を流れるもの」『同志同行』復刊第二号。
宮本常一　一九五二ｂ　「対馬の漁業制度」『漁民と対馬』関書院［『宮本常一著作集 二〇』（一九七五、未來社）所収］。
宮本常一　一九五三　『日本の村』筑摩書房［『宮本常一著作集 七』（一九六八、未來社）所収］。
宮本常一　一九五四　「対馬の漁業展開」『対馬の自然と文化』古今書院［『宮本常一著作集 二〇』（一九七五、未來社）所収］。
宮本常一　一九五五ａ　『民俗学への道』岩崎美術社［『宮本常一著作集 一』（一九六八、未來社）所収］。
宮本常一　一九五五ｂ　「郷土研究への願い」『芸備地方史研究』第一〇号［『宮本常一著作集 三一』（一九八六、未來社）所収］。
宮本常一　一九五五ｃ　「歴史的展開過程より見たる国有林と地元との関係」『国有林野地元利用状況調査の総括分析』林野庁林政部調査課［『宮本常一著作集 一四』（一九七三、未來社）所収］。
宮本常一　一九五七　『写真でみる日本人の生活全集第九 日本の子供達』岩崎書店［『宮本常一著作集 八』（一九六九、未來社）所収］。
宮本常一　一九五八ａ　『中国風土記』広島農村人文協会［『宮本常一著作集 二九』（一九八四、未來社）所収］。
宮本常一　一九五八ｂ　「美しき風土を」『風土記日本 総記・索引篇』「月報」平凡社。
宮本常一　一九五九　『海をひらいた人びと』筑摩書房［『宮本常一著作集 八』（一九六八、未來社）所収］。
宮本常一　一九六〇ａ　『忘れられた日本人』未來社［『宮本常一著作集 一〇』（一九七一、未來社）所収］。
宮本常一　一九六〇ｂ　『日本の離島』未來社［『宮本常一著作集 四』（一九六九、未來社）所収］。
宮本常一　一九六二　『甘藷の歴史 双書・日本民衆史七』未來社。
宮本常一　一九六三ａ　『民衆の知恵を訪ねて』未來社［『宮本常一著作集 二六』（一九八一、未來社）所収］。
宮本常一　一九六三ｂ　『開拓の歴史 双書・日本民衆史一』未來社。
宮本常一　一九六四ａ　「大杉栄訳『相互扶助論』（大杉栄全集第一〇巻）を読んで」『図書新聞』第七七五号。
宮本常一　一九六四ｂ　「渋沢先生と私の上京」『近畿民俗』第三五号［『宮本常一著作集 五〇』（二〇〇八、未來社）所収］。
宮本常一　一九六四ｃ　『離島の旅』人物往來社［『宮本常一著作集 三五』（一九八六、未來社）所収］。
宮本常一　一九六四ｄ　『日本の民俗一 民俗のふるさと』河出書房新社［『宮本常一著作集 三〇』（一九八四、未來社）所収］。
宮本常一　一九六四ｅ　『海に生きる人びと 双書・日本民衆史三』未來社。
宮本常一　一九六五ａ　「民衆の歴史を求めて」［宮本常一・池田彌三郎・和歌森太郎編著『日本の民俗一一 民俗学のすすめ』河出書房新社］［『宮本常一著作集 三一』（一九八六、未來社）所収］。
宮本常一　一九六五ｂ　「社会開発の諸問題」『季刊 国土』第一五巻第二号［『宮本常一著作集 二』（一九六七、未來社）所収］。
宮本常一　一九六五ｃ　『瀬戸内海の研究（一）島嶼の開発とその社会形成――海人の定住を中心に』未來社。
宮本常一　一九六五ｄ　「民俗事象の把え方・調べ方 旅行のうちに」［宮本常一・池田彌三郎・和歌森太郎編著『日本の民俗一一 民俗学のすすめ』河出書房新社］［『宮本常一著作集 三一』（一九八六、未來社）所収］。

宮本常一　一九六五e『日本の民俗三　生業の推移』河出書房新社。
宮本常一　一九六六a「私の青年時代」『放送農業グループだより』〔『宮本常一著作集　一二』（一九七二、未來社）所収〕。
宮本常一　一九六六b『日本の離島　第二集』未來社〔『宮本常一著作集　五』（一九七〇、未來社）所収〕。
宮本常一　一九六六c「島のくらしと出稼ぎ」『展望』第八八号〔『宮本常一著作集　二』（一九六七、未來社）所収〕。
宮本常一　一九六六d『村のなりたち　双書・日本民衆史四』未來社。
宮本常一　一九六七a「あとがき」〔『宮本常一著作集　六』（一九六七、未來社）所収〕。
宮本常一　一九六七b『私の日本地図　三　下北半島』同友館。
宮本常一　一九六八a「新版後記」〔『宮本常一著作集　七』（一九六八、未來社）所収〕。
宮本常一　一九六八b『常民文化叢書一　大隅半島民俗採訪録』慶友社〔『宮本常一著作集　三九』（一九九五、未來社）所収〕。
宮本常一　一九六八c『山に生きる人びと　双書・日本民衆史二』（第二版）未來社。
宮本常一　一九六八d『町のなりたち　双書・日本民衆史五』未來社。
宮本常一　一九六九「無性格国家ニッポンの由来」『月刊ペン』第二巻第三号〔『宮本常一著作集　一五』（一九七三、未來社）所収〕。
宮本常一　一九七〇a「後記」〔『宮本常一著作集　九』（一九七〇、未來社）所収〕。
宮本常一　一九七〇b『宮本常一著作集　五』（一九七〇、未來社）。
宮本常一　一九七一「近代民主化への道」〔古田拡・野地潤家編『『綴方十二ヶ月』の意義と価値』文化評論出版〕。
宮本常一　一九七二a「芦田先生の一面」〔森惟彦編『回想の芦田恵之助』実践社〕。
宮本常一　一九七二b『私の日本地図　一一　阿蘇・球磨』同友館。
宮本常一　一九七二c『宮本常一著作集　一二』未來社。
宮本常一　一九七四a「あとがき」〔『宮本常一著作集　一七』（一九七四、未來社）所収〕。
宮本常一　一九七四b『宝島民俗誌』〔『宮本常一著作集　一七』（一九七四、未來社）所収〕。
宮本常一　一九七五『宮本常一著作集　一九』未來社。
宮本常一　一九七六a『私の日本地図　一五　壱岐・対馬紀行』同友館。
宮本常一　一九七六b『宮本常一著作集　二二』未來社。
宮本常一　一九七六c『中国山地民俗採訪録』〔『宮本常一著作集　二三』（一九七六、未來社）所収〕。
宮本常一　一九七六d「東アフリカをあるく」『あるく　みる　きく』第一〇七号。
宮本常一　一九七七「あとがき」〔『宮本常一著作集　二五』（一九七七、未來社）所収〕。
宮本常一　一九七八a『民俗学の旅』文藝春秋。
宮本常一　一九七八b『日本民俗文化大系三　渋沢敬三』講談社〔『宮本常一著作集　五〇』（二〇〇八、未來社）所収〕。
宮本常一　一九七九a『民具学の提唱』未來社。
宮本常一　一九七九b「自伝抄――二ノ端界隈　一二」『読売新聞』一九七九年三月三一日夕刊第九面〔『宮本常一著作集　四二』（二〇〇二、未來社）所収〕。
宮本常一　一九八〇a『旅人たちの歴史一　野田泉光院』未來社。
宮本常一　一九八〇b『旅人たちの歴史二　菅江真澄』未來社。
宮本常一　一九八一a『生命のゆらめき』現代創造社。
宮本常一　一九八一b『日本文化の形成　講義一』そしえて。
宮本常一　一九八二『宮本常一著作集別集　一』未來社。
宮本常一　一九八三『宮本常一著作集　二八』未來社。

宮本常一　一九八四　『旅人たちの歴史三　古川古松軒　イサベラ・バード』未來社。
宮本常一　一九八六a　『宮本常一著作集　三二』未來社。
宮本常一　一九八六b　『宮本常一著作集　三三』未來社。
宮本常一　二〇〇二　『宮本常一著作集　四二』未來社。
宮本常一　二〇〇六　『宮本常一著作集　四六』未來社。

【参考文献】（宮本常一以外）

＊赤松啓介・瀬川清子の論考について、表2・表3でその出典を明記したものは、ここでの表記をひかえた。

赤松啓介　一九三七　「農村に於ける封建習俗の残存と崩壊」『唯物論研究』第五四号〔『赤松啓介民俗学選集　第二巻』（一九九七、明石書店）所収〕。
赤松啓介　一九三八　『民俗学』三笠書房〔『赤松啓介民俗学選集　第一巻』（一九九九、明石書店）所収〕。
赤松啓介　一九三九a　「溝と慣習」『旅と伝説』第一二年二月号〔『赤松啓介民俗学選集　第二巻』（一九九七、明石書店）所収〕。
赤松啓介　一九三九b　「苗の話」『ひだびと。』第七年第七号〔『赤松啓介民俗学選集　第二巻』（一九九七、明石書店）所収〕。
赤松啓介　一九八〇－八一　「村落共同体と性的規範」『どるめん』第二六号－第二八号〔『赤松啓介民俗学選集　第四巻』（二〇〇〇、明石書店）所収〕。
赤松啓介　一九八六　『非常民の民俗文化』明石書店〔『赤松啓介民俗学選集　第四巻』（二〇〇〇、明石書店）所収〕。
赤松啓介　二〇〇〇　『赤松啓介民俗学選集　第五巻』明石書店。
赤松啓介　二〇〇四　『赤松啓介民俗学選集　別巻』明石書店。
アチックミューゼアム編　一九三六a　『アチックミューゼアム彙報第九　所謂足半（あしなか）に就いて〔予報〕』アチックミューゼアム。
アチックミューゼアム編　一九三六b　『アチックミューゼアムノート第七　民具蒐集調査要目』アチックミューゼアム。
網野善彦　一九八四　「解説」〔宮本常一『忘れられた日本人』岩波書店〕。
新井恒易編　一九四三　『昭和十八年版　日本文化団体年鑑』日本文化中央聯盟。
有賀喜左衛門　一九三九　『アチックミューゼアム彙報第四三　南部二戸郡石神村に於ける大家族制度と名子制度』アチックミューゼアム〔『有賀喜左衛門著作集　Ⅲ』（一九六七、未來社）所収〕。
有賀喜左衛門　一九四三　『日本家族制度と小作制度』河出書房〔『有賀喜左衛門著作集　Ⅰ』『有賀喜左衛門著作集　Ⅱ』（一九六六、未來社）所収〕。
アンリイ・ファブル（大杉栄訳）　一九二二　『昆虫記（一）――昆虫の本能と習性の研究』叢文閣。
石田英一郎　一九五一　「対馬の文化」『人文』第一巻第一号。
宇佐美誠次郎　一九四九　「あとがき」〔戸谷敏之『近世農業経営史論』（一九四九、日本評論社）所収〕。
宇佐美誠次郎　一九五一　「戸谷君のこと」〔戸谷敏之『イギリス・ヨーマンの研究』（一九五一、御茶の水書房）所収〕。
岩崎敏夫　一九五九　「高木誠一略伝」『日本民俗学大系　第七巻』平凡社。
岩田重則　一九九七　「解題」〔赤松啓介『赤松啓介民俗学選集　第二巻』明石書店〕。
岩田重則　二〇〇四　「赤松啓介年譜」〔『赤松啓介民俗学選集　別巻』明石書店〕。
榎澤幸広　二〇一一　「公職選挙法8条への系譜と問題点――青ヶ島の事例をきっかけとして」『名古屋学院大学論集　社会科学篇』第四七巻第三号。

遠藤庄吉　一九八一「宮本常一先生の思い出」［宮本常一追悼文集編集委員会編『宮本常一——同時代の証言』日本観光文化研究所］。

大内兵衛　一九六三「インフレの制圧に手腕——渋沢敬三氏を悼む」『朝日新聞』一九六三年一〇月二六日朝刊第一四面。

大内兵衛著作集編集委員会編　一九七五「年譜」『大内兵衛著作集　第一二巻』（一九七五、岩波書店）。

大阪民俗談話会編　一九三五『大阪民俗談話会報』第八報。

大杉栄　一九二〇『クロポトキン研究』アルス。

大杉栄　一九二二「訳者の序」［アンリイ・ファブル（大杉栄訳）『昆虫記（一）昆虫の本能と習性の研究』叢文閣］。

大杉栄　一九二五『大杉栄全集　第五巻』大杉栄全集刊行会。

大藤時彦編　一九八四『山村海村民俗の研究』名著出版［山村調査の各年度『郷土生活研究採集手帖』についてはこの復刻本による］。

大藤時彦　一九四七「社会科と民俗学」『民間伝承』第一一巻第六・七合併号。

大藤ゆき　一九四四『児やらひ』三国書房。

大間知篤三編　一九三五『山村生活調査第一回報告書』非売品。

大牟羅良　一九五八『ものいわぬ農民』岩波書店。

岡正雄　一九五六「日本民族文化の形成」『図説日本文化史大系　一』小学館［『異人その他』（一九七九、言叢社）所収］。

岡正雄　一九五八ａ「日本文化の基礎構造」『日本民俗学大系　二』平凡社［『異人その他』（一九七九、言叢社）所収］。

岡正雄　一九五八ｂ「日本民俗学への二、三の提案」『日本民俗学大系　二』平凡社［『異人その他』（一九七九、言叢社）所収］。

小川博　一九八二「年譜」『桜田勝徳著作集　第七巻』名著出版。

小川博　一九八五「桜田勝徳民俗学年譜」『日本観光文化研究所研究紀要』五、日本観光文化研究所。

折口信夫　一九三〇「年中行事」『民俗学』第二巻第八号・第一〇号［『折口信夫全集　第一七巻』（一九九六、中央公論社）所収］。

折口信夫　一九三五「東京を侮辱するもの」『短歌研究』第四巻第四号［『折口信夫全集　第二六巻』（一九九七、中央公論社）所収］。ここでは初出の『短歌研究』から引用しているが、この初出では『折口信夫全集　第二六巻』所収の「東京を侮辱するもの」と句読点・漢字などの表記に若干の違いがある。

片岡啓治　一九六八「解説」［マックス・シュティルナー（片岡啓治訳）『唯一者とその所有　下』現代思潮社］。

鎌田久子　一九六四「年譜」［『定本　柳田國男集　別巻第五』筑摩書房］。

川端道子編　一九八六「年譜」［女性民俗学研究会編『軌跡と変容——瀬川清子の足あとを追う』女性民俗学研究会］。

北村和夫　一九八九「昭和初期長野県下における郷土教育の実践——竹内利美の実践の検討を中心に」［日本民俗学会編『民俗学と学校教育』名著出版］。

倉田一郎　一九四四ａ『農と民俗学』六人社。

倉田一郎　一九四四ｂ「生死観と民俗学」『民間伝承』第一〇巻第三号。

クロポトキン（幸徳秋水訳）一九〇九『麺麭の略取』平民社［『幸徳秋水全集　第七巻』（一九六九、明治文献資料刊行会）所収］。

クロポトキン（大杉栄訳）一九一七『相互扶助論——進化の一要素』春陽堂［『大杉栄全集　第一〇巻』（一九六四、現代思潮社）所収］。

クロポトキン（大杉栄訳）一九二〇『革命家の思出——クロポトキン自叙伝』春陽堂［『大杉栄全集　第八巻・第九巻』（一九六四、現代思潮社）所収］。

クロポトキン（能智修弥訳）一九二八『クロポトキン全集　第四巻』春陽堂。

クロポトキン（大杉栄訳） 一九二八 『クロポトキン全集 第六巻』春陽堂。
クロポトキン（大杉栄訳） 一九二八 『クロポトキン全集 第七巻』春陽堂。
クロポトキン（長谷川進・磯谷武郎訳） 一九七〇 『クロポトキンⅡ アナキズム叢書』三一書房。
群馬民俗学の軌跡刊行会編 一九九三 『群馬民俗学の軌跡――都丸十九一の人と業績』 煥乎堂。
後藤興善 一九三四 「巻末小記」［柳田國男『民間伝承論』共立社書店］。
小堀巌 一九五一 「八学会の対馬調査はどのようにして行われたか」『人文』第一巻第一号。
近藤憲二 一九二八 「『相互扶助論』に就いて」［近藤憲二他編『クロポトキン全集 第七巻』春陽堂］。
向坂逸郎 一九七八 「残したくて残したもの」［『日本民俗文化大系三 渋沢敬三』『月報 第五号』（一九七八、講談社）所収］。
桜田勝徳 一九五八a 「地域と社会」『日本民俗学大系 三』平凡社［『桜田勝徳著作集 五』（一九八一、名著出版）所収］。
桜田勝徳 一九五八b 「村とは何か」『日本民俗学大系 三』平凡社［『桜田勝徳著作集 五』（一九八一、名著出版）所収］。
佐々木高明 一九七一 『稲作以前』日本放送出版協会。
佐々木高明 一九八二 『照葉樹林文化の道』日本放送出版協会。
佐々木高明 一九八六 『縄文文化と日本人』小学館。
佐藤雅世 一九八九 「社会科教育における生活文化学習の展開」［日本民俗学会編『民俗学と学校教育』名著出版］。
さなだゆきたか 二〇〇二 『宮本常一の伝説』阿吽社。
思想の科学研究会編 一九六〇 『共同研究 転向』平凡社。
渋沢敬三 一九六一 「わが食客は日本一」『文藝春秋』第三九巻第八号。
渋沢敬三編 一九六五―六八 『絵巻物による日本常民生活絵引』全五巻、角川書店。
渋沢雅英・網野善彦他編 一九九三 『渋沢敬三著作集 第五巻』平凡社。
清水洋二 一九八五 「農業と地主制」［大石嘉一郎編『日本帝国主義史 一』東京大学出版会］。
清水洋二 一九八七 「農業恐慌」［大石嘉一郎編『日本帝国主義史 二』東京大学出版会］。
庄司和晃 一九七八 『柳田國男と教育』評論社。
庄司和晃 一九八五 「柳田社会科の成立と教科書の主題」［山中正剛編『柳田國男「日本の社会」別冊解題』第一書房］。
杉本仁 一九八九 「柳田國男と学校教育」［日本民俗学会編『民俗学と学校教育』名著出版］。
鈴木勇次 二〇一二 「離島振興法に関わる個人力――山階芳正氏の活躍と貢献」『現代社会学部紀要』（長崎ウエスレヤン大学）第一〇巻第一号。
鈴木栄太郎 一九四三 『日本農村社会学原理』時潮社［『鈴木栄太郎著作集 第一巻』『鈴木栄太郎著作集 第二巻』（一九六八、未來社）所収］。
瀬川清子 一九四二 『きもの』六人社。
関敬吾 一九五八 「日本民俗学の歴史」［『日本民俗学大系 第二巻』平凡社］。
全国離島振興協議会編 一九六六 『離島――その現況と対策』離島実態調査委員会。
高杉一郎 一九七九 「訳者あとがき」［P・クロポトキン（高杉一郎訳）『ある革命家の手記 上』岩波書店］。
高谷重夫 一九四八 「和泉の牛神と子供組」［折口信夫他編『柳田國

男先生古稀記念文集 日本民俗学のために 第八輯』民間伝承の会〕。

竹内利美 一九三四 『アチックミユーゼアム彙報第二 小学生の調べたる上伊那川島村郷土誌』アチックミユーゼアム。

竹内利美 一九三六 『アチックミユーゼアム彙報第七 小学生の調べたる上伊那川島村郷土誌 続編』アチックミユーゼアム。

竹内利美 一九四一 『アチックミユーゼアム彙報第五一 信州東筑摩郡本郷村に於ける子供の集団生活』アチックミユーゼアム。

竹内利美 一九五七 「子供組について」『民族学研究』第二一巻第四号〔『竹内利美著作集 三 ムラと年齢集団』（一九九一、名著出版）所収〕。

竹内利美 一九九〇 「あとがき」〔『竹内利美著作集 一 村落社会と協同慣行』名著出版〕。

田中梅治 一九四一 『アチックミユーゼアム彙報第四八 粒々辛苦・流汗一滴』アチックミユーゼアム。

谷内明夫・田村善次郎・高松圭吉 一九八五 「新自治協会のころ――谷内明夫氏に聞く」『日本観光文化研究所研究紀要』五、日本観光文化研究所。

谷川彰英 一九八八 『柳田國男と社会科教育』三省堂。

谷川健一・佐野眞一 二〇〇五 「（対談）旅する民俗学者」『KAWADE 道の手帖・宮本常一』河出書房新社。

田村善次郎編 一九八一 「座談会 私たちのクロンボ先生をしのんで」『あるく みる きく』第一七四号。

田村善次郎 一九八三 「解説」〔『宮本常一著作集 二八』（一九八三、未來社）所収〕。

田村善次郎 一九八六a 「あとがき」〔『宮本常一著作集 三二』（一九八六、未來社）所収〕。

田村善次郎 一九八六b 「解説」〔『宮本常一著作集 三三』（一九八六、未來社）所収〕。

田村善次郎 二〇〇一 「解説」『宮本常一、アフリカとアジアを歩く』岩波書店。

田村善次郎 二〇〇四 「宮本常一略年譜」〔田村善次郎編『宮本常一――同時代の証言（続編）』マツノ書店〕。

田村善次郎 二〇〇六 「編者あとがき」〔『宮本常一著作集 四六』（二〇〇六、未來社）所収〕。

田村善次郎編 二〇〇四 『宮本常一――同時代の証言（続編）』マツノ書店。

田村善次郎編 二〇一二 『宮本常一日記 青春篇』毎日新聞社。

坪井洋文 一九七九 『イモと日本人』未來社。

坪井洋文 一九八二 『稲を選んだ日本人』未來社。

都丸十九一 一九五〇 『中学生の調べた村の年中行事』創元書房。

都丸十九一 一九八一 「教えていただいたこと」〔宮本常一先生追悼文集編集委員会編『宮本常一――同時代の証言』日本観光文化研究所〕。

都丸十九一 一九九六 『民俗学と教育』煥乎堂。

戸谷敏之 一九三八 「イギリス・ヨーマンの研究」『経苑』第一六号〔『イギリス・ヨーマンの研究』（一九五一、御茶の水書房）として再版〕。

戸谷敏之 一九四一 『アチックミユーゼアムノート第一八 徳川時代に於ける農業経営の諸類型』アチック・ミューゼアム。

戸谷敏之 一九四三 『切支丹農民の経済生活』伊藤書店。

戸谷敏之編 一九四三 『日本常民文化研究所ノート第二八 明治前期に於ける肥料技術の発達』日本常民文化研究所。

戸谷敏之 一九四九 『近世農業経営史論』日本評論社。

中尾佐助 一九五九 『秘境ブータン』毎日新聞社。

中尾佐助 一九六六 『栽培植物と農耕の起源』岩波書店。

中村政則 一九七五 「地主制」〔大石嘉一郎編『日本産業革命の研究

下』東京大学出版会〕。
ナターリヤ・エム・ピルーモヴァ（左近毅訳）一九九四『クロポトキン伝』法政大学出版局。
日本観光文化研究所編 一九八五『日本観光文化研究所研究紀要五』日本観光文化研究所。
日本常民文化研究所編 一九四三『日本常民文化研究所彙報第五六 おしらさま図録』日本常民文化研究所。
橋浦泰雄 一九四三「農と日本文化」『篤農』第一二七号。
橋浦泰雄 一九七三「柳田國男との出会い」『季刊 柳田國男研究』第二号。
橋浦泰雄 一九八二『五塵録』創樹社。
早川孝太郎 一九三九a『農と稗』農村更生協会〔『早川孝太郎全集 第一〇巻』（一九八八、未來社）所収〕。
早川孝太郎 一九三九b『稗と民俗』農村更生協会〔『早川孝太郎全集 第一〇巻』（一九八八、未來社）所収〕。
早川孝太郎 一九四二『農と祭』ぐろりあ・そさえて〔『早川孝太郎全集 第八巻』（一九八二、未來社）所収〕。
福武直 一九四九『日本農村の社会的性格』東京大学出版会〔『福武直著作集 第四巻』（一九七六、東京大学出版会）所収〕。
藤田省三 一九六六『天皇制国家の支配原理』未來社。
藤田省三 一九七五『転向の思想史的研究』岩波書店。
藤森栄一 一九四九「日本原始陸耕の諸問題」『歴史評論』第四巻第四号〔『藤森栄一全集 第九巻』（一九七九、學生社）所収〕。
毎日新聞社編 二〇〇五a『宮本常一 写真・日記集成 別巻』毎日新聞社。
毎日新聞社編 二〇〇五b『宮本常一 写真・日記集成 上巻』毎日新聞社。
牧田茂 一九七二『柳田國男』中央公論社。
マックス・スチルネル（辻潤訳）一九二一『自我経――唯一者と其所有』冬夏社。
松本光之 一九五三「離島振興法制定の経緯概況報告」『しま』第一号。
マルク・ブロック（河野健二他訳）一九五九『フランス農村史の基本性格』創文社。
マルク・ブロック（堀米庸三監訳）一九九五『封建社会』岩波書店。
マルク・ブロック（井上泰男他訳）一九九八『王の奇跡』刀水書房。
宮本アサ子 一九八一「看病日記」『宮本常一――同時代への証言』日本観光文化研究所〔二〇〇四年マツノ書店から再版〕。
宮本馨太郎 一九六四『燈火』六人社〔一九九四年朝文社から再版〕。
宮本馨太郎 一九六八『かぶりもの・きもの・はきもの』岩崎美術社。
宮本馨太郎 一九七三『めし・みそ・はし・わん』岩崎美術社。
宮本千晴 一九八一「あとがき」〔宮本常一『日本文化の形成 遺稿』そしえて〕。
宮本常一先生追悼文集編集委員会編 一九八一『宮本常一――同時代の証言』日本観光文化研究所〔二〇〇四年マツノ書店から再版〕。
宮本紀子 一九八一「ふるさとの海辺の村で」『あるく みる きく』第一七四号。
宮本守雄 一九四一『勝利への道――ドイツ青少年教育の実際』朝日新聞社。
民間伝承の会編 一九四七「学界消息」『民間伝承』第一一巻第四・五合併号。
森信三 一九三五『忠孝の真理』目黒書店。
森戸辰男 一九二二『クロポトキンの片影』同人社。
森脇太一 一九四一「序文」〔田中梅治『アチツクミユーゼアム彙報第四八 粒々辛苦・流汗一滴』アチツクミユーゼアム〕。

柳田國男　一九二九「野の言葉」『農業経済研究』第五巻第二号〔「オヤと労働」と改題され『家閑談』（一九四六、鎌倉書房）所収〕〔『柳田國男全集 第一五巻』（一九九八、筑摩書房）所収〕。
柳田國男　一九三一ａ『明治大正史 世相篇』朝日新聞社〔『柳田國男全集 第五巻』（一九九八、筑摩書房）所収〕。
柳田國男　一九三一ｂ「厄介及び居候」『社会経済史学』第一巻第二号〔『家閑談』（一九四六、鎌倉書房）所収〕〔『柳田國男全集 第一五巻』（一九九八、筑摩書房）所収〕。
柳田國男　一九三三‐三四「年中行事調査標目」『旅と伝説』第六年三月号‐第七年第四号。
柳田國男　一九三四『民間伝承論』共立社書店〔『柳田國男全集 第八巻』（一九九八、筑摩書房）所収〕。
柳田國男　一九三五『郷土生活の研究法』刀江書院〔『柳田國男全集 第八巻』（一九九八、筑摩書房）所収〕。
柳田國男編　一九三五『日本民俗学研究』岩波書店。
柳田國男編　一九三六『山村生活調査第二回報告書』非売品。
柳田國男編　一九三七『山村生活の研究』民間伝承の会。
柳田國男編　一九三九『歳時習俗語彙』民間伝承の会。
柳田國男　一九四〇ａ「大家族と小家族」『婦人公論』第二五巻第五号〔『家閑談』（一九四六、鎌倉書房）所収〕〔『柳田國男全集 第一五巻』（一九九八、筑摩書房）所収〕。
柳田國男　一九四一「誕生と成年式」『岩波講座 倫理学 第七冊』岩波書店〔「社会と子ども」と改題され『家閑談』（一九四六、鎌倉書房）所収〕〔『柳田國男全集 第一五巻』（一九九八、筑摩書房）所収〕。
柳田國男・山川菊栄（対談）　一九四〇「主婦の歴史」『新女苑』第四巻第一一号。
柳田國男　一九五一「序」〔柳田國男監修・民俗学研究所編『民俗学辞典』東京堂出版〕。
柳田國男・和歌森太郎　一九五三『社会科教育法』実業之日本社。
山川菊栄　一九四一『村の秋と豚』宮越太陽堂。
山川菊栄　一九七二『おんな二代の記』平凡社。
山川菊栄　一九七八『二十世紀をあゆむ』大和書房。
山口麻太郎　一九三九「民俗資料と村の性格」『民間伝承』第四巻第九号。
山田盛太郎　一九三四『日本資本主義分析』岩波書店〔『山田盛太郎著作集 第二巻』（一九八四、岩波書店）所収〕。
山中正剛編　一九八五『柳田國男「日本の社会」別冊解題』第一書房。
和田文夫　一九八一「宮本先生をしのぶ」〔宮本常一先生追悼文集編集委員会編『宮本常一――同時代の証言』（一九八一、日本観光文化研究所）〕。

あとがき

宮本常一は何度か大病を経験している。しかも若年期からである。

郵便局員時代の一九二五年（大正一四）の脚気、そして、小学校教員時代の一九三〇年（昭和五）から一九三二年（昭和七）にかけての肋膜炎・結核（肺尖カタル）は当時、死と隣り合わせの病気であったから、大げさなもの言いかもしれないが、死地からの生還とでもいうべき意味を持っていた。いずれも当時の出郷者が罹る典型的な病気である。いずれのときも故郷周防大島での療養により快復している。

アジア太平洋戦争敗戦後の壮年期以降でも、一九四九年（昭和二四）の胃部リンパ腺化膿、結核の再発といってよいだろう一九五三年（昭和二八）と一九六七年（昭和四二）の肺結核では、療養生活をおくっている。これらは入院による治療であったが、タフなフィールドワークは不規則な生活と肉体の消耗をともなう。宮本のフィールドワークは大病と隣り合わせでもあった。

アジア太平洋戦争敗戦後はペニシリンをはじめとする抗生剤の普及があった。しかし、宮本が最初に結核に罹った一九三〇年代は、長期の療養を必要とする時代である。郵便局員時代の丹波出身の親友は、結核により故郷に帰り療養したが逝った。宮本は故郷周防大島で約二年間の療養生活をおくり快復することができた。両親・姉をはじめ近親者の手厚い看護があった。快復できた理由はそれだけではないだろう。宮本が愛してやまない周防大島の風土じたいが、彼を快復させたといえないだろうか。海に面した温暖な気候、背後のなだらかな山地、結核療養のためには最高の環境である。みかん栽培の適地であることもそれを裏づける。しかも、周防大島のなかでも、宮本の故郷の長崎は東海岸に位置し、日照は朝から燦々たるものがある。

宮本にとって故郷周防大島とはその学問の原点であるだけではなく、その生命を再生させ、生をはぐくんでくれる、そのようなところであったのかもしれない。みずからの故郷を否定し、また、語らない人も多い。しかし、宮本はみずからの故郷を語りすぎるほどに語り続けた。しあわせな生涯だったのだろうと思う。

この原稿執筆のきっかけは、二〇一一年（平成二三）一〇月刊の『現代思想』（青土社）第三九巻第一五号臨時増刊「宮本常一」総特集で同誌編集部から企画について相談があったところにある。本書刊行については、青土社ＯＢでもある河出書房新社西口徹氏にご尽力をいただいている。各位に深く御礼申し上げる。

二〇一三年（平成二五）初夏

岩田重則

＊本書は、二〇一三年八月小社刊の『宮本常一——逸脱の民俗学者』を改題し、新装復刊したものです。

岩田重則
（いわた　しげのり）

1961年、静岡県生まれ。専攻は民俗学／歴史学。

中央大学総合政策学部教授。

著書に、『ムラの若者・くにの若者―民俗と国民統合』（未來社）、『戦死者霊魂のゆくえ―戦争と民俗』『墓の民俗学』『〈いのち〉をめぐる近代史―堕胎から人工妊娠中絶へ』（いずれも吉川弘文館）、『「お墓」の誕生―死者祭祀の民俗誌』（岩波新書）がある。

宮本常一　逸脱する民俗学者

二〇二四年五月二〇日　初版印刷
二〇二四年五月三〇日　初版発行
著　者――岩田重則
発行者――小野寺優
発行所――株式会社河出書房新社
東京都新宿区東五軒町二―一三
電　話――〇三―三四〇四―一二〇一［営業］
〇三―三四〇四―八六一一［編集］
https://www.kawade.co.jp/
組　版――KAWADE DTP WORKS
印　刷――三松堂株式会社
製　本――小泉製本株式会社

ISBN978-4-309-25759-4
Printed in Japan

宮本常一〈新装版〉

忘れられた日本人と民俗学

日本全国津々浦々を歩きぬいた
宮本常一の魅力の全貌を、
講演や採話などからたどる。
対談は、谷川健一×佐野眞一。
増補は、あの名作「土佐源氏」のポルノ版。
責任編集＝佐野眞一

河出書房新社